ABENTEURER IM EIS

Porträts 1845–Heute

ABENTEURER IM EIS

Porträts 1845–Heute

HUW LEWIS-JONES

Mit einem Vorwort von Sir Ranulph Fiennes

GEO
FREDERKING & THALER

Ein Buch der Partner Frederking & Thaler und GEO

Die Deutsche Nationalbibliothek verzeichnet diese Publikation in der Deutschen Nationalbibliografie; detaillierte bibliografische Daten sind im Internet unter http://dnb.d-nb.de abrufbar.

Rechte der englischsprachigen Originalausgabe

www.anovabooks.com

Originaltitel: Face to Face, Polarworld, Cambridge, 2008

Gestaltung: Liz House

Rechte der deutschsprachigen Ausgabe

www.frederking-thaler.de

Übersetzung aus dem Englischen von Heike Brühl und Christel Klink

Produktmanagement: Carl-Christian Steinbeißer, Anett Schwarz
Umschlaggestaltung: Waldmann & Weinhold, Kommunikationsdesign, Augsburg
Produktion: Medienfabrik GmbH, Stuttgart

Umschlagvorderseite: Cecil Meares, aufgenommen von Herbert Ponting, 1912.

ISBN 978-3-89405-752-7

Printed in China

Nachfolgende Doppelseite:
Links oben bis rechts unten: Der britische Abenteurer Pen Hadow stellt seine Polarausrüstung zur Schau, 2003. – Die *Terra Nova* im Hintergrund, eingerahmt von den Wänden einer Eishöhle in einem angetriebenen Eisberg, 5. Januar 1911. Ponting war richtig fasziniert von dieser Grotte und schrieb, sie sei »der wundersamste Platz, den man sich vorstellen kann«. – Ben Saunders testet seine Ausrüstung in der Resolute Bay, 2008. – Herbert Ponting, 30. Januar 1912. – »Kaiserpinguine und Maulesel«, Foto von Frank Debenham, 1911. – Ann Daniels, Halloween, Ellesmere Island, 2008. – Eisschollen-Springen im Lake Fjord, zweite *British Arctic Air Route Expedition*, 1932–1933. – Kleiner Mensch, großer Eisberg, Qikiqtarjuaq, 2004. – Rosie Stancer, Resolute Bay, 2007. – Quentin Riley, Meteorologe der *British Arctic Air Route Expedition*, 1930–1931. – Das Funkerzelt in Patriot Hills, Antarktika, 2003. – Ein Vermessungsflugzeug wird aufs offene Wasser hinausgeschleppt, *British Arctic Air Route Expedition*, 1930–1931. – Krisravista und das Grammofon, Captain Scotts *Terra-Nova*-Expedition, 1910–1913. – Martin Hartley auf Eis, 86 Grad Nord, kanadisches Eismeer, 2006. – Dr. Alexander Macklin mit den Hunden, Shackletons *Endurance*-Expedition, 1915. – Pen Hadow, Antarktika, 2003.

Seite 286–287
Links oben bis rechts unten: Sir Ranulph Fiennes, italienische Alpen, 2005. – Henry Rennick und »ein zutraulicher Adelie-Pinguin«, 9. Februar 1911. – Transporthubschrauber Mi-6, Militärbasis auf der Insel Sredniy, 2004. – Herbert Ponting und seine Telekamera, Januar 1912. – »Captain Scott auf seiner Bude«, Cape Evans, 7. Oktober 1911. – Blick von einem Hotel am Khatanga-Fluss, März 2004. – »Wasserträger« bringt Schnee an Bord, *Discovery*-Expedition, 1901–1904. – Nick Cutcliffe auf einem blauen Eisberg an der Küste von Qikiqtarjuaq, 2002. – Mary Qulitalik, Star des Films *Atanarjuat*, wartet am Flughafen von Igloolik, 17. März 2008. – »Einige aus der Gruppe, die an Land ging«, *Discovery*-Expedition, 1901–1904. – Ben Saunders zieht seinen Schlitten im Abendrot, 2004. – Der Arzt Dr. Edward Atkinson in seinem kleinen Labor, *Terra-Nova*-Epedition, 15. September 1911: »Atkinson untersucht in aller Ruhe das Thema Parasiten … Er ist schon in einer ganz anderen Welt.« – »Einige von Scotts Männern vespern im Zelt«, 7. Januar 1911. – Eine Frau überquert den Hauptplatz in Khatanga, Nordsibirien, März 2004. – Schlittenfahrt mit Skiern, *Nimrod*-Expedition, 1907–1909. – Polarreisende heute: Patric Woodhead, Alastair Vere Nicholl und Paul Landry, Antarktika, 2004.

VORHERGEHENDE SEITE (S. 2): Der Fotograf Herbert Ponting stellte sich für sein Porträt im Januar 1912 in der Antarktis auf den Kopf und kritzelte die Bildunterschrift gleich selbst mit Bleistift auf das Foto: »Ponting bewahrt einen kühlen Kopf.«

RECHTS: Eine Kamera der Firma A.E. Staley & Co., London, die Captain Robert F. Scott 1912 am Südpol benutzte.

www.spri.cam.ac.uk www.polarworld.co.uk

Planastigmat F/6.8 No1a Focus 5¼ inch 5X4
A.E. Staley & Co. London E.C. No 50879
D.R.P.
D.R.G.M.
COMPOUND
B
No 371939
D.R.G.M.

SOREL

BRITIS

SCOTT'S ANTARCTIC
EXPEDITION

ERNST & YOUNG

Tetley
South
Pole
Mission
Tetley

INHALT

DAS BILD DER POLARFORSCHUNG IM WANDEL 12
VORWORT Sir Ranulph Fiennes

FOTOGRAFIE DAMALS 18
ESSAY Huw Lewis-Jones

POLAR PORTRÄTS VON 1845 BIS HEUTE 44
GALERIE Huw Lewis-Jones

FOTOGRAFIE HEUTE 248
DISKUSSION Huw Lewis-Jones und Martin Hartley

DIE GRENZEN DES LICHTS 272
NACHWORT Hugh Brody

LITERATURHINWEISE 282
STICHWORTVERZEICHNIS 285

LINKS: Pen Hadow, ein Abenteurer unserer Tage, trainiert 2003 in der Resolute Bay für seine Ein-Mann-Expedition zum Nordpol.

FOLGENDE SEITE: Nachdem sie ihre Vorräte an Land gebracht haben, machen sich Captain Scott, Edward Wilson und Teddy Evans am 9. Januar 1911 auf den langen Weg über das Packeis zurück zur *Terra Nova*.

DAS BILD DER POLARFORSCHUNG IM WANDEL

VORHERGEHENDE SEITEN: Sir Ranulph Fiennes scherzt mit seinen Kletterkameraden 2005 in den italienischen Alpen.

OBEN: Captain Scott und seine Männer am Südpol 1912. Später schrieb er: »Ein Traum nach dem anderen zerbricht ... Großer Gott! Was für ein schrecklicher Ort!«

UNTEN: Henry »Birdie« Bowers' erster Versuch dieser Aufnahme am Südpol – hier erstmals veröffentlicht.

In einer Welt, deren Horizont sich ständig erweitert, ist es mit der Literatur allein nicht mehr getan ... Unser schnelllebiges Zeitalter lässt uns oft nicht die Muße zum Lesen, doch immer noch genug Zeit zum Schauen.

THÉOPHILE GAUTIER, 1858

VORWORT

DAS BILD DER POLARFORSCHUNG IM WANDEL

SIR RANULPH FIENNES

Der 18. Januar 1912 war ein niederschmetternder Tag am Südpol. Captain Scott und seine vier Gefährten – Wilson, Bowers, Oates und Evans – hatten soeben feststellen müssen, dass der Norweger Amundsen ihnen beim Wettlauf zum Pol um einen Monat zuvorgekommen war. Die Aufnahme, die an jenem Tag gemacht wurde, bezeugt die außergewöhnliche Leistung der Männer und dokumentiert gleichzeitig ihre grenzenlose Enttäuschung. Sie schauen völlig gebrochen drein, und fotografiert zu werden, sozusagen als Krönung ihrer Niederlage, erscheint ihnen eher wie eine Strafe. Kurz vor dem Ziel wurden sie um ihren Lebenstraum gebracht. 1200 Kilometer vom Basislager entfernt, schleppten sie sich nun wieder nach Norden, mitten hinein in das Inferno eines wütenden Schneesturms. Die Fotos und Briefe nach Hause, die man später bei ihren Leichen auffinden sollte, erzählen die traurige Geschichte ihres tapferen Endes.

Am 15. Dezember 1980 stand auch ich zum ersten Mal am Südpol und lächelte gezwungen in die Kamera. Das erste Etappenziel unserer *Transglobe Expedition*, der erstmaligen Weltumrundung von Pol zu Pol, war glücklicherweise geschafft, doch alle großen Herausforderungen lagen noch vor uns. Und so richteten wir den Blick nach Norden und setzten die Schlitten wieder in Bewegung. Als wir im April 1982 endlich den Nordpol erreicht hatten, war ein Foto das Letzte, woran wir dachten. Die Polarwelt habe ich in all ihrer Grausamkeit erlebt, und wenn man ums nackte Überleben kämpft, steht einem nicht der Sinn danach, die Kamera hervorzukramen und Fotos zu schießen.

Das *Scott Polar Research Institute* (SPRI) wurde 1920 zur Erinnerung an jene Männer gegründet, die auf dem Weg zurück vom Südpol ums Leben gekommen waren. Es ist damit das älteste Institut für Polarforschung. Zu den vielen Erfolgen, die es verbuchen konnte, gehörte auch 2004 die Erwerbung von über 1700 originalen großformatigen Glasplatten-Negativen von Herbert Ponting mit der Hilfe des Heritage Lottery Fund. Es ist auch im Besitz der alten Staley-Kamera, die seinerzeit die Niedergeschlagenheit Scotts bei der Ankunft am Südpol dokumentierte, ebenso wie einiger Teile von Pontings Antarktis-Ausrüstung. Daher brauchte ich nicht lange zu überlegen, wo die Fotografien meiner eigenen Polarexpeditionen am besten aufgehoben wären.

Nun habe ich dem SPRI mein gesamtes Archiv der Transglobe Expedition gestiftet. Weitere Gegenstände, wie zum Beispiel die Kameraausrüstung vieler meiner Reisen, folgen noch. Im Rahmen des Freeze-Frame-Projekts des SPRI sollen über 20 000 historische Aufnahmen der Fotosammlung nach und nach digitalisiert werden – ein unermesslicher visueller Schatz, der Expeditionen und Forschungen in den Polargebieten über Jahrzehnte hinweg dokumentiert. Und es gibt ehrgeizige Pläne zur Neugestaltung der Bildgalerien. Die Eröffnung des neuen Polarmuseums ist für das Jahr 2010 geplant. Dies sind arbeitsintensive und aufregende Zeiten für das SPRI.

Ponting gehört zu den Menschen, die man einfach bewundern muss. Seine Aufnahmen von Scotts *Terra-Nova*-Expedition 1910–1913 gehören zu den besten, die je in der Antarktis gemacht wurden. Noch heute erreichen nur wenige seine Virtuosität mit der Kamera. Apsley Cherry-Garrard, der Autor von *Die schlimmste Reise der Welt*, schrieb: »Er hatte einen Auftrag angenommen und hervorragend ausgeführt. Seine Bilder zeigen Schönheit in einer tragischen Situation – und diese Schönheit ist unbegreiflich, da sie grenzenlos und in die Ewigkeit gerichtet ist.« Den Rest seines Lebens widmete Ponting der Aufgabe, die große Leistung der verhängnisvollen Expedition Scotts in der Welt bekannt zu machen und dafür zu sorgen, dass die Männer nicht vergeblich gestorben waren. Seine Aufnahmen sind das spektakuläre visuelle Vermächtnis jenes heroischen Zeitalters der Antarktisforschung, das unserer Welt mit ihren Annehmlichkeiten wie Satellitennavigation, Hightechausrüstung und nahezu garantierten Rettungschancen so unendlich fern ist.

Ich kann Dr. Huw Lewis-Jones zu seinem Projekt, eine so wunderbare Sammlung zeitgenössischer und historischer Fotoaufnahmen zusammenzutragen, nur beglückwünschen. Dieses Buch und die begleitende Wanderausstellung machen den Pionieren der Vergangenheit, ihren Taten und ihrem Vermächtnis alle Ehre. Bei all den Aufgaben, die Dr. Lewis-Jones unter einen Hut bringt, ist er auch noch Geschichtswissenschaftler, neuer Kunstkurator des SPRI und ein Glückspilz obendrein, darf er doch mit einer so einzigartigen Polarsammlung arbeiten, die weltweit ihresgleichen sucht.

Mögen die Entdeckungsreisen sich neuerdings auch stark gewandelt haben – die Anziehung der Polargebiete bleibt unwiderstehlich.

Es gelang Dr. Lewis-Jones nicht nur, einige der berühmten Aufnahmen von Ponting und Hurley wiederzuentdecken; tiefer gehende Recherchen in den Archiven haben überdies erstaunliche Fotos zutage gebracht, die einige der ersten Polaraufnahmen überhaupt sowie seltene Bilder vieler Menschen zeigen, die die neuere Geschichtsschreibung längst vergessen hat. Wir sehen Männer und Frauen verschiedener Nationen, die im Polareis forschen, leben, wissenschaftlich arbeiten oder sogar nur Urlaub machen. Fast alle diese Aufnahmen – aus privaten Fotoalben, Sammlungen und einer ganzen Reihe von Nachlässen – waren nie zuvor veröffentlicht worden.

Eine meiner Lieblingsaufnahmen, die ich mir für dieses Vorwort ausgesucht habe, zeigt Scott 1901 als jungen Seeoffizier kurz vor seiner ersten Polarexpedition – noch vollkommen ahnungslos, wie übel ihm das Leben einmal mitspielen sollte. Sein Optimismus an jenem Morgen an Bord der *Discovery* ist fast spürbar. Hinter ihm steht ein jugendlich aussehender Schiffsoffizier mit Namen Ernest Shackleton und neben ihm ein alter Herr mit imposantem weißem Backenbart, Admiral Sir Francis Leopold McClintock, Veteran früherer Nordpolreisen im 19. Jahrhundert und erprobter Polarheld, schon lange vor dem Erscheinen dieser jungen Herren. Fotografien können uns mühelos in vergangene Zeiten zurückversetzen, und je älter sie sind, desto ausgeprägter ist dieses Phänomen. Es ist mir ein großes Vergnügen, dieses wunderbare Projekt unterstützen zu dürfen.

Martin Hartley war mir mit seiner Kamera rund um die Welt auf den Fersen. Vor einiger Zeit begleitete er mich beim Eisklettern in einem Wasserfall: das war genau der Tag, an dem ihm mein Porträt für dieses Buch gelang. Ich trainierte damals gerade für eine Everestbesteigung. Zwar würde er es niemals zugeben, aber Martin Hartley hatte wirklich Mühe, mit mir mitzuhalten. Die Blutspritzer auf meinem Gesicht, die ich einem herabstürzenden Eisbrocken zu verdanken hatte, beglückten ihn förmlich, dabei war er selbst – was der Betrachter natürlich nicht sieht – reichlich blutverschmiert. Er hatte sich verletzt, als er den Eispickel verbissen ins Eis rammte, um hinter mir herzukraxeln. Die Porträtfotografie steckt eben voller Gefahren.

Nach 18 Einsätzen in Polarregionen weiß Martin Hartley selbst am besten, was es heißt, draußen in der Wildnis zu sein. Seine Aufnahmen zählen zweifellos zu den besten unserer hoch technisierten Welt. Expeditionen werden heutzutage ständig von den Medien begleitet, und das zeigt, wie wichtig gute Fotos sind. Wie bei den frühen Pionieren der Kamera gehen auch seine Aufnahmen in die Tiefe und entführen uns in die grandiose Welt der Polargebiete. Porträts, ganz gleich, ob sie Freude, Mut, Zweifel oder nackte Verzweiflung ausdrücken, erzählen uns viel über die Hoffnungen und Fehlschläge in der Polarforschung. Mögen die Entdeckungsreisen sich neuerdings auch stark gewandelt haben – die Anziehung der Polargebiete bleibt unwiderstehlich. Viele der Forscher in diesem Buch sind Ihnen sicher gänzlich unbekannt. Freuen Sie sich an den Bildern, aber bleiben Sie nicht zu lange im Sessel sitzen. Lassen Sie sich inspirieren – und gehen Sie hinaus. Auf sich gestellt in der Wildnis begegnen Ihnen Dinge, die Sie sich in Ihren kühnsten Träumen nicht hätten vorstellen können.

Exmoor, 2008

RECHTS: 5. August 1901. Scott erscheint an Deck der Discovery zu seiner ersten Südpolarexpedition. Das Schiff lag in *Cowes* (Isle of Wight) und wurde kurz bevor es in See stach von König Edward VII., Königin Alexandra und Prinzessin Victoria besucht. Unter den Gästen an Bord befanden sich an diesem Morgen auch Sir Clements Markham und Admiral Sir Francis Leopold McClintock. Stolz trägt Scott den Royal Victorian Order, den ihm der König nur wenige Minuten vor dieser Aufnahme verliehen hatte.

FOTOGRAFIE DAMALS

ESSAY

FOTOGRAFIE DAMALS

HUW LEWIS-JONES

Sir John Franklin ist der Erste. Die Sonne steht hoch am Himmel, er rückt seinen Hut mit dem schwarzen Seidenband zurecht und ergreift das Teleskop. Sein Bauch sprengt fast die Knöpfe der Uniform. Unruhig rutscht er auf dem Stuhl an Deck der robusten *Erebus* hin und her, die in den Londoner Docks vertäut im Wasser dümpelt. Wir schreiben das Jahr 1845. Der Fotograf Richard Beard beschwört den Forscher, noch einen Moment stillzusitzen. Er nimmt den Schutzdeckel vom Objektiv, wartet eine Minute und schiebt ihn dann schnell wieder zurück. So entstand das erste Porträt eines Polarabenteurers.

Auch andere Offiziere der Forschungsschiffe *Erebus* und *Terror* hatten sich an diesem Tag ablichten lassen und voll Optimismus dem Auge des Fotografen präsentiert. Auf uns wirken sie heute wie erstarrte Zeitzeugen. Damals folgten sie Sir John Franklin auf seiner Suche nach einer schiffbaren Nordwestpassage durch den Irrgarten der Inseln und Meerengen der kanadischen Arktis. Auf Franklins Bitte hin hatte Richard Beard die Expedition mit einer kompletten fotografischen Ausrüstung versorgt, die wohlbehütet an Bord des gut ausgestatteten Schiffs neben weiteren Wundern der Technik verstaut wurde, wie etwa tragbaren Drehorgeln, Fleisch- und Suppenkonserven, einem Schlauchboot, wissenschaftlichen Gerätschaften, dem von der Greenwich Railway ausgeliehenen Hilfsmotor mit 20 PS und einer Bibliothek mit über 1200 Bänden. Damals zählte eine Kamera bereits zur Grundausstattung einer Expedition ans Ende der bekannten Welt. Mit Vorräten schwer beladen, doch hochgemut und voll viktorianischem Optimismus segelte die Expedition am 19. Mai die Themse hinunter. Zuletzt wurden die Schiffe Ende Juli gesichtet, als sie in der Baffin Bay Richtung Norden segelten – bevor sie für immer spurlos verschwanden.

Mit diesen frühen Fotografien beginnen wir unsere Reise. Auf ihre bescheidene Weise kennzeichnen sie den Wandel von der künstlerischen Darstellung hin zu einer durch und durch visuellen Kultur. Dies sind die Anfänge neuer Darstellungsmöglichkeiten, mit denen alle Wunder der Welt ebenso wie die in unbekannte Gegenden vordringenden Forscher der Öffentlichkeit nähergebracht werden konnten. Heute, in unserer von Bildern überfluteten Gegenwart, in der die Fotografie allgegenwärtig ist, in der Kameras Minicomputer und Telefone Kameras sind, können wir die Dimension dieses Durchbruchs kaum mehr ermessen. Doch an jenem sonnigen Morgen im Jahr 1845 begegnet uns eine neue Technik, die bald den ganzen Erdball erobern wird. Kaum mehr als hundert Jahre später wurden die ersten Aufnahmen im All gemacht, und bald darauf sollten Forscher die ersten Bilder vom Mond aus zur Erde schicken.

Fotografien haben ein Eigenleben und durchleben zuweilen erstaunliche Entwicklungen. Im Laufe der Zeit kann ein Bild verschiedene Bedeutungen annehmen. Bilder gehen um die Welt, werden verwendet, vielleicht sogar manipuliert, auf neue Art wiedergegeben und unendlich oft neu interpretiert. Man kann Fotografien nicht nur anschauen, sondern sie geradezu lesen, nicht nur als Bild, sondern auch als Text. Diese Lesart beruht wie jede andere auf schwierigen und meist komplexen Beziehungen zwischen Betrachter und Bild. Selbst scheinbar eindeutige Bilder wie Porträts lassen sich auf unterschiedliche Weise deuten. Dieser Bildband mit seiner Sammlung von Abenteurerporträts fordert dem Betrachter wiederholtes und unterschiedliches Lesen geradezu ab. Die ausgesuchten Fotografien wurden vor allem deshalb gewählt, weil sie großartige Bilder sind, doch da ergibt sich schon die Frage, was es eigentlich ist, das ein Bild großartig macht?

Diese Auswahl der Fotografien erfolgte nach meiner Vorstellung davon, wie das Porträt eines Menschen, der in der Polarregion forscht, lebt und arbeitet, auszusehen hat. Doch liegt es in der Natur der Sache, dass jede Auswahl mit eingeschränktem und unvollständigem,

VORHERGEHENDE SEITEN (S. 18/19): Die Männer der »Western Geological Party« auf der *Terra-Nova*-Expedition, 1910–1913. Von links nach rechts: Robert Forde, Frank Debenham, Griffith Taylor und Tryggve Gran. Debenham wurde 1920 Gründer und erster Direktor des Scott Polar Research Institute.

LINKS: Die Daguerreotypie Sir John Franklins von 1845 ist das erste Porträt eines Polarreisenden.

widersprüchlichem und voreingenommenem Blick erfolgt. Nach welchen Kriterien selektiert man 50 Porträts aus der Fülle einer Sammlung, die noch viel mehr zu bieten hätte? Welchen Ansatzpunkt wählt man? Und nach welchen Gesichtspunkten entscheidet man sich andererseits für 50 moderne Porträts aus einem Portfolio, bei dem man auf Lücken stößt, auf vielleicht schon längst vergessene Menschen, deren Leben und Leistungen jedoch unsere Aufmerksamkeit verdienen? Der Expeditionsfotograf Martin Hartley hat sich dieser Aufgabe angenommen, und wir haben viele neue Porträtaufnahmen veranlasst, um die Sammlung zu vervollständigen. Und doch ist uns beiden klar, dass dies nur ein Anfang sein kann, ein erster Schritt hin zu einer visuellen Chronik von Porträtaufnahmen all jener Männer und Frauen, die lange Jahre ihres Lebens im Eis verbracht haben.

Müssen Polarforscher unbedingt abenteuerlich aussehen und Erfrierungen aufweisen, um als Helden gesehen zu werden? Können wir uns nur so ihre Leistung vorstellen?

In welche Richtung wenden wir unseren Blick? Müssen Polarforscher unbedingt abenteuerlich aussehen und Erfrierungen aufweisen, um als Helden gesehen zu werden? Können wir uns nur so ihre Leistung vorstellen? Fotografien sind zwangsläufig nostalgisch, doch bemerken wir das erst dann, wenn Idealismus den Wahrheitsgehalt einer Darstellung trübt? Romantik und Offenheit passen oft nicht zusammen. Wo endet die Wahrheitstreue, und wo beginnt die Verzeichnung – oder ist das alles ganz unwichtig? Die Fotografie produziert immer etwas Unnatürliches, selbst wenn wir uns gerne einreden, dass sie die Realität abbilde – sie ist naturgemäß ein Kunstprodukt. Natürlich sind Fotografien historisches Material – sie erinnern an Geschichten, sie stellen Fakten dar, halten fest und machen Erinnerung lebendig. Sie sind Geschichtsfragmente, flüchtige Eindrücke der Vergangenheit. Doch eine Gegenüberstellung dieser frühen Fotografien mit modernen lässt uns das zeitgenössische Material in neuem Licht erscheinen. Wir können darüber urteilen, wir können neu bewerten, wir können uns auch ganz einfach daran erfreuen. Um einen Abenteurer im Eis zu porträtieren, muss man ihn wohl nicht unbedingt im Kampf gegen die feindlichen Elemente oder auf einer Eisscholle balancierend zeigen. Einige Fotografien, wie zum Beispiel die von Franklin, wurden vor Beginn einer Expeditionsreise aufgenommen – viele andere erst nach der Rückkehr der Reisenden, als sie auf dem Höhepunkt ihres je nach Erfolg oder Misserfolg positiven oder negativen Bekanntheitsgrades waren. Dieses Buch dient vor allem einem Zweck – eindrucksvolle Porträts zu zeigen. Den Rest überlassen wir der Fantasie des Betrachters.

Damals im Jahr 1845 machte man zwei Abzüge dieser frühen Fotografien. Vor dem Auslaufen des Schiffs wurde ein kompletter Satz Fotos Franklins Gattin Lady Jane überreicht, während Beard den zweiten Satz zur Veröffentlichung in Zeitungen ziehen ließ, denn ihm war klar geworden, dass man mit den Porträts der Polarforscher Gewinne erzielen konnte. Als die Suche nach den vermissten Männern – es waren insgesamt 129 – ihren Höhepunkt erreichte, fanden die Bilder ihren Weg in die Heime und Herzen der Menschen auf beiden Seiten des Atlantiks, wo man die Expedition in der Presse, in Bildvorträgen und in Büchern verfolgt hatte. Porträts der Arktisreisenden waren offensichtlich zum lukrativen und emotionsgeladenen Geschäft geworden. In den folgenden Jahren wurden mehr als 30 Suchexpeditionen nach den verschollenen Schiffen ausgesandt. »Die unermüdlichen und nicht nachlassenden Bestrebungen Lady Franklins, ihrem fernen Gatten Hilfe zukommen zu lassen«, so der Kommentar in *Gleason's Companion*, »hüllen das Thema in ein romantisches Licht.« Die Suchexpedition von McClintock an Bord der Dampferjacht *Fox*, die hauptsächlich von Lady Jane finanziert wurde, fand Überreste und schriftliche Aufzeichnungen, die das Schicksal von Franklins Expedition endgültig bestätigten. Doch war dies keineswegs das Ende der dramatischen Geschichte, denn die Erinnerungen und die Fotografien wirken fort. Franklins Porträt – erstarrtes Zeugnis einer vergangenen Zeit – ermutigt uns, die Augen offen zu halten und weiter zu suchen.

DIE NEUMODISCHE KUNST

Ein Unbekannter bleibt an einer Pariser Straßenecke kurz stehen, um sich die Schuhe putzen zu lassen – und wird so zum ersten Menschen, der je fotografiert wurde. Wir schreiben Ende 1838, vielleicht Anfang 1839. Hoch oben auf dem Dach richtet Louis Jacques Mandé Daguerre seine Kamera fast zehn Minuten lang auf die Straße unter ihm. Vorbeihastende Fußgänger und die geschäftigen Kutschen auf dem Boulevard du Temple halten nicht lange genug still, um im Bild eingefangen werden zu können. Sie wurden zu verschwommenen Schatten, die Straße wirkt leer. Unserem modernen Auge erscheint das Foto grobkörnig, unscharf, verwischt und, vielleicht wie die Schuhe des Mannes, ein wenig abgestoßen. Doch sollte es bald mehr Präzision und Glanz in der Fotografie geben. Mit zunehmend verbesserter Technik wurden die Pioniere der

Zunft zu berühmten und schwerreichen Männern. In einer mehr und mehr visuell orientierten Gesellschaft war die Fotografie bald allgegenwärtig – modisch, faszinierend, sensationell. Sie wurde zum Volksvergnügen. Das Medium avancierte zur Kunstform, und man kann heute sagen, dass die Fotografie innerhalb von hundert Jahren die ganze Welt erobert hat.

Das erste große Jahr der Fotografie war 1839. Zwei Prozesse zur Fixierung eines Bildes direkt aus der Natur mittels optischer und chemischer Vorgänge wurden gleichzeitig der Öffentlichkeit vorgestellt und erregten die Gemüter in England und Frankreich. Die Nachricht ging bald um die ganze Welt. Nach jahrelangem Experimentieren war es Daguerre, einem Pariser Bühnenbildner, eigenen Aussagen zufolge gelungen, ein Verfahren zu perfektionieren, mit dem ein Bild auf einer versilberten Kupferplatte fixiert werden konnte. Gleichzeitig entwickelte der englische Gentleman William Henry Fox Talbot ein Negativ-Positiv-Verfahren auf Papier, das zur Ausgangsbasis der modernen Fotografie werden sollte. Beiden fotografischen Methoden lag eine fortschrittliche Weltanschauung zugrunde: Die natürlichen Gegebenheiten konnten in exakten Bildern wiedergegeben, die Welt konnte ausgemessen, in Besitz genommen, von allen genutzt und für die Zukunft dokumentiert werden. Die Fotografie bot der Welt einen Spiegel und wurde treffend angekündigt als »Basis für vollkommen neue Entwicklungsmöglichkeiten«.

Nachdem er sich einen Herbst lang in Paris aufgehalten hatte – und von Daguerre selbst eingewiesen worden war –, unterbreitete Antoine Claudet seiner Königin Victoria und Prinz Albert die ersten Proben dieser in England neuen Kunst. Weitere Porträts und städtische Ansichten vom Kontinent präsentierte er 1840 auf Soiréen der Royal Society. Die Daguerreotypie wurde damals so populär, dass Menschen Bilder vollkommen Unbekannter erwarben – wahrscheinlich von Künstlermodellen, die es gewohnt waren, lange regungslos stillzusitzen, und sich deshalb die zehn Minuten lange Belichtungszeit zumuteten. Dies war nicht nur eine neue Art der Aufzeichnung, sondern auch noch eine neue Art, die Dinge zu sehen. Anfangs nur wohlhabenden Amateuren und Erfindern vorbehalten, wurde die Fotografie mit der wachsenden Nachfrage schnell zur lukrativen Profession.

Richard Beard, der als Pionier der Fotografie Franklins Porträt ablichtete, bevor dieser die Reise in sein eisiges Grab antrat, war in Großbritannien der erste Lizenznehmer des Daguerreotypie-Verfahrens. Während sein Konkurrent Claudet auf seiner sonnigen Dachterrasse experimentierte, eröffnete Beard 1841 ein Porträtstudio an der Royal Polytechnic Institution in London. Es war wohl das Erste seiner Art, und zu seinen Besuchern gehörten jahrelang die Reichen und Mächtigen der Stadt, die alle an dieser neumodischen Kunst teilhaben wollten. Für den ehemaligen Kohlenhändler Beard bedeutete die Fotografie ein riskantes Unterfangen, bei dem man jedoch schnell reich werden konnte. Bis zum Ende des Jahres beherrschte er die komplizierte Technik vollkommen, und es hieß nun, dass seine neuen Porträts »perfekt gelingen, ganz gleich in welcher Größe sie aufgenommen werden, und dass die Augen wunderbar ausdrucksvoll zur Geltung kommen«. Wenn die Frühlingssonne durch den Londoner Smog drang, ließ sich die Belichtungszeit sogar auf zwei oder drei Minuten verkürzen, was einen Riesenfortschritt darstellte. Die Neuigkeit war nun in aller Munde, und bald schon strömten die Massen zu Beards Fotostudio:

> Am Cavendish Square, wo Menschenmassen
> sich über die Treppen hinaufdrängen lassen –
> eine längere Schlange als beim Staatsempfang!
> Arm und Reich recken die Hälse sich lang,
> Um im Studio endlich in Pose zu sein.
> Beim Blick in den komischen Kasten hinein
> Erscheint – akkurat im Kopfstand, nicht schlecht,
> So winzig vollkommen und so was von echt

OBEN: Die verschollenen Forschungsreisenden Sir John Franklin und seine Offiziere – die ersten Porträts von Polarforschern, die es auf die Titelseiten schafften, hier am 18. Oktober 1851 in *Gleason's Pictorial Drawing-Room Companion*.

Voll zarten Lebens, brillant und scharf –
Das eigene Bild, wie's kein Spiegel entwarf ...

War die Begeisterung der Massen schon groß, so muss Beard schier aus dem Häuschen gewesen sein. Das Geschäft lief viel besser als erwartet. Er soll Tageseinnahmen von bis zu 150 Pfund verbucht haben. In jener Zeit verdiente ein durchschnittlicher Facharbeiter oder Angestellter etwa 10 Schilling in der Woche – Beard nahm also täglich das 300-Fache ein, was sicher seine kühnsten Träume übertraf. Doch der Erfolg war von kurzer Dauer. Bei solchen Ertragschancen machte sich schnell Konkurrenz mit weiteren Studios in Londons Straßen breit. Fotografen gab es bald an jeder Ecke, und diese Entwicklung führte dazu, dass die Fotografie als Kunstform in Frage gestellt wurde: »Appetit und Eitelkeit der Menschen werden gleichermaßen angeregt durch Angebote wie ‚Aalpastete und Ihr Porträt – für nur Sixpence'.« Doch wie auch immer sie serviert wurde, es war klar, dass die Porträtfotografie ein lukratives Geschäft war, und Fotografen wie auch ihre Kunden heizten die Nachfrage an. Beard und seinesgleichen hatten den neuen Trend ausgelöst, sich fotografieren zu lassen. Innerhalb von zwei Jahren gab es Studios in fast allen größeren Städten Großbritanniens.

Doch nicht nur die Daguerreotypie kündigte diese neue visuelle Kultur an, sondern auch ein breites Angebot an technischen Neuerungen und ein immer größer werdendes Publikum, das nach spektakulären Bildern der Welt und ihrer Völker gierte. Theateraufführungen, große Panorama-Rundgemälde, Bildersequenzen auf mit Flaschenzügen und Rollen bewegter Leinwand, optische Illusionen, Laternae magicae und Vorträge im Rampenlicht waren Publikumsmagneten. Mit Dampf betriebene Druckerpressen heizten den Zirkus der Massenunterhaltung an. In dieser neuen Welt zählte nur noch das Bild, und die Fotografie leistete von Anfang an ihren Beitrag zu diesem Kaleidoskop.

Fox Talbots Buch *The Pencil of Nature* erschien ab Juni 1844 in sechs Bänden und verdient die Bezeichnung als »eines der bedeutsamsten fotografischen Werke, die je veröffentlicht wurden«. Seine Bedeutung liegt weniger in der Tatsache, dass es erstmalig fotografische Abbildungen enthielt oder dass es in großen Auflagen gedruckt wurde, sondern vielmehr darin, dass es einen visuellen Anhaltspunkt in einer verwirrenden neuen Zeit darstellte, eine Orientierung für die Art und Weise, wie die Fotografie in den weiteren Jahren des 19. Jahrhunderts wahrgenommen wurde. Der Fotoratgeber von Beards Kollege Jabez Hoggs *A Practical Manual of Photography* war 1843 kurz nach Erscheinen sofort vergriffen und wurde umgehend neu aufgelegt. Maxime du Camps beeindruckende Fotografien ägyptischer Tempel und Gräber am Nil wurden 1852 in Paris veröffentlicht und revolutionierten das Verlegen von Bildbänden. Mit diesem Werk war

ART-PROGRESS.

Artist (!) "Now, Mum! Take orf yer 'ead for Sixpence, or yer 'ole body for a Shillin' !"

RECHTS: Fotografie – die neumodische Sensation macht die Straßen Londons unsicher. *Punch-Cartoon*, 1857.

Hint for a Photographer's Tent.

Our Photographer invents a Tent.

der Reisefotograf auf der Bildfläche erschienen, und was Reisebilder anging, gab es nun keinen Weg zurück.

Schon im Herbst 1847 gründete sich in London der erste Fotoklub, eine Vereinigung eifriger Amateure und wohlhabender Sponsoren, die sich mehrmals im Monat trafen, um sich bei einem Abendessen und einem Glas Wein über ihre Versuche auszutauschen. Die meisten von ihnen verwendeten das von Talbot entwickelte Kalotypie-Verfahren mit lichtempfindlichem Papier, das in der Kamera etwa eine Minute lang belichtet wurde. Dieses Papiernegativ wurde sofort entwickelt und fixiert, bevor man Abzüge machen konnte. Andere experimentierten weiterhin mit Glas und fanden schließlich heraus, dass sich eine dünne Schicht Eiweiß (Albumen) gut als Schutz für die Silbersalze eignete, damit diese sich nicht mehr auflösen konnten oder bei der Entwicklung und Fixierung weggespült wurden. Diese Entdeckung brachte die Entwicklung zwar einen Schritt voran, doch der Prozess war so langwierig (fünf bis 15 Minuten Belichtungszeit, je nach Lichtverhältnissen), dass er sich nicht für Porträtaufnahmen eignete. Für Landschaftsbilder dagegen und für die Ablichtung der Gebäude in den schnell wachsenden Städten des Landes war das Verfahren hervorragend zu gebrauchen.

Die Belichtungsdauer konnte erheblich verringert werden, wenn man die Platten sofort nach der Sensibilisierung – noch feucht – belichtete. Dies bedeutete jedoch für den Fotografen – zumindest für den Reisefotografen –, dass er ein umständliches tragbares Dunkelzelt und die Chemikalien mit sich herumschleppen musste. Josephe Nicéphore Niepces Blick durch ein Dachfenster auf den Innenhof seines Landhauses, 1826 aufgenommen, ist vermutlich das allererste Foto der Welt. Die Belichtung auf einer polierten Zinnplatte dürfte an die acht sonnige Stunden gedauert haben, so lange, dass Schatten von beiden Seiten des Bildes einfielen. Um die Fotografie praxistauglich zu machen, musste die Belichtungszeit jedoch radikal verkürzt werden.

Man fand heraus, dass Albumen sich auch gut zur Beschichtung der Positive eignete, und nachdem seit 1852 Goldchlorid zur Tönung verwendet wurde, konnte man Porträts mit feineren Details aufnehmen. Bald gab es mit Albumen beschichtetes Papier fertig im Laden zu kaufen, und der Porträtmarkt erlebte einen enormen Aufschwung. Der Bedarf an Albumen war in den 1850er Jahren so groß, dass Legebatterien für Hühner eingerichtet wurden. Zu der Zeit, als die Nachfrage nach billigen Visitenkarten-Bildern am größten war, verbrauchte eine Londoner Firma jährlich über eine halbe Million Eier. 30 Jahre später übrigens, nachdem Kodak das Fotografieren für jedermann möglich gemacht hatte, verschlang der Fotomarkt der USA 300 Millionen Eier pro Jahr. Man schätzt, dass allein in England jährlich drei bis vier Millionen solcher Porträtkarten hergestellt wurden, als sie im Schwange waren. Diese kleinen, auf Visitenkarten geklebten Silbersalzabzüge waren für die Fotografen leicht in Massen zu produzieren, während sie für den Kunden zu billigen Sammelobjekten wurden. Einige Porträts, wie etwa Downeys Foto der Prinzessin von Wales mit der kleinen Prinzessin Louise auf dem Rücken, wurde damals (1867) mit 300 000 verkauften Exemplaren die populärste Fotografie Englands.

Im Todesjahr von Daguerre 1851 wurde ein neues Zeitalter in der Fotografie eingeläutet. Frederick Scott Archers im März des Jahres vorgestelltes revolutionäres Verfah-

OBEN: Die fotografische Ausrüstung ist zwar hinderlich, gehört aber unbedingt zur Reiseausstattung. *Punch-Cartoon*, 1856.

ren der Kollodium-Nassplatte verdrängte alles Bisherige. Bei diesem Verfahren muss der Fotograf die Platte beschichten, belichten und entwickeln, solange sie noch nass ist. Das ging schneller als alles andere und wurde sofort populär. Trotzdem blieb das Fotografieren eine kniffige Sache. Ein tragbares Dunkelzelt und giftige Chemikalien waren immer noch vonnöten, sodass sich das Fotografieren in fernen Regionen weiterhin schwierig gestaltete. Das noch schnellere trockene Gelatineverfahren sollte aber erst 30 Jahre später zur Verfügung stehen. Bis 1880 war das Kollodium-Verfahren am weitesten verbreitet, und selbst heute wird es noch gelegentlich zur Entwicklung eingesetzt.

Als Talbot sein Patent im Juli 1852 lockerte und das Kollodium-Verfahren perfektioniert werden konnte, da wurde die Fotografie zum Zeitvertreib für jedermann. Die 1854 gegründete London School of Photography vermittelte die nötigen Kenntnisse und Fertigkeiten und finanzierte sich gleichzeitig durch Porträtaufnahmen. Lady Eastlake, die Frau des ersten Präsidenten der neuen *Photographic Society*, beschrieb es so:

Zehntausende gehen nun einer neuen Beschäftigung nach, wenden neue Fertigkeiten an, sprechen eine neue Sprache und sind einander in ihrem Tun verbunden. Eine der schönsten Eigenschaften dieser neuen Tätigkeit ist es, Männer verschiedenster Lebensweisen, Schichten und Gewohnheiten zusammenzubringen, sodass sich ein jeder, der sich dazugesellt, in einer Art Republik wiederfindet, in der man nur Fotograf sein muss, um als Bruder aufgenommen zu werden …

1861 gab es in Großbritannien schon zwei Dutzend fotografische Gesellschaften, deren Mitglieder enthusiastisch ihre Objektive auf ein Land richteten, das im Wandel begriffen war. Porträtaufnahmen waren zu einem eigenen Berufszweig geworden, und der Nutzen der Fotografie als Mittel der Aufzeichnung erwies sich allerorten, so in der Archäologie, im Bauwesen oder in den neuen Wissenschaften Meteorologie und Mikroskopie. Selbst Queen Victoria ließ sich in Windsor Castle eine Dunkelkammer einrichten und soll unter der Anleitung von Dr. Becker, Prinz Alberts Bibliothekar, Fertigkeiten in der »schwarzen Kunst« erworben haben. Ihr Miniaturporträt von 1860 wurde zur populären Bildkarte und erreichte enorme Auflagen. Die Königin selbst war eine begeisterte Fotosammlerin, und mit der Zeit zierten großformatige Abzüge und Stiche ihrer vielen Fotoporträts Heime, Schulen und Bahnstationen im ganzen Commonwealth.

Von Anfang an konnten Fotos retuschiert, verändert oder »verschönert« werden. Zwei Abzüge desselben Porträts – der eine retuschiert, der andere nicht – verblüfften 1855 die Besucher der Weltausstellung in Paris. Dies war eine der ersten Fotoausstellungen weltweit, und die Erfahrung, dass die Kamera lügen konnte, machte die Fotografie nur noch populärer. Ein Fotograf warb damit, dass er eine Nase begradigen, Runzeln wegzaubern oder Wangenknochen so elegant formen konnte, dass selbst die Mediceische Venus dagegen verblassen würde. Ein anderer gab an, mit Hilfe feiner Tönung einem Herrn einen »Intellektuellenkopf« zaubern zu können, und ein dritter versprach, die Figur einer Frau auf wunderbare Weise zu verändern und ihr nach Wunsch zu Kurven oder einer Wespentaille zu verhelfen.

Neugier und Eitelkeit trieben das Geschäft an, und jene, die aus dem Trend Profit zu schlagen wussten, durften mit großen Gewinnen rechnen. Auch in Übersee konnte mit Fotografie viel Geld verdient werden, denn sie wurde bald in den Dienst des Commonwealth gestellt. Ab 1856 wurden die jungen Offiziere der Royal Engineers in Chatham, später auch in weiteren Militär- und Marineeinrichtungen in der Kunst des Fotografierens unterrichtet. Für Reisende der Ostindien-Kompanie, für Ärzte und Missionare, die an den entfernten Außenposten dieses expandierenden Weltreichs eingesetzt waren, hatte das Fotografieren unschätzbaren Wert.

Noch immer zierte die Fotografie hauptsächlich das traute Heim. Wände und Kaminsimse viktorianischer Salons waren immer dichter von fotografischen Kunstwerken bevölkert. Familienalben schwollen an mit liebevoll und stolz zusammengestellten Verwandtenporträts. Die Fotografie war nicht mehr nur den Privilegierten vorbehalten, sondern wurde zur Kunst auch der unteren Klassen. »Dem Erfinder der Fotografie sei Dank«, schrieb Mrs. Carlyle 1859. »Ich halte ihn für noch größer als den Erfinder von Chloroform! In dieser unserer Zeit wurde der armen, leidenden Menschheit durch die Kunst der Fotografie mehr Freude zuteil als durch irgendetwas anderes, denn durch sie kann selbst der Ärmste noch ein passables Bild seiner fernen Lieben bei sich tragen.«

Die Fotografie brachte entfernte Familienzweige einander näher und änderte die Art und Weise, wie Menschen sich selbst und die Welt wahrnahmen. Sie war eine befreiende Erfindung, die jedem die Möglichkeit gab, der Enge des eigenen Daseins zu entfliehen, die Welt zu bereisen und dem Exotischen zu begegnen. 1858 wurde das *Stereoscopic Magazine* gegründet, das seinen Abonnenten in jeder Ausgabe drei der neuartigen Raum-

OBEN: Visitenkarten-Foto von Sir James Clark Ross, einem ehemaligen Polarforscher, 1860.

Visitenkarten-Foto von Sir Edward Sabine, Polarwissenschaftler und Präsident der Royal Society, 1869.

bildpaare bot: Bilder von Kirchenruinen, neuen Eisenbahnen, klassischen Skulpturen, den Grashügeln des Lake District, eventuell ein paar Schnappschüsse von einer Europatour, der Leopardenjagd oder einem entspannten Nachmittag in Gesellschaft einiger »Hindu-Tänzerinnen«. All das konnte vergnüglich vom Fauteuil aus genossen werden. 1860 hatte der Katalog der *London Stereoscopic and Photographic Company* bereits 100 000 Karten im Angebot.

Die Fotografie leistete auch der Entstehung des Prominentenkults Vorschub. So posierte Francis McClintock 1859 als zurückgekehrter Held mit Relikten der Franklin-Expedition. Im Jahr darauf veröffentlichte Henry Maull sein Buch *Photographic Portraits of Living Celebrities*, einen reich ausgestatteten Bildband mit Fotografien aus seinem Studio, die Künstler, Bischöfe, Prominenz und Landadel verewigten.

Gleich nach der Erfindung der Fotografie hatte man sich bemüht, sie auch in den Dienst von Entdeckungsreisen zu stellen. Bereits 1839 hatte sich der in der Schweiz geborene Aristokrat Pierre Joly de Lotbinière von Marseille aus ins östliche Mittelmeer eingeschifft und als mutiger Vorkämpfer aller Reisefotografen den Parthenon in Athen abgelichtet. Auf Mauleseln und begleitet von einem Kamel, das seine knapp 50 Kilogramm schwere Ausrüstung schleppte, zog er später den Nil hinauf. Trotz Belichtungszeiten von über zehn Minuten im hellen Sonnenlicht und bei Temperaturen, die sein Thermometer sprengten, gelang es ihm, die Magie der Sphinx bei Giseh, die Cheopspyramide und den Palast von Karnak aufs Bild zu bannen. Bei seiner Rückkehr nach Frankreich wurde er von Bewunderern richtiggehend belagert. Seine Fotografien waren eine Sensation.

1878 stellte die Royal Geographic Society *Hints to Travellers* zusammen, Tipps für angehende Fotografen auf Expeditionsreisen. Die Erfindung der Trockenplatte ermöglichte es Forschern nun, mit der neuesten tragbaren Fotoausrüstung ins Bergland, in Flusstäler und in den Dschungel vorzudringen. Das ältere Verfahren mit den Nassplatten »verlangt viel Kunstfertigkeit und Übung bei der erfolgreichen Herstellung fotografischer Platten, was nur wenige Reisende zuwege bringen oder sich aneignen können«, doch die neue Technologie »macht es möglich, Fotografien überall und allerorten aufzunehmen«. Mit sperrigen Kameras, den Kisten voll fest verstauter Glasplatten, Kamelhaarpinseln gegen den Wüstenstaub und eventuell einer Kopie der *Hints* in der Tasche, eingehüllt in schwarze Samtumhänge gegen das Sonnenlicht, machte sich eine neue Generation abenteuerlustiger Fotografen auf den Weg ins Unbekannte.

OBEN: Ein unerschrockener »Fotograf auf dem Eiswall« im Peel Sound auf 72° 30' nördlicher Breite – das erste Bild eines Fotografen im Polargebiet, erschienen am 30. Oktober 1875 in der britischen Zeitschrift *The Illustrated London News*.

MIT DER KAMERA IN DIE ARKTIS

Sir John Franklins letzte Expedition in die Arktis 1845 war die erste, bei der auch eine Kameraausrüstung im Gepäck war, und so ist es sehr wahrscheinlich, dass die ersten Aufnahmen arktischer Gebiete auf dieser Reise entstanden. Doch leider blieb nichts davon erhalten – wie auch von den Schiffen und den meisten der Männer fehlt bis heute jede Spur davon. Die frühesten Fotos der Arktis sind Kalotypien (Talbotypien) von Dr. William Domville an Bord der Resolute, eines der vielen Schiffe, die sich auf die Suche nach der verlorenen Franklin-Expedition machten.

Domvilles Expedition verließ London im April 1852 und hatte das größte Suchgebiet all dieser Rettungsfahrten abgesteckt. Wieder war ein Mitarbeiter von Beards Fotostudio an Bord, um die Offiziere abzulichten, kurz bevor die Schiffe die Themse hinab ausliefen. Unter dem Kommando von Captain Sir Edward Belcher suchte die kleine Flotte ihren Weg nach Norden und lief auch die Disko-Insel an der Westküste Grönlands an. Dort posierte ein Schiffskamerad für Domville, und schon war das erste Porträt von unterwegs gemacht. Domville versuchte auch, einige Grönländer aufzunehmen, doch hielten sie nicht lange genug still. Er schrieb: »Habe heute versucht, einige der Eingeborenen fotografisch abzulichten, konnte es aber nicht, weil es einfach unmöglich ist, sie zum Stillhalten zu bringen. Im unpassendsten Moment fingen sie an zu lachen oder zu sprechen und die Köpfe zu bewegen.«

Viel später im Laufe der Reise versuchte sich auch Francis McClintock in der neuen Kunst und äußerte sich ähnlich frustriert: »Ich versuche gerade, eine Kalotypie-

Aufnahme zu machen, aber ohne großen Erfolg.« Später jedoch gelang es ihm, eine gute Aufnahme der *North Star* zustande zu bringen, die im Eis vor der Küste der Erebus und Terror Bay auf Beechey Island lag und kurz danach in Richtung Heimat segelte. Unter Domvilles Anleitung fasste McClintock Mut. Ein Mitreisender notierte am 21. August 1854 in sein Tagebuch: »Käpt'n McClintock hat nach dem Abendessen an Deck mit dem Kalotypen Porträts aufgenommen.« Leider sind uns keine dieser ersten Porträtaufnahmen Polarreisender geblieben. Auf einer späteren Suchexpedition 1857–1859 auf der *Fox* hatte McClintock eine neue Ausrüstung dabei und dazu noch einen offiziellen Fotografen, Dr. David Walker, der an Bord auch als Schiffsarzt und Naturforscher tätig war. Als Captain Edward Inglefield im Sommer 1854 in die kanadische Arktis reiste, berichtete die *Times*, dass er »eine

> Fotografien trugen ebenso wie Vorträge, Dichtungen und die bildende Kunst dazu bei, das Interesse an der Polarforschung wachzuhalten.

komplette Ausrüstung von Gegenständen mitnahm, mit der Fotografen die Natur abbilden können, so wie sie sich in der Polargegend präsentiert«. Noch 1851 auf der ersten Weltausstellung in London hatte Inglefield die neue Nassplatten-Technik bewundert, und das im darauffolgenden Jahr erschienene *Manual of the Collodion Photographic Process* von Archer war voll nützlicher Hinweise für angehende Reisefotografen. Im Nassplatten-Verfahren wurde eine Glasplatte mit einem hauchdünnen Kollodiumfilm (in Äther aufgelöste Schießbaumwolle) beschichtet. Solange die Glasplatte nass war, musste sie lichtempfindlich gemacht, dann belichtet und sofort entwickelt werden, was bedeutete, dass alle Chemikalien für diesen Prozess unmittelbar griffbereit zu sein hatten. Trotz aller Umständlichkeiten ließen sich mit diesem Verfahren atemberaubend detailgetreue Aufnahmen erzielen.

Man schickte Inglefield auf eine Reise zum Lancaster Sound, wo er auf Belchers Flotte treffen sollte. Auf Nordlandreisen liefen Schiffe oft die dänischen Siedlungen in Westgrönland an, um Proviant aufzufrischen, Schlittenhunde zu kaufen oder Inuit-Führer anzuheuern. Da die *Phoenix*, Inglefields Schiff, auch Holsteinborg, Disko, Jakobshavn und Upernavik sowie eine Reihe unbewohnter Fjorde anlief, ist es schwierig, alle Häfen und Porträts zuzuordnen. Doch die Fotos, von denen 20 Originalglasplatten erhalten sind, bieten auf jeden Fall einen Einblick in das damalige Leben der grönländischen Siedlungen. Inglefield war auch ein talentierter Kunstmaler und hielt mehrere Vorträge, die er mit Glasplatten illustrierte, um Geld für weitere Suchexpeditionen aufzutreiben. »Inglefield ist fleißig dabei, Geld zu sammeln«, schrieb Lady Jane an eine Freundin. Eine Nichte Franklins besuchte mit ihrem Gatten, dem Dichter Alfred Lord Tennyson, solch einen Vortrag. Dieser war »höchst interessiert und erfreut«. Außerdem vermerkte der Dichter trocken: »Es gibt doch nichts Interessanteres als seinen Namen auf einer Karte der Arktis wiederzufinden.« Inglefield revanchierte sich, indem er am Nordufer der Glacier Strait ein Kap nach Tennyson benannte. Auf königlichen Befehl brachte der Forscher viele seiner Skizzen nach Windsor und stellte sie dort in einem Korridor aus, damit die Königin sie nach dem Lunch betrachten konnte. Fotografien trugen ebenso wie Vorträge, Dichtungen und die bildende Kunst dazu bei, das Interesse an der Polarforschung wachzuhalten, was auch äußerst wichtig war, da die Kosten künftiger Forschungsreisen von der Regierung genehmigt oder durch öffentliche Spenden finanziert werden mussten.

1860 gelangen dem amerikanischen Forscher Isaac Hayes die ersten Mehrfachabzüge von Aufnahmen in der Arktis. Er beschaffte sich Kapital, erstand einen Schoner, den er in *United States* umtaufte, und stach am 12. August von Boston aus zur Westküste Grönlands in See. Das Geld hatte gerade für eine Fotoausrüstung, nicht aber für einen Fotografen gereicht, weshalb er beschloss, die Aufnahmen selbst zu machen. Nur vier Tage, nachdem er Upernavik verlassen hatte, machte sich Hayes inmitten dichter Eisschollen ans Werk:

> **Ich verstand so gut wie nichts von dieser Kunst. Dass ich keinen professionellen Fotografen für diese Reise gewinnen konnte, enttäuschte mich sehr, doch glücklicherweise gelang es mir, einige Landschaftsaufnahmen mit der für die Arktis so charakteristischen wilden Schönheit machen zu können. Wir konnten uns mit Büchern behelfen. Unser Mangel an Wissen und die unerträgliche Kälte bereiteten uns ernsthafte Probleme.**

Am Ende seiner Expedition hatte Hayes immerhin an die 82 Fotos aufgenommen, die sein Schiff, Landschaften und Porträts von Grönländern zeigten. Er veröffentlichte sie als Stereobilder auf Glas und Papierabzüge und verdiente so schnelles Geld. Es war also auf dieser Reise bewiesen worden, dass sich die Fotografie durchaus dazu eignete, Menschen, Landschaften und Vorkommnisse in der Arktis zu dokumentieren. Aber auch andere machten sich mit der neuen Kunst vertraut. Eine erstaunliche Fotoserie – ebenfalls von grönländischen Landschaften und Siedlungen – wurde zwischen 1860 und 1865 in Godthåb und Sukkertoppen aufgenommen. Dr. Hinrich Johannes Rink, Geograf und Menschenfreund, lebte fast 15 Jahre lang unter den Inuit an der Küste Westgrönlands. Viele seiner Porträts wurden später in Dänemark reproduziert und als Collagen in Büchern veröffentlicht. Etwa 60 seiner Originalaufnahmen sind noch erhalten. Spätere Abenteurer und Forscher wie Agnes Cameron, Philip Godsell und Vilhjalmur Stefansson machten ebenfalls Aufnahmen der Landeskinder Grönlands und zeigten diese routinemäßig in ihren erfolgreichen Büchern und Vortragsreihen.

Auch den amerikanischen Künstler William Bradford sollte man nicht vergessen, der dank der lebhaften Reiseberichte von Sir John Ross und Elisha Kent Kane eine solche Begeisterung für die Arktis entwickelte, dass er mehrere Schiffsreisen nach Labrador unternahm und sogar bis nach Grönland vordrang, um »den schrecklichen Anblick des ewigen Eises« mit eigenen Augen zu sehen. Für seine siebte und letzte Arktisexpedition 1869 mietete er ein Schiff namens Panther und holte sich eine neufundländische Mannschaft sowie Hayes als Reisebegleiter an Bord. Außerdem nahm er zwei Bostoner Studiofotografen mit, John Dunmore und George Critcherson, denn Bradford hatte klar erkannt, wie nützlich die Fotografie als Gedächtnisstütze für seine später sehr gefragten Gemälde sein konnte. Die beiden arbeiteten pausenlos: Sie fotografierten Gletscher und die Mitternachtssonne, wehrten sich gegen die Mückenplage und wichen dem Treibeis aus. Ihre Porträtaufnahmen sind ebenfalls ausgezeichnet. Weiter nördlich sollten den Abenteurern die aufregendsten Fotos gelingen, denn sie wurden dort mit dem Anblick einer Eisbärin und ihren beiden Jungen belohnt. Die *Panther* setzte den Tieren sogleich nach.

In dem Moment kamen auch schon die Fotografen an Deck gerannt und wollten beide als erste »schießen«. Blitzschnell wurde die Kamera aufgestellt und ausgerichtet und eine Platte mit einem kleinen Loch vor die Linse geschoben. So konnte die Bärenfamilie aus weniger als 200 Metern Entfernung aufgenommen werden. Diese Leistung verlangte viel Mut und Geschicklichkeit, denn der Aufbau der Kamera auf dem Vorderdeck und die Aufnahme erfolgten, während sowohl das Schiff als auch die Bären in Bewegung waren.

Was dann folgte, war weniger romantisch. Die Bären wurden mit dem Jagdgewehr erledigt, und die Jäger ließen sich mit ihrer Trophäe vor dem Schiff ablichten. Bradfords Reisebericht mit dem Titel *The Arctic Regions* enthielt 141 von Hand eingeklebte Originalbilder und machte den Autor selbst bei Queen Victoria berühmt, die ganz oben auf der Liste der Interessenten stand. Zwar wurden nur 350 Exemplare dieses großformatigen Bildbands gedruckt, des ersten mit Fotografien aus den Polargebieten, doch die hervorragende Qualität und die Vielseitigkeit der Aufnahmen verleihen ihm besondere Bedeutung – und interessanterweise auch die Tatsache, dass einige der Fotografien manipuliert waren. So wurden Gestalten oder Schiffe am Horizont hineingezeichnet, an anderen Stellen Negative zugeschnitten,

OBEN: Hinrich Rinks Porträtcollage der grönländischen Inuit, die erste in ihrer Art, 1865.

manche kunstvoll zu völlig neuen Bildern zusammengesetzt oder mit dramatischen Wolkenlandschaften versehen.

Aus diesem Material wie auch aus Dutzenden von Skizzen und Zeichnungen kreierte Bradford in seinen Studios in New York, London und San Francisco jene großformatigen Gemälde, für die er berühmt wurde. Nach ihrer Lieblingsfotografie gab Prinzessin Louise bei Bradford ein Gemälde in Auftrag, das »Die Panther in der Melville Bay« in grellrosa Farbtönen darstellte. Die Fotografien wurden in der Somerville-Galerie in New York auch als Glasdias ausgestellt. Dabei hängte man sie nicht wie Bilder auf, sondern projizierte sie mithilfe einer von hellem Kalklicht beleuchteten »Stereopticon-Laterne« auf eine riesige Leinwand. Die Reisekosten hatten 150 000 US-Dollar verschlungen (und Bradfords Sponsor war darüber in Konkurs geraten), aber die lebendigen Fotografien und das künstlerische Resultat verschafften dem Werk einen besonderen Platz in der Geschichte des Lichtbildes.

Dreißig Jahre nach Franklin machte sich eine weitere britische Expedition unter Captain George Strong Nares auf den Weg nach Norden. Die *Discovery* und die *Alert* segelten unter seinem Kommando bis Ellesmere Island und gelangten an den damals nördlichsten je mit einem Schiff erreichten Punkt. Von dort aus wurden Hundeschlitten ins Unbekannte ausgesandt: eine Gruppe nach Osten quer durch Grönland, eine zweite nach Westen und eine dritte in Richtung Norden zum Pol. Die Schlittenfahrer sowie viele der Seeleute fielen dem Skorbut zum Opfer, sodass die Expedition 1876 ein Jahr früher als geplant zurückkehrte. Nares fasste ihr Martyrium in einem knappen Telegramm zusammen: »Nordpol unmöglich« – eine einzige Zeile, die alle Ambitionen, den Nordpol zu erreichen, zunichte machte. Die Arktis hatte jedoch nichts von ihrer Faszination verloren, und die Öffentlichkeit starrte weiterhin gebannt auf Bilder des heroischen Kampfes gegen eine unerbittliche Wildnis.

Zu dieser Zeit erlaubte das Trockenplatten-Verfahren bereits Aufnahmen in extremer Kälte. Die vorab beschichteten Platten konnten kurz nach der Präparierung belichtet und später an Bord entwickelt werden. Zwei Männern gelang es so, fantastische Bilder aufzunehmen: dem zweiten Maschinisten auf der *Alert*, George White, und Thomas Mitchell, dem zweiten Zahlmeister der Discovery. Ihre Fotografien waren für den Erfolg der Expedition äußerst wichtig. Die Fotos, die mit dem Versorgungsschiff *Valorous* nach England zurückgebracht wurden, erschienen zum Teil als Stiche in aufwendigen Beilagen in *The Graphic* und *The Illustrated London News*. Fast jede Woche wurden neue fotografische Aufnahmen aus der Arktis veröffentlicht.

Unterdessen blieben andere Expeditionsmitglieder in der Arktis auch nicht untätig. George Egerton etwa, der an einer der Hundeschlitten-Exkursionen der *Alert* im Frühjahr teilgenommen hatte, versuchte sich ebenfalls mit der neuen Technik:

Da ich noch nie zuvor fotografiert hatte und kaum fünf Minuten lang eingewiesen worden war, fühlte ich mich doch sehr unsicher, was wohl dabei herauskommen würde. Aber ich überredete May und die Männer, für eine Aufnahme des Lagers, der Hunde und der Mannschaft stillzuhalten. Es dauerte ewig, bis ich die Kamera eingestellt hatte, und mir wurde eiskalt. Als es dann endlich so weit war, nahm ich den Objektivdeckel ab, zog die Uhr heraus und wartete – zwei Minuten – May wurde ungeduldig – drei Minuten – dann platzte ich schier vor Lachen, als mir einfiel, dass ich vergessen hatte, die Abdeckung von der Platte zu ziehen. May tobte. Es kostete mich viel Überredung, die Leute wieder aufzustellen, doch jetzt lief alles wie geplant, außer dass ich einen Moment lang nach dem Objektivdeckel suchen musste ...

Trotz offizieller Kritik wurde Nares bei seiner Rückkehr ein enthusiastischer Empfang bereitet. Von seinem Fotoporträt wurden mehrfach Stiche angefertigt, die unzählige Male, oft als Titelblatt, in den neuen illustrierten Zeitungen erschienen. Sein allen bekanntes Bild – dichter brauner Schnauzer, Glatze, steife Uniform, die Arme grimmig entschlossen vor der Brust gekreuzt – blickte finster von Broschüren, Faltplakaten und speziell für die Laterna magica angefertigten Dias. Obwohl seine Expedition nichts Besonderes ergeben hatte und er kein romantischer Heldentyp war, breitete sich sein Bild als Forschungsreisender mit erstaunlicher Geschwindigkeit über das ganze Land aus.

Nares überwachte höchstpersönlich die Veröffentlichung seiner Expeditionsfotos. Viele Bilder waren wirklich erstaunliche Aufnahmen von hervorragender Qualität. Die Landschaftsbilder vermitteln die Weite, Einsamkeit und Strenge der arktischen Wildnis, so wie Beschreibungen dies nicht leisten konnten. Zahlreiche »fotomechanische Reproduktionen« wurden für den Verkauf als Drucke hergestellt, und ein kompletter Satz von 107 Bildern konnte für den stolzen Preis von 10 Pfund Sterling und 14 Schilling erstanden werden. Ein Satz, in rote Seide eingeschlagen, wurde der Königin überreicht, die ihn sicher hocherfreut ihrer ständig wachsenden Sammlung hinzufügte.

RECHTS: William Bradfords *The Arctic Region* erschien 1873. Die nachfolgenden Seiten zeigen den Umschlag und einige Seiten, darunter auch sein populärstes Bild »Jagd vom Dampfer aus«. Obwohl nur 350 Exemplare dieses großformatigen Bands gedruckt wurden, wurde er zur Sensation – das erste Buch mit Fotografien aus dem Polargebiet.

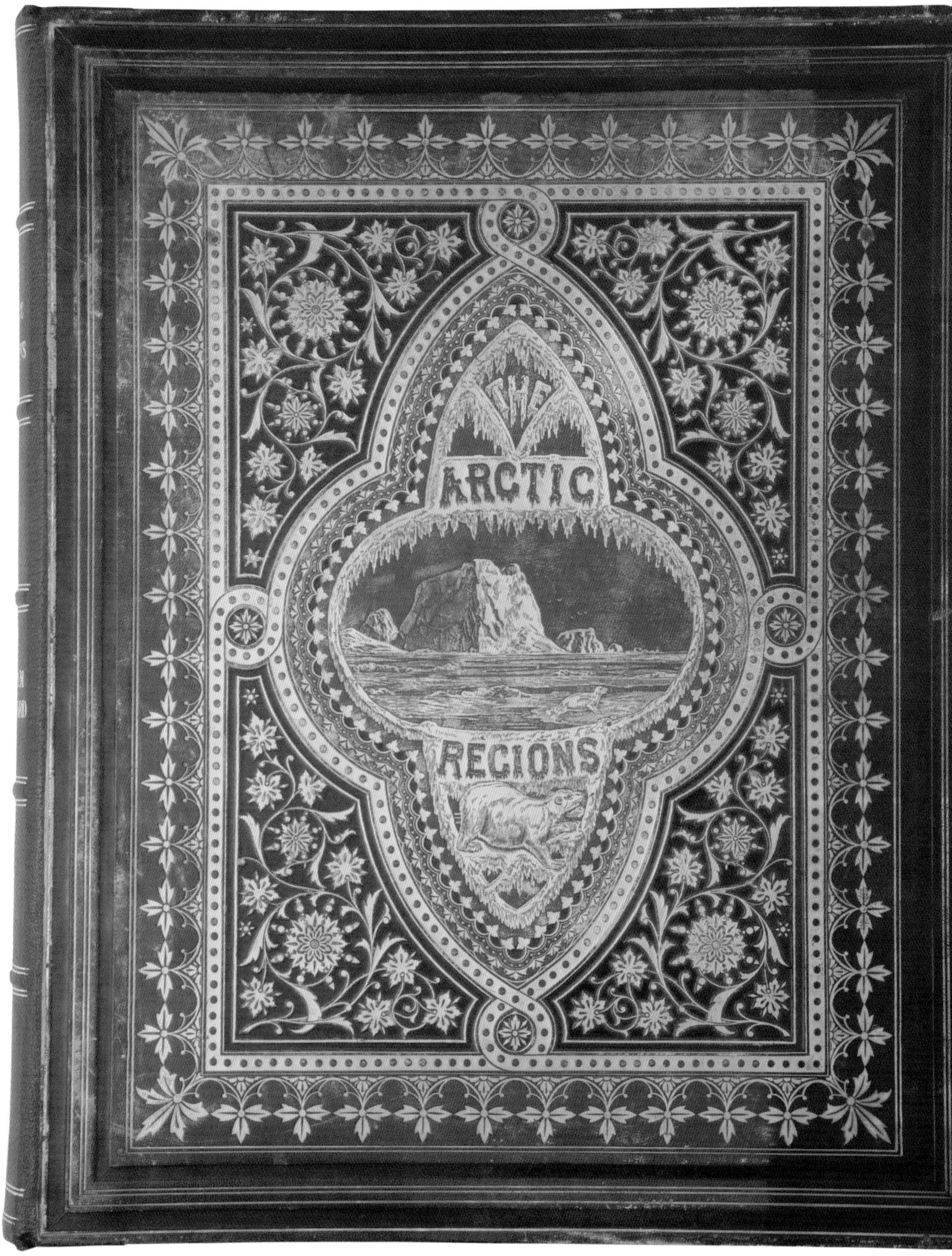
THE
ARCTIC
REGIONS

rapidly, but we were going three feet to his one, and overhauled him in proportion. When within less than a hundred yards, he disappeared around a projecting tongue of ice that we had not noticed, and the odds were again in his favour. Without a moment's hesitation the captain ran alongside of the floe, and, accompanied by some of the more enthusiastic huntsmen, scrambled down the side, started across towards the head of the bight which the bear had entered, hoping to cut off his further retreat, but all too late. He was already out of the water, and making his way towards a line of hummocks which promised shelter. Volley after volley was sent after him without taking any effect, and, being much better fitted by nature for ice travel than were his pursuers, soon distanced them, and was lost to view. The party maintained the chase for half-an-hour or more, but were finally compelled to give it up, and returned aboard very much chap-fallen at the result. Bets were declared off, as was also the bear, and quiet reigned again in place of the late enthusiastic excitement.

No. 87. The "Panther" trying to force a passage through the Floe.

This lull did not last long, for the look-out man aloft again reported bears in sight away to the southward. Under his direction the "Panther" was kept away until they were visible from deck, when a plan for their capture was arranged. This chase did not prove a very exciting one, the ice being so weak and rotten that the bears (an old one again with two cubs), repeatedly broke through, thus leaving us to dispose of them at our pleasure. Seeing that they could not possibly escape, I restrained the impetuosity of our hunters until the photographers had with their usual skill and celerity taken an instantaneous view of the group. Then, starting ahead again, the bears were cut off from the main floe, and, being in the water, there was little difficulty in disposing of them. Hoisting them inboard, we kept away towards Wilcox Point, until a smooth place of solid ice was found. Into this we drove the "Panther," and, after she was snugly moored, the carcases were all lowered down over the side, and, being arranged in different positions, the hunters gathered around them, forming a novel and picturesque group, of which several views were taken.

The bears were then skinned and dressed, the choice portions of meat from the young and tender cubs hung up for future consumption, the skins given to those who were fortunate enough to establish a claim to them, and preparations made for another hunt if the opportunity presented itself.

No. 88. In an open Lead between the Floe and Iceberg.

No. 89. The Steamer under the Midnight Sun, anchored about two miles from the Devil's Thumb.

CHAPTER XIII.

Anchor under the Devil's Thumb—Dr. Hayes surveys the Devil's Thumb—Fine View from the top of the Mountain—Leave on account of the dangerous position—Narrow Escape from being Nipped by the Ice-Floes.

AS the ice opened on the ebb-tide, giving a clear lead in shore, we cast off from the floe, and working in past Wilcox Point, anchored about two and a-half miles from the Devil's Thumb. This was much nearer than vessels are accustomed to go, and the position was not without danger, on account of the strong eddies and currents which whirl around the bight, bringing in heavy floes and small bergs that would sweep any ship from her anchors and leave her wholly at the mercy of the pack.

Still, as my object was to obtain sketches and photographs of the most remarkable scenery on the coast, I resolved, notwithstanding the risk, to run in and accomplish all that we possibly could. Leaving the vessel with steam up, ready for an emergency, a large party of us landed and were soon scattered about as inclination or duty suggested.

Numerous traces of reindeer were discovered, some of them quite fresh, but none of the animals were visible, though it is probable we might have found them in large numbers had time permitted us to go a little distance up the fiord. On account of the dangerous situation of the "Panther," it was not deemed advisable to stray beyond the reach of signals, if she should be compelled to leave suddenly. For this same reason we gave our immediate attention to climbing the hill to the base of the "Thumb," which springs like a spire or tower to the height of about six hundred feet above the crest of the ridge, and is inaccessible to climbers at every point. By barometrical measurement we found the base of this pillar to be thirteen hundred feet above the level of the sea; adding to this the height of the Thumb proper, we have a total elevation of between nineteen hundred and two thousand feet.

So far as we could ascertain, the "Thumb" is situated on an island, six or seven miles long by four or five in width. We did not attempt to circumnavigate it, and I very much doubt the possibility of doing so, as the bay behind it and the passages on either side were choked up by innumerable floes and bergs which have been discharged from two great glaciers at the head of the bay. For this reason we could not assure ourselves that this was actually an island, but if it is not, the neck of land connecting it with the main must be very narrow.

From the elevation attained we had an unlimited view in all directions, and I was never before so thoroughly impressed with the idea of desolation. Immediately around, the soil, or rather the rocks, were unusually barren, even for these regions. To the southward and westward Wilcox Point projected its dark and gloomy form far nearly in line with the back, making her appear longer than she really was; lifting her feet stealthily like a cat, and putting them far out in front, as if feeling to make sure that the ice was strong enough to bear her weight. The cubs, on the contrary, gambolled around their dam, playing with each other like two kittens, rolling over and over, and splashing the water about in the many pools that had formed on the surface of the floe, totally unconscious of danger, and seeming to feel that everything was right so long as their mother showed no signs of alarm.

From their close proximity, I was enabled to sketch their natural movements upon their native ice, and I could not but note the different appearance they presented to the dirty, sleepy-looking animals of the same species that we see in menageries at home. The colour of the old bear's fur was a light yellow on the back and sides; the under portions and legs were of a more tawny hue, approaching a light brown, yet retaining a yellowish tinge, a long remove from the white colour generally attributed to the polar bear.

When within about seventy-five yards of us the old bear seemed to have her suspicions, for, stopping suddenly, she raised her head and snuffed the air in all directions; as if doubtful whether to advance or retreat. She finally compromised by moving around towards the "Panther's" stern, accompanied by the cubs, which kept up their fantastic gambols, though not straying far from her.

Fearing that they would get to the leeward and become alarmed by the scent from the vessel, I proceeded to rouse the sleepers, who at the word "Bears" came rushing on deck without regard to their toilets, and it was a task of some difficulty to keep them from alarming the animals, each being anxious to have the first shot. Captain Bartlett, with his long sealing gun, was first on deck, and by his exertions order was restored, and all heads kept below the rail, while preparations were being made for the chase.

No. 51. Instantaneous view of Polar Bears in the distance, taken while running over the Ice Floe.

The polar bear is proverbially cautious about approaching objects in motion, though anything of still life, unusual in appearance, will immediately attract his attention, and become a subject of close observation. At the sight or scent of man or dog, his fears are excited, and he will generally make off at full speed, without waiting to be attacked. Indeed, these animals are not the savage creatures they are generally supposed to be; and I do not know of a single instance where they have been the aggressors. They are only dangerous when brought to bay.

Although our confusion soon subsided, there had been sufficient noise to alarm the mother, yet she was undecided in her motions. First advancing, then retreating, followed by the cubs, who began to partake of her anxiety, she worked gradually around to a long projecting spur of ice that extended some distance from the main floe nearly astern of us, evidently bent on satisfying her curiosity, though half inclined to run away. Had she pursued the latter course, there could have been no doubt of her escape, unless crippled by a chance shot, as the floe was wide, and in a race over it we stood a poor chance with the old bear, although the cubs might possibly have been overtaken.

Now, however, they were gradually working themselves into a trap, where there was little chance for them. The fires in the engine-room had only been banked; they were now opened to get up steam as quietly as possible. The lines were cast off, and as the bears ventured further on we backed easily, so as to bring the vessel's head to the southward. This alarmed the old bear, and with a sudden start she took the back track towards the main floe, while the cubs trotted after her, evidently partaking of her alarm, as their gambols stopped, and they floundered along, stumbling in the pools and losing valuable time. Had it not been for solicitude on her part for the cubs, the mother might easily have got away.

Full headway was given to the "Panther," and we shot towards what seemed to be the weakest portion of the spur, some distance inside of the bears' position. The crash was tremendous, but notwithstanding its severity everything kept its place, and the solid, iron-clad bows drove into the ice with sufficient force to open a lead

No. 21. Hunting by steam in Melville Bay, the party after a day's sport killing six Polar Bears within the twenty-four hours.

OBEN: *Kodak at the North Pole*, das erste Handbuch der Polarfotografie, mit einer Empfehlung des Forschers Robert Peary, 1893.

Plakat mit der Ankündigung eines Vortrags Pearys 1910 in Boston, das »einen ausführlichen Bericht über seine Entdeckung des Nordpols« mit noch unveröffentlichten Fotografien verspricht.

RECHTS: Eine Sammlung handkolorierter Glasdias für die Laterna magica, die in Vorträgen über Gefahren und Erfolge der britischen Arktisexpedition von 1875 bis 1876 unter Sir George Strong Nares Verwendung fanden.

DIE FOTOGRAFIE EROBERT DIE WELT

Auf dieser Fahrt hatte die Fotografie ihre Bewährungsprobe für den Einsatz in Polargebieten bestanden. Dank der technischen Neuerungen stand diese neue Bilderwelt praktisch jedem, der es sich leisten konnte, offen. Herstellung und Vertrieb von Trockenplatten und Fotopapier für Abzüge nahmen rasch zu, die Preise fielen, und für mehr verfügbare Freizeit gab es ein neues Hobby. Am rasantesten veränderten sich jedoch das Kameradesign und die verwendeten Materialien. Als 1888 die erste Kamera von Kodak auf den Markt kam, revolutionierte George Eastman damit die Kunst des Fotografierens. Schon 1889 wurde Rollfilm, wie wir ihn heute noch kennen, eingeführt. Eine frühe Werbung prahlte: »Jeder kann mit Kodak fotografieren. Sie müssen nur noch aufs Knöpfchen drücken. Hundert Sofortbilder können ohne Filmwechsel gemacht werden. Der Fotograf braucht keinerlei Einweisung. Er drückt den Auslöser – wir machen den Rest.« (»*You press the button – we do the rest*« – George Eastmans Slogan ging damals um die Welt.) Natürlich wollten nicht alle Fotografen die Verarbeitung ihrer Aufnahmen einem Großlabor überlassen, doch gab es mit der serienmäßig produzierten Kodak-Kamera immerhin die Möglichkeit.

Robert Peary nutzte die Vorteile der neuen, leichten Kameras, und zur Freude seiner Sponsoren gelangen ihm damit ausgezeichnete Fotos von Land und Leuten in der Arktis. Seine Erfahrungen damit veröffentlichte er in dem Do-it-yourself-Handbuch *Kodak at the North Pole*, dem ersten Fotoratgeber für Polargebiete. Die Kodak Company druckte das Buch zu Werbezwecken, und sowohl der Forscher als auch die Firma profitierten davon. Auf einer ganz anderen Ebene veränderten diese technischen Fortschritte grundlegend die Wahrnehmung der Menschen. Fotografieren wurde etwas für jedermann. »Ob Mann, Frau oder Kind, jeder, der genügend Grips hat, einen Kasten gerade zu halten und einen Knopf zu drücken«, konnte mitmachen.

Die Kamera eröffnete den Menschen neue Fluchtmöglichkeiten aus der Enge ihres Daseins und Ausblicke auf eine große, weite Welt. Doch gleichzeitig läutete sie auch das Ende dieser Freiheit ein. Wie die Pilze schossen die neuen »Schnappschuss-Fotografen« über Nacht aus dem Boden, so jedenfalls karikierten es die *Punch-Cartoons*. Ob auf einem Berggipfel oder im Trubel eines Festes – überall verbreitete sich die Plage der Amateurfotografen aus, die Eindrücke festhalten wollten und dabei nicht begriffen, was sie mit dem Eintritt in diese forsche, bildgesteuerte Welt aufgaben. Der Wandel kam so schnell, dass bald darauf die ersten *Paparazzi* in den überfüllten Straßen auftauchten und nach Bildern jagten.

Für die meisten Forschungsreisenden waren Fotografen jedoch kein Ärgernis, sondern ein Segen. Sie nutzten eifrig die Vorteile des neuen visuellen Mediums: Draußen in der Wildnis konnte ein guter Fotograf die Heldentaten eines Forschers publikumswirksam aufzeichnen, und bei seiner Rückkehr umschwärmte den erfolgreichen Forscher ein Fotografenheer, worauf er sich tunlichst in Pose setzte, denn ein gutes Porträt konnte schon damals über Wohl und Wehe einer Karriere entscheiden.

Als Shackleton im Sommer 1909 nach London zurückkehrte, wurde er stürmisch gefeiert. Seine privat finanzierte Expedition mit der *Nimrod*, während der er sich über das antarktische Polarplateau mühsam bis zum damals südlichsten Punkt auf 88° 23' Breite gequält hatte, gewann die Züge eines Nationalsieges. Zeitungen heizten in der Öffentlichkeit eine Art Vergötterung an. Im November wurde Shackleton anlässlich der Geburtstagsfeier des Königs geadelt, und diesen Moment im Rampenlicht genoss er in vollen Zügen.

Wie kein anderes Bild eines Forschungsreisenden zuvor, war Shackletons Fotoporträt überall zu sehen. Ähnlich wie Scott war er privat eher von Selbstzweifeln und Ängsten geplagt, doch in der Öffentlichkeit präsentierte er sich als Held des Tages, triumphierend und voller Mut. In den Straßen drängten sich die Menschenmassen, um einen Blick auf ihn zu erhaschen. Unermüdlich besuchte er öffentliche Veranstaltungen und Galadiners, und die Damen der Gesellschaft rissen sich auf eleganten Empfängen um seine Anwesenheit. Die Kleiderfirma Burberry erwählte ihn zum Werbeträger. Er gab Zeitungsinterviews, empfahl Produkte und ließ sich quer durchs ganze Land feiern. Für sein Publikum gab er alles, und dafür liebte man ihn.

In den drei Jahren nach seiner Rückkehr von der Nimrod-Reise hielt Shackleton Hunderte von Vorträgen. Um noch besser an seinen Polarerlebnissen zu verdienen, stellte er einen neuen Vortrag zusammen: »Der Südpol – Vollständig illustriert mit Fotografien und sehr eindrucksvollen kinematografischen Filmen«. Er unternahm einiges, um für seine zukünftige *Imperial Trans-Antarctic Expedition*, dem ehrgeizigsten seiner vielen Projekte, Geld aufzutreiben. Am Vorabend des Ersten Weltkrieges brach er auf, um den antarktischen Kontinent zu überqueren, allen Unkenrufen, selbst von Fachleuten, zum Trotz, dass dieses Unterfangen tollkühn und nicht durchdacht sei. Doch große Teile der Bevölkerung, für die Shackleton zum Inbegriff von heldenhaftem Wagemut geworden war, fühlten sich gerade von der Kühnheit des Unterfangens ange-

ARCTIC EXPLORATIONS

sprochen. Die Expedition scheiterte am Ende tatsächlich, aber es war ein Scheitern mit fliegenden Fahnen. In Erinnerung bleibt die große persönliche Leistung Shackletons – Ausdauer, Mut und Führungskraft –, die dieser Ära der Polarforschung mit Recht die Bezeichnung »heroisch« eingebracht hat.

Shackleton zeigte seine Fotografien in ganz Europa. 1910 unternahm er eine Tour durch die Vereinigten Staaten, wo er mit dem anderen Helden des Tages, Robert Peary, zusammentraf, der behauptete, den Nordpol entdeckt zu haben. Wie Shackleton war auch Peary ein Meister des Bildervortrags geworden, einer Präsentationsart, mit der er sich in der Öffentlichkeit zeigen und profilieren konnte. Die Macht der fotografischen Bilder trug neben dem unzweifelhaften Charisma dieser Männer dazu bei, dass der chaotische Prominentenzirkus sich immer weiter drehte. 1913 sollten sie sich wiedersehen – zusammen mit dem Norweger Amundsen, der am 14. Dezember 1911 als Erster den Südpol erreicht hatte und nun mit seiner eigenen Vortragsreihe auf Tour ging.

Es gibt jedoch einen Mann, dessen fotografisches Werk haushoch über dem aller anderen Polarfotografen steht: Herbert George Ponting war offizieller Fotograf auf Scotts letzter Expedition, die sich 1910 auf den Weg zum Südpol machte. Ponting verstand sich selbst als Künstler mit der Kamera und nahm unter anderem einige der ersten Autochromplatten der Firma Lumière aus Lyon – frühe Versuche der Farbfotografie – mit auf die Reise. Was den Stand der Fototechnik anging, war diese Expedition sicher die am besten ausgerüstete, die je von London aus in See stach. Die Kameras für die Schlittengruppen waren von Newman und Guardia speziell hergestellte, besonders solide und kompakte »Sybils«. Die »kinematografische« Kamera hatten Newman und Sinclair entwickelt und mit den einzigartigen Tessar-Objektiven von Zeiss und der neuartigen, »leichtgängigen« Spiegelreflex-Einstellung ausgestattet. Die Reise nach Süden, von Southampton aus, war jedoch alles andere als leichtgängig. Scott schrieb: »Ponting erträgt zwar nicht einmal den Anblick von Nahrung, doch trotz aller Übelkeit sitzt er ständig bei der Arbeit ... in einer Hand das Entwicklerbad, in der anderen den Spucknapf.« Mit der Zeit legte sich jedoch seine Übelkeit, und beim Anblick von Eisbergen ließ der Fotograf vernehmen, er sei glücklicher denn je zuvor.

Wie zu erwarten, waren die Bedingungen im Basislager extrem. In Pontings Entwicklerbädern fror das Wasser ein, Finger froren an den Metallteilen der Kameras fest, und die Gefahr von Frostbeulen bestand ohnehin beim Fotografieren im Freien. Ponting drängte fortwährend die Expeditionsteilnehmer, für seine Fotos zu posieren. Dies führte zu der neuen Wortschöpfung »ponten«, was bedeutete, dass man in den unmöglichsten Stellungen so lange verharren musste, bis man halb erfroren war. Scott erwähnte Ponting oft lobend in seinem Tagebuch: »Er ist durch und durch Künstler und in seine Arbeit vernarrt. Was er produziert, ist hervorragend, und wenn es ihm gelingt, sein ganzes Programm durchzuziehen, dann haben wir fotografische Aufzeichnungen, wie sie noch keine Expedition nach Hause gebracht hat.« Offensichtlich konnte Ponting seine Kameraden überzeugen und Scott hatte recht, sich auf sein Können zu verlassen: Ponting drehte über 8000 Meter Film und belichtete 2000 Negative während der Reise, und seine Aufnahmen waren atemberaubend. Kaum jemand anderer hat es bis jetzt geschafft, die Antarktis in so schönen Bilder wiederzugeben.

Nach dem tragischen Ende der Expedition hielt Ponting täglich Vorträge in London und führte dabei seine Dias

OBEN: Die neue Plage von »Schnappschuss-Fotografen«, die plötzlich überall auftauchten. *Punch-Cartoon* von 1890.

LINKS: Ein kompletter Satz mit 107 Fotoaufnahmen der britischen Arktisexpedition von 1875 bis 1876 konnte zum stolzen Preis von 10 Pfund Sterling und 14 Schilling erstanden werden. Hier gezeigt werden: »Einheimische aus dem arktischen Hochland mit Seeleuten der Expedition am Kap York«, »Schlittenfahrer bei der Rast auf ihrer Reise an die Nordküste Grönlands«, »Winterquartier der *Alert*; Mr. White und Nelly, Juni 1876«, »Erlegtes Walross in der Franklin Pearce Bay, 10. August 1875«, »Hans Henri, Eskimo-Hundeschlittenführer mit Sohn und Tochter« und »Frisch aufgetürmtes Treibeis, Mai 1876«.

Ernest. Shackleton.

und Filme vor. Pontings Fotos wurden in der eleganten Galerie der Fine *Art Society* in der New Bond Street ausgestellt, während zahlreiche Sonderdrucke, Postkarten und Fotoporträts in Umlauf kamen. *Country Life* bescheinigte seinen Porträts, dass sie »der Gipfel der Perfektion in der Kunst der Fotografie« seien, und viele andere Zeitschriften äußerten sich ähnlich enthusiastisch:

> Wenn man die hervorragende Technik von Pontings Aufnahmen wahrnimmt, ist es schwer, sich vorzustellen, dass diese Bilder oft unter den schwierigsten Bedingungen seit Erfindung der Fotografie entstanden ... Die unvergessliche Geschichte von Captain Scott und seinen vier Kameraden wird für immer eine Heldentat in den Annalen der großen Entdeckungen sein. Es ist eine Geschichte der Hingabe an eine Sache, von Idealen und Pflichterfüllung, die ihresgleichen in unserer Zeit sucht. Ihre Schönheit kann dem Publikum auf keine bessere Art nähergebracht werden, als durch diese lebendigen Bilder.

Der zukünftige Premier Stanley Baldwin war so beeindruckt, dass er 15 Drucke in Auftrag gab. Später wurde die Ausstellung in Schottland, Cambridge und Paris gezeigt. Der *Daily Mirror* drängte, die Bilder sollten »in jedem Kino im ganzen Land« vorgeführt werden. Ponting fuhr selbst durchs Land und hielt Vorträge, vertrieb Drucke, organisierte Ausstellungen. Er sandte sogar Filmkopien und Fotografien an die Truppen der Westfront. Auch seine berühmten Vorträge 1914 in der Londoner Philharmonie wurden als großer Erfolg gewertet. Innerhalb von zwei Monaten hatte er über 100 Vorstellungen für an die 120 000 Menschen gegeben. »Pontings Auftreten und Vortrag sind ausgezeichnet«, notierte Frank Hurley in sein Tagebuch, nachdem er sich eine der Shows angesehen hatte. »Man hatte den Eindruck, dass ihm selbst die Pinguine aufs Wort folgten.«

Auf eine Einladung des Königshauses hin zeigte er am 12. Mai bei einem glänzenden Empfang in Buckingham Palace seine Fotos vielen gekrönten Häuptern Europas, darunter dem König und der Königin von Dänemark. Die Zeitschriften berichteten über seinen Ruhm: »Ponting hat nun für die Fotografie allen Lorbeer eingeheimst, der sonst der bildenden und darstellenden Kunst oder Literatur vorbehalten ist.« Seine Fotoporträts der Abenteurer im Eis erregten besondere Aufmerksamkeit. Später schrieb Ponting, König Georg habe ihm gesagt, er hoffe, »dass ich meinen Vortrag in allen Provinzen Großbritanniens halten könne, da er der Meinung war, dass jeder – und insbesondere jeder britische Junge – von dieser Expedition erfahren sollte«.

Obwohl Ponting 1935 nach eigener Einschätzung »physisch am Ende und finanziell ruiniert« starb, war es ihm doch eine Genugtuung, dass er gegenüber den Kameraden, die in den Eisbarrieren der Antarktis geblieben waren, seine Pflicht erfüllt hatte. Er hatte sein Leben der ständigen Erinnerung an die Expedition und ihren Leiter gewidmet, der ihm so viel bedeutete. Sein Film *With Captain Scott, RN, to the South Pole* ist ein unvergesslicher Klassiker, und seine Fotografien – heute in den Sammlungen des Scott Polar Research Institute – sind ein bleibendes visuelles Vermächtnis, das an die Mühsal und den Heldenmut dieses Goldenen Zeitalters der Antarktis-Erforschung erinnert.

DER FILM MACHT DAS RENNEN

Es war natürlich das Kino, das schließlich die Führung übernahm und die Daguerreotypie, die Laterna magica und das Nassplatten-Verfahren überflügelte. Wie bei der Fotokamera waren auch hier die größten Probleme technischer Natur. Die schwere Filmkamera, die Entwicklerausrüstung und genügend Filmmaterial mit sich herumzuschleppen war eine riesige Herausforderung, die jedoch bald durch Verbesserungen wie lichtempfindli-

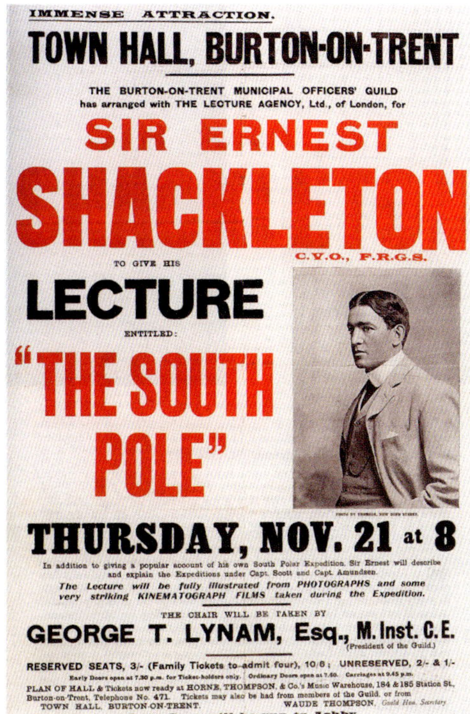

LINKS: Sir Ernes Shackleton verließ sich mehr als jeder andere Forscher vor ihm auf die Fotografie als Mittel für seinen öffentlichen Erfolg. Hier eine Auswahl bekannter und weniger bekannter Bilder: u. a. 1907 als junger Mann mit Schlapphut; eine Aufnahme für Werbezwecke der Firma Burberry; 1911 mit Orden behängt; sein Ebenbild in Madame Tussauds Wachsfigurenkabinett; 1921 mit großer Abschiedsgeste.

OBEN: Shackletons erfolgreicher öffentlicher Vortrag über den Südpol – »Vollständig illustriert mit Fotografien und sehr eindrucksvollen kinematografischen Filmen« –, den er hielt, bevor er die Pläne für seine nächste ehrgeizige Expedition bekannt gab, die Antarktisreise mit der *Endurance* im Jahr 1914.

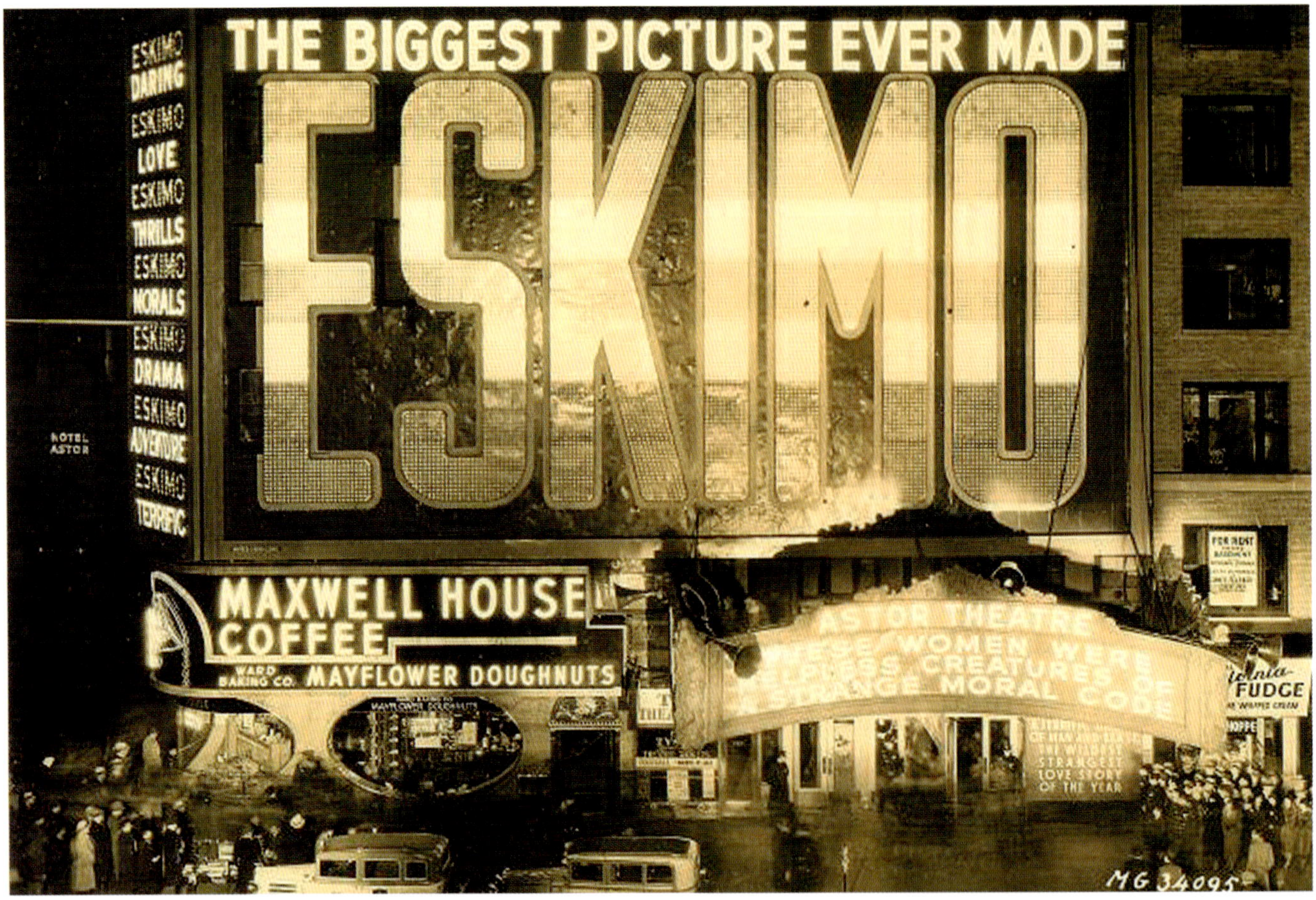

OBEN: Eskimo, MGMs Blockbuster-Film über den Pol, der 1933 im Astor-Filmtheater am Times Square in New York lief. Der Inupiat Ray Mala avancierte damit zum internationalen Filmstar.

RECHTS: Einige Erinnerungsstücke aus der Sammlung des SPRI, u. a. der *Daily Mirror* mit den ersten veröffentlichten Fotos von Ponting. Sie wurden während der tragischen *Terra-Nova*-Expedition 1910–1913 an die Zeitungen verschickt.

chere Filme und tragbare Kameras erleichtert wurde. Frank Hurleys 35-mm-Film über Shackletons Versuch, 1914–1916 die Antarktis zu überqueren, dürfte der beste Film seiner Zeit sein. Der Entdecker Sir Douglas Mawson sagte über Hurley: »Er ist einer von denen, die in der Gefahr erst die richtige Würze sehen und die selbst größte Mühsal auf sich nehmen, um ein Ziel zu erreichen.« Auch das *Life Magazine* brachte es ähnlich auf den Punkt: »Hurley ist jung und verfügt über die besten Qualitäten der Jugend – er ist groß und stark und verkraftet eine Menge, er ist schnell, trittsicher und schwindelfrei und besitzt Zähigkeit, unerschöpfliche Energie und große Elastizität. Kein Wunder, dass er die Kamera um die ganze Welt schleppen kann!«

Hurleys fotografisches und filmisches Werk über die Polarregion bietet eine Mischung aus Porträts und Landschaftsaufnahmen von unerreichter wilder Schönheit. Das *Life Magazine* berichtet abschließend: »Man kann nicht genug darauf hinweisen, welch wichtigen Stellenwert die Fotografie heute in der Erforschung der Welt hat. Wissenschaftliche Forschungsergebnisse – geografische, geologische oder biologische – sind naturgemäß stark fachbezogen. Sie werden mit Akribie gesammelt und gehören zum wichtigsten Besitz der wenigen, die sich der Wissenschaft verschrieben haben, ihre Ergebnisse bewahren und zum Nutzen der Menschheit anwenden. Doch der Fotograf, wenn er dazu noch Künstler ist, veranschaulicht die Arbeit der Wissenschaftler und zeigt auf seine Weise nicht nur die Expedition an sich, sondern auch ihre Größe und Schrecken, die heulenden Stürme, die gespenstische Stille – kurz, die eigentliche Seele der Wildnis.«

Als die *Endurance* sank, konnte Hurley noch einige der Glasplatten-Negative retten sowie ein Album mit Papierabzügen, die er schon angefertigt hatte. Diese befinden sich heute im *Scott Polar Research Institute*. Außerdem nahm er noch 38 Bilder mit seiner tragbaren Kodak-Taschenkamera auf, nachdem er seine fotografische Ausrüstung im Ocean Camp hatte zurücklassen müssen. Die verbliebenen Porträtfotos von dieser Expedition hinterlassen einen umso stärkeren Eindruck, weil es nur so wenige davon gibt. Mehr als alles andere öffnen sie uns die Augen für die harte Realität von Forschungsreisen. Hurleys

Arbeit auf der *Endurance*-Expedition ehrt diese kleine Gruppe von Männern, die ausgezogen waren, eine Entdeckungsreise zu machen, um schließlich einen mutigen Kampf ums Überleben zu gewinnen.

Hurleys Film wurde 1919 erstmalig unter dem Titel *South* gezeigt. Shackleton sollte ihn oft bei seinen Vorträgen einsetzen. Auch in Hurleys Heimatland Australien wurde der Film 1919 unter großem Aufwand mit dem Titel *In the Grip of the Polar Pack Ice* (»Im Griff des Packeises«) gezeigt. Später ging der Film um die ganze Welt. Andere Polarfilme sollten folgen, wie Robert Flahertys *Nanuk, der Eskimo*, der 1922 in New York als erster »Dokumentarfilm« in abendfüllender Länge uraufgeführt wurde. In jüngerer Zeit wurde der Film als zu romantisierend, betulich und unecht kritisiert. Im Grunde genommen ist er das auch, was jedoch der bahnbrechenden Bedeutung des Films keinen Abbruch tut. Mit seiner innovativen Technik ist Flahertys Film seiner Zeit weit voraus; er porträtiert Menschen, die uns heute angesichts der vollkommen veränderten Lebensbedingungen in den Polargebieten viel mitteilen können. Ebenso zeigen seine einfühlsamen Fotos, die oft nicht richtig gewürdigt werden, seine besondere Art, den Norden zu sehen.

Auch anderen Forschern wurde bewusst, wie die Medien Film und Fotografie ihre Arbeit ins rechte Licht rücken können. So beriet der dänische Forscher Knud Rasmussen 1932 Universal Pictures bei der Produktion des Films SOS Eisberg, dem ersten in Grönland gedrehten Dokumentarfilm. Zwar wurde kein Kassenerfolg daraus, doch erhielt der Film sehr positive Kritiken für die Qualität der Aufnahmen und die plastische Darstellung der Polarlandschaft. Friedrich Dalsheims Film *Palos Brautfahrt* (1934) wurde unter anderem auch gedreht, um Mittel für Rasmussen aufzutreiben, doch starb dieser kurz vor der Aufführung des Films. Im Jahr zuvor hatte der dänische Forscher Peter Freuchen mit Filmemachern aus Hollywood zusammengearbeitet, um den mit großem Budget gedrehten Film *Eskimo* zu produzieren, der trotz aller Melodramatik und Fehler auf vielerlei Art die wahrhaftigste Darstellung des harten, gefährlichen Lebens der Inuit bietet.

Zum Vergleich sollte man die Arbeit von Peter Pitseolak heranziehen, dessen Fotografien zumindest bei den Inuit wohlbekannt sind. Seine erste Kamera – eine Brownie mit Fixfocus-Objektiv – erstand er in den 1940er Jahren von einem katholischen Priester. Damit begann er, Porträts seiner Familie in Cape Dorset aufzunehmen. Seine Fotos sind einzigartig, doch steckt in ihnen auch etwas von der Nostalgie in Flahertys Werk. Pitseolak zog es vor, die Menschen so darzustellen, wie sie in der Vergangenheit gelebt hatten, und nahm seine Freunde vornehmlich in traditioneller Kleidung auf (eine bestimmte Karibuparka und Seehundfellhosen machten mehrmals die Runde). Außerdem veranstaltete er traditionelle Jagdausflüge, um dabei die sich rasch verlierenden Traditionen dokumentieren zu können. In den 1950er und 1960er Jahren machte der berühmte Kunsthändler Charles Gimpel sechs Reisen ganz anderer Art in die kanadische Arktis und dokumentierte eine Gesellschaft im Wandel. Er fotografierte die Inuit bei neuen Aktivitäten, wie etwa beim Bergbau, bei Rundfunksendungen, bei der Druckherstellung oder beim Wettrennen mit ihren Ski-Doo-Motorschlitten, denen sie sich ebenso intensiv widmeten wie ihren traditionelleren Tätigkeiten.

Die Polargebiete mit ihren Landschaften und Menschen wurden bis heute in zahlreichen Dokumentarfilmen, Bildbänden, Ausstellungen und Shows dargestellt. Als Gimpel 1968 zum letzten Mal die Arktis bereiste, hatten sich die ihm vertrauten und geliebten Inuit durch den raschen Ansturm sozialer und kultureller Änderungen so stark verändert, dass er sie kaum wiedererkannte. Die moderne Arktis unterliegt so raschem Wandel, dass bald alles heute noch Vertraute verschwunden sein wird. Als *Atanarjuat*, der erste Film, bei dem Inuit für Skript, Regie und Produktion verantwortlich waren, in die Kinos kam, wurde viel Ballast aus der Vergangenheit abgeworfen. Viele visuellen Klischees wurden nicht mehr bedient, und die Tür zu einer Welt mit neuen Möglichkeiten öffnete sich.

Obwohl sich der Film in den Vordergrund gedrängt hat, bleibt die Aussagekraft der Fotografie bestehen. Wenn Sie sich die Details einer historischen Aufnahme von Ponting ansehen, werden Sie sofort in die Welt der abenteuerlichen Forschungsreisen zurückversetzt. Sie tauchen in diese ferne Welt ein. Die zerfurchten Gesichter ähneln den Bergtälern, in die sich die Gletscher tief eingegraben haben. Zusammengebastelte Schneebrillen, ramponierte Hüte und grob gestrickte Pullover bilden einen lebendigen Kontrast zur raffinierten Ausrüstung moderner Forschungsreisender, und doch gibt es etwas, was der alten und der neuen Welt gemein ist: Es sind die gleichen Menschen, sie sind nur anders gekleidet. Die Natur der Forschungsreisen hat sich verändert, doch viele der Gefahren, Anstrengungen und Hoffnungen sind gleich geblieben. Die Gesichter der Menschen erzählen von Abenteuer und Ehrgeiz, oft auch vom Scheitern und vom Traum, in die Freiheit der weiten, weißen Welt der Pole zu entfliehen.

Cambridge, 2008

PORTRÄTS VON 1845 BIS HEUTE

Paramount News

Die Fotografie hat in vielerlei Hinsicht die Menschheit bereichert, und sie wird es auch in Zukunft tun. Sie ermöglicht es uns, die Erde von den Tropen bis zu den Polen zu betrachten, ihre Bewohner – von den dunkelhäutigen Nubiern bis zu den blassen Eskimos –, ihre Tiere und Pflanzen, ihre Städte und die Konturen ihrer Berge ... Inmitten der Eisbarrieren – geschaffen, um die Geheimnisse der Pole zu schützen – bedienten sich diejenigen, die den Wagemut besaßen, in diese schreckliche Einsamkeit vorzudringen, der Fotografie, um ihre Eindrücke festzuhalten. ***MANUAL OF PHOTOGRAPHIC MANIPULATION*, 1868**

Wenn ich die Geschichte mit Worten erzählen könnte, müsste ich keine Kamera mit mir herumschleppen. **LEWIS HINE, 1932**

GALERIE

PORTRÄTS VON 1845 BIS HEUTE

HUW LEWIS-JONES

Die Sammlungen im *Scott Polar Research Institute* der Universität Cambridge zählen zu den weltweit umfassendsten der Polarforschung. 2007 begann die Arbeit an dem Projekt *Freeze Frame* mit dem Ziel, den Bestand historischer Aufnahmen in digitaler Form zu speichern und zu erhalten.

Der Zweck dieses Projekts ist es, mehr als 20 000 Negative aus der Zeit von 1845, also seit den Anfängen der Fotografie, bis zu den 1980er Jahren zu digitalisieren. Diese Fotos gehören zu den wichtigsten Bilddokumenten der britischen und internationalen Polarforschung überhaupt. Das Archiv enthält Daguerreotypien, Laterna-magica-Dias, Plattennegative und moderne Zelluloidfilme. Viele dieser Bilder waren bislang unveröffentlicht und wurden in privaten Alben und Privatsammlungen aufgespürt. Die meisten hatte die Öffentlichkeit noch nie zu Gesicht bekommen.

Das Hauptaugenmerk von *Abenteurer im Eis* gilt der Porträtfotografie. Hier werden sowohl einige der wiederentdeckten Bilder vorgestellt, als auch Einblicke in das heutige Leben an den Polen eröffnet. Dazu wurde der führende Expeditionsfotograf Martin Hartley gewonnen. Er bereicherte die Sammlung mit zahlreichen neuen Fotos von Männern und Frauen verschiedener Nationen, die heute in den Polargebieten leben und arbeiten.

Die vorliegende Sammlung ist eine Galerie von 100 bemerkenswerten Menschen – ein Fotoalbum, das von den Reisen und vom Leben an den äußersten Enden der Erde erzählt. Es erhebt keinen Anspruch auf Vollständigkeit. Die ausgewählten Porträts sollen die Vielfalt der modernen fotografischen Beiträge zu diesem Thema darstellen, aber auch an frühere Polarforscher, an ihr Abenteuer und Überleben in der Eiswelt erinnern.

Cambridge, 2008

VORHERGEHENDE SEITEN (S. 44/45):
Die Kamera gehörte Sir Raymond Priestley und wurde 1910–1913 bei der *Terra-Nova*-Expedition in der Antarktis eingesetzt.

KAP EVANS, 1912

HERBERT PONTING 1870–1935

Der gebürtige Engländer Herbert George Ponting war in jungen Jahren Obstbauer in Kalifornien und erlernte seinen Beruf als Fotograf auf vielen Fernostreisen. Einem anderen Polarfotografen zufolge war er bereits 1909 der »beste Freilichtkameramann der Welt«. Ponting reiste mit Captain Scott und den Mitgliedern seiner britischen Antarktisexpedition nach Süden. Scott beschrieb Ponting als »Künstler, der in seine Arbeit verliebt ist«. Nach dem verhängnisvollen Ende der Expedition setzte sich Ponting während des Rests seines Lebens dafür ein, dass die in seinen Fotos verewigten Heldentaten und das tragische Scheitern von Scott und seinen Männern nicht in Vergessenheit gerieten.

Als innovativer Fotograf interessierte sich Ponting auch für bewegte Bilder und baute eine Newman-Sinclair-Kamera für die harten Bedingungen der Antarktis um. Trotz seiner noch geringen Erfahrung glaubte er, dass »die Faszination eines bewegten, lebendigen Bildes unwiderstehlich ist ... der Kinematograf ist zweifellos einer der besten Pädagogen des Jahrhunderts«. Die meisten seiner atemberaubenden Fotos und Zigtausend Filmmeter entwickelte er im langen Polarwinter.

Ponting ist hier am 30 Januar 1912 zusammen mit seinem Kinematografen, jener frühen Filmkamera, zu sehen. »Unsere Welt ist für ihn anders als für uns übrige Menschen«, hielt Scott in seinen Aufzeichungen fest. »Er beurteilt sie nach ihrer Bildhaftigkeit – es bereitet ihm Freude, ihre Bilder künstlerisch wiederzugeben, und Kummer, wenn er es nicht schafft ... Er ist begeistert und benutzt Ausdrücke, die jeder andere für extravagant halten würde. Ponting ist der glücklichste Mensch auf Erden; er verkündet, dies sei der schönste Ort, den er je gesehen habe, und verbringt den ganzen Tag und den größten Teil der Nacht damit, mit der Kamera und dem Kinematografen ‚alles zu erfassen', wie er es nennt.«

ITALIENISCHE ALPEN, 2005

SIR RANULPH FIENNES *1944

Sir Ranulph Fiennes wird im *Guinness-Buch der Rekorde* als »the world's greatest living explorer« (»der weltweit größte derzeit lebende Entdecker«) bezeichnet, und seine Errungenschaften beweisen, dass dies keine Übertreibung ist. Er erreichte als Erster beide Pole auf dem Landweg und durchquerte als Erster den antarktischen Kontinent ohne Unterstützung. Er ist bis heute der einzige Mensch, der die Polarmedaille sowohl für die Antarktis als auch für die Arktis erhielt. Fiennes leitete über 30 Expeditionen, darunter die erste Weltumrundung entlang den Polarachsen.

Ranulph Twisleton-Wykeham-Fiennes, von seinen vielen Freunden »Ran« genannt, erbte von seinem Vater, einem Oberstleutnant, der 1943 in der Schlacht um Monte Cassino fiel, den Titel eines Baronets. Er besuchte die Schule in Eton und trat später in das Kavallerieregiment seines Vaters – die Royal Scots Greys – ein, bevor er zum Special Air Service (SAS) abkommandiert wurde. Nach zahlreichen Zwischenfällen und Enttäuschungen während seines Dienstes beim britischen Militär wandte sich Fiennes Entdeckungen und Abenteuern zu. Seit einigen Jahren ist er als Bestsellerautor und Redner tätig und sammelt Geld für wohltätige Zwecke. So wird dank seiner Unterstützung die Organisation »Marie Curie Cancer Care« wahrscheinlich über drei Millionen britische Pfund erhalten. Fiennes wird nach wie vor weltweit als Vorbild angesehen.

Das Porträt entstand, als Fiennes für eine fünftägige Besteigung der Eiger-Nordwand trainierte, die er 2007 erfolgreich absolvierte. Martin Hartley schloss sich ihm an, um ein paar Fotos für das US-Magazin *Men's Journal* aufzunehmen, das einen Bericht über die Errungenschaften des Forschers brachte. An diesem Tag kletterte Fiennes einen gefrorenen Wasserfall hinauf, während Hartley den längeren Weg zum Gipfel nahm, um eine gute Aufnahme einzufangen. Als Fiennes oben ankam – mit blutigem Gesicht von einem herabgefallenen Eisstück –, war seine einzige Sorge, er könnte das Mittagessen verpasst haben.

GLOBE

DUNDEE, 1886

URIO ETWANGO 1859–k. A.

Der grönländische Inuk Urio Etwango wurde 1886 von Captain William Adams auf dem Walfänger *Maud* nach Dundee gebracht. Dieses Studioporträt diente als Werbefoto für eine Ausstellung, die während Etwangos Aufenthalt in Schottland zusammengestellt wurde. Er überwinterte in Dundee und kehrte 1887 in die Arktis zurück. Auf dem Rückweg besuchte Etwango Lerwick, wo er am 16. März 1887 im Hafen vor zahlreichen Shetländern sein Kajak vorführte.

Etwango trat die Reise aus der Arktis zwar freiwillig an, doch findet man in der Geschichte der britischen Arktisforschung zahlreiche Belege für die Ausbeutung einheimischer Völker. Martin Frobisher verfrachtete 1577 drei Inuit-Geiseln nach Bristol. Die Inuit Tookoolito und Ebierbing und der Junge Haralukjoe wurden 1853 nach England gebracht und Queen Victoria in Windsor Castle vorgestellt. 1824 nahm ein ungebildeter amerikanischer Walfänger namens Samuel Hadlock Jr. zwei »Eskimos« von Baffin Island mit und stellte sie zwischen diversen Arktis-Exponaten in der Ägyptischen Halle in London als Trophäen aus. Das Geschäft in der Hauptstadt lief jedoch schleppend, und so ging er mit seiner Schau in die Provinz und anschließend aufs europäische Festland. Hadlock verschwand später während einer Segelexpedition auf der verwerflichen Suche nach weiterem Ausstellungsmaterial.

Die meisten schottischen Häfen, vor allem an der Ostküste, wie etwa Peterhead und Dundee, begannen Anfang der 1750er Jahre mit dem Walfang, und der Handel entwickelte sich zu einem erfolgreichen Industriezweig. Aus Tran wurde Öl hergestellt, mit dem die Straßen der rasch wachsenden britischen Städte bis weit ins 19. Jahrhundert hinein beleuchtet wurden. In den 1890er Jahren war Dundee der einzige Hafen, in dem noch Walfänger lagen, und 1892 begannen die Eigentümer der Walfangunternehmen, sich für den Süden zu interessieren, und schickten eine Expedition in die Antarktis. Das Geschick der schottischen Walfänger in Eisverhältnissen und ihre Fähigkeit, gute Schiffe zu bauen, führten Robert Falcon Scott nach Dundee. Hier lief die *Discovery* 1901 – passenderweise bei Schnee – am Firth of Tay vom Stapel. Später, 1910, benutzte Scott das alte Walfangschiff *Terra Nova* für seine zweite Reise.

GJØA HAVEN, 2003

INUITMÄDCHEN *1995

Dieses Porträt entstand am 1. April 2003 bei den Feierlichkeiten zum Hamlet Day in der Bucht von Gjøa Haven (Uqsuqtuuq) auf King William Island. Hamlet Day ist ein Nationalfeiertag, an dem das ganze Dorf an einer Inuit-Version der Winterolympiade teilnimmt. Hier gibt es auch eine Rennstrecke für Motorschlitten. Dieses junge, mit traditionellen Pelzen bekleidete Mädchen nahm an einer Schnitzeljagd teil, bei der es darum ging, im Schnee (in weißen Umschlägen!) vergrabenes Geld zu finden. Am nächsten Tag wurden die Leute hier mit einer Radiodurchsage des Lokalsenders zum Weitersuchen aufgefordert, da keiner der vergrabenen Umschläge gefunden worden war!

1903 nahm der norwegische Forscher Roald Amundsen die erste Durchquerung der Nordwestpassage in Angriff. Im Oktober begannen die Meerengen, durch die er fuhr, zuzufrieren, und er lief mit seinem Schiff *Gjøa* einen natürlichen Hafen an der Südwestküste von King William Island an. Man blieb fast zwei Jahre lang in »dem schönsten kleinen Hafen der Welt«, wie Amundsen ihn nannte. Er verbrachte die Zeit bei den Netsilik-Inuit und lernte, von dem zu leben, was das Land hergab, sowie effizient zu reisen. Diese Kenntnisse erwiesen sich für seine spätere erfolgreiche Expedition zum Südpol als lebenswichtig. Er erkundete die Boothia-Halbinsel und versuchte, den magnetischen Nordpol zu lokalisieren. Angeblich stammen viele der heutigen Inuit von Amundsen und seiner Mannschaft ab.

NEW YORK, 1924

ROALD AMUNDSEN 1872–1928

Als Junge las Roald Engelbregt Gravning Amundsen die Tagebücher von Sir John Franklin. Später schrieb er: »Sie fesselten mich mehr als alles andere, das ich je gelesen hatte. Am faszinierendsten fand ich die Strapazen, die Sir John und seine Männer aushalten mussten. In mir erwachte der brennende Wunsch, dieselben Entbehrungen zu ertragen ... Ich entschloss mich, Forscher zu werden.« Er verfolgte seinen Traum mit einer Hingabe, die an Besessenheit grenzte, und machte im Dienst der Polarforschung eine außergewöhnliche Karriere.

Zwischen 1903 und 1906 segelte er mit dem kleinen Schiff *Gjøa* durch die Nordwestpassage und vollendete damit Franklins tragisch gescheiterte Unternehmung. Später galt sein Interesse der Antarktis. Für Amundsen war die Fotografie keine Kunst, sondern lediglich ein Aufzeichnungsverfahren und ein Hilfsmittel, um seine Reden zu Hause anschaulicher zu gestalten. Tatsächlich waren die Fotografien für seine öffentlichen Auftritte außerhalb seiner Heimat Norwegen doppelt wichtig. Sein Akzent war so »unbeschreiblich«, dass die Zuhörer in England und den USA häufig seine Vorträge ignorierten und stattdessen seine außergewöhnlichen Dias bestaunten. Vor seiner triumphalen Expedition zum Südpol bat Amundsen einen der berühmtesten Berufsfotografen Norwegens, Anders Beer Wilse, seinen Männern das Fotografieren und Entwickeln der Filme beizubringen, um besseres Bildmaterial von der Reise zu erhalten. Wilse war allerdings enttäuscht: »Amundsen selbst wollte keinen Unterricht nehmen. Er hatte eine normale 6x9-Rollfilmkamera von Kodak. ‚Wenn ich sechs Aufnahmen mit verschiedenen Blenden und Verschlusszeiten mache, muss eine davon brauchbar sein', sagte er. So sind ihm viele Tausend Kronen Einnahmen entgangen, weil er bei seiner Rückkehr nicht die richtigen Bilder hatte. Ich weiß noch, dass ich hart daran gearbeitet habe, aus seinem hoffnungslosen Amateurmaterial gute Dias für seine Vorträge zu machen.«

Dieses außergewöhnliche Studioporträt entstand 1924 in New York. Amundsen brach zu einer neuen Vortragsreise auf, da er kein Geld für seine nächste Expedition hatte. Auch wenn er vielleicht nicht die besten Aufnahmen der Welt machte und sein Publikum nicht mit Worten fesseln konnte, so sind Amundsens Leistungen als Forscher doch unübertroffen. 1911 schnappte er Scott den Südpol vor der Nase weg, und 1926 flog er mit dem Piloten Umberto Nobile in einem italienischen Zeppelin über den Nordpol.

RESOLUTE BAY, 2007

PAUL IKUALLAQ *1955

Paul Ikuallaq wurde im South Camp Inn in Resolute Bay aufgenommen. Hartley lernte ihn bei einem Fotoauftrag in der Arktis kennen, wo er 2007 die englische Abenteuerin Rosie Stancer bei den Vorbereitungen zu ihrem Alleingang zum Nordpol fotografierte. Paul behauptet, der Enkel des norwegischen Entdeckers Roald Amundsen zu sein, der von 1903 bis 1906 während seiner Durchquerung der Nordwestpassage in dieser Gegend überwinterte.

Ikuallaq betreibt eine Frühstückspension in Gjøa Haven, er wurde jedoch nach Resolute Bay beordert, um beim Bau von 55 Hundeschlitten für die kanadischen Ranger zu helfen. Diese planten eine groß angelegte Expedition über Elsemere Island, um die Eigenständigkeit der Region weiter zu fördern.

NETTUI, 1930

POTARDINA UND KIND 1898–k. A.

Dieses Porträt gehört zu einer unveröffentlichten Fotoserie, die 1930–1931 von Spencer Chapman während der British Arctic Air Route Expedition unter der Leitung von George »Gino« Watkins in der Nähe von Angmagssalik an der Ostküste Grönlands aufgenommen wurde. Damals lebten rund 700 Inuit bis zu 80 Kilometer nördlich und südlich dieser Siedlung. Außerdem gab es noch einen dänischen Verwaltungsbeamten, der gleichzeitig Ladenbesitzer war, einen Funker, einen Halb-Inuk, der sich als Missionar betätigte, sowie deren Familien. Die Frau auf dem Foto ist wahrscheinlich eine Witwe namens Potardina aus dem Camp in Nettui. Sie steht mit einem Waisenkind, das sie adoptiert hat, vor ihrem Zelt aus Robbenleder.

Chapman war der Ornithologe der Expedition. Während der Reise führte er eine beeindruckende Feldstudie über Vogelarten durch, darunter Meerstrandläufer, Goldregenpfeifer, Grönland-Stockenten, Elfenbeinmöwen, Ammern und Küstenseeschwalben. Nach der Rückkehr nach England 1931 war Watkins' Zeit mit der Planung einer neuen Expedition zur Antarktisdurchquerung ausgefüllt, und Chapman fiel die lästige Aufgabe zu, den offiziellen Bericht für die Nachwelt zu verfassen.

Er schrieb offen über sein Interesse an den einheimischen Frauen. Die Expedition, die nicht weit entfernt von Angmagssalik auf der anderen Seite des Fjords überwinterte, richtete ihr Basislager »wie ein gut organisiertes Landhaus« ein und brachte vier Inuit als Haushaltspersonal im Dachboden unter. Eine hübsche Frau – Potardinas Tochter, die »Gertrude« genannt wurde – hatte es den jungen Männern trotz ihrer ständigen Hysterie besonders angetan. Sie wurde aber bald entlassen, da sie regelmäßig Tassen und Untertassen aus dem Fenster warf und darüber hinaus jegliche Arbeit verweigerte.

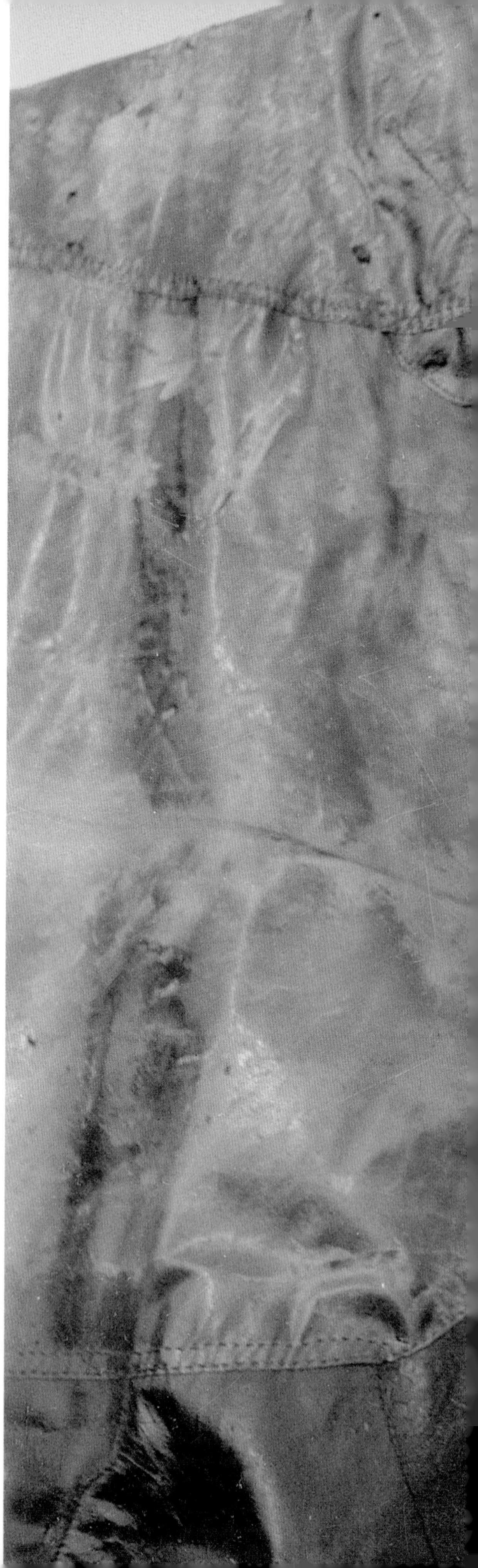

IQALUIT, 2005

MATTY MCNAIR *1958

Matty McNair wurde zwar in Pennsylvania geboren, sie lebt aber in Iqaluit auf Baffin Island, wo sie ihr auf Polarexpeditionen spezialisiertes Reiseunternehmen »NorthWinds« führt. Nach 22-jähriger Tätigkeit bei den Outward-Bound-Schulen in ganz Nordamerika begann McNair mit ihren Polarreisen. 1990 legte sie mit dem Hundeschlitten auf Baffin Island 4000 Kilometer zurück. 1997 leitete sie die erste Frauenexpedition zum Nordpol und später zwei Skiexpeditionen zum Südpol. 2003 überquerte sie mit ihren Kindern per Snowkite und mit Hundeschlitten-Unterstützung die arktische Eiskappe, und 2005 führte sie ihre Kinder ohne jegliche Unterstützung von außen in einer Expedition zum Südpol. Die Rückkehr erfolgte mit Snowkites in einer Rekordzeit von nur 17 Tagen. An nur einem Tag legten sie 107 Seemeilen zurück.

Das Porträt von McNair entstand im Februar 2005, kurz bevor sie ein britisches Amateurteam über die Peary-Route von 1909 zum Nordpol führte. Die britische Presse berichtete zwar über diese Expedition, doch wurde die Expeditionsleiterin McNair, ohne die die Männer die Reise im Eis wohl nicht überlebt, geschweige denn ihr Ziel erreicht hätten, kaum erwähnt.

»Wohl einer der robustesten Menschen, denen man begegnen kann – eine großartige Frau«, sagte einer ihrer Klienten. An McNairs Leistungen als Expeditionsführerin kommen nur wenige heran. Und wenn sie sich nicht gerade auf irgendwelchen Abenteuertouren befindet und sich Nase und Zehen abfriert, sitzt sie gerne mit einem starkem Kaffee in ihrem Schaukelstuhl und liest ein gutes Buch. In ihrem Töpferstudio stellt sie Tongefäße her, sie entwirft und fertigt Outdoor-Gegenstände (von Zelten bis zu Schneestiefeln), malt Aquarelle und spielt im Iqaluit-Geigenensemble mit.

LONDON, 1845

SIR JOHN FRANKLIN 1786–1847

Franklin hatte eine schwere Erkältung, als dieses Bild aufgenommen wurde. Er war 58 Jahre alt und nach einer langen Karriere bei der Marine ein berühmter Mann. Das Bild entstand 1845, und das Zeitalter der Fotografie hatte gerade begonnen. Franklin trägt die Ausgehuniform eines Kapitäns der Royal Navy – mit drei großen Manschettenknöpfen und einem Chapeau (Dreispitz) aus schwarzer Seide. Seine goldenen Epauletten ziert ein Anker mit einer Krone darüber. An der Brust trägt er stolz den Bath-Orden sowie den griechischen Erlöser-Orden. Er hält ein Teleskop in der Hand und will als Leiter der neuen Arktisexpedition Mut demonstrieren. Es war die erste Fotografie von ihm – und auch die letzte, die die Öffentlichkeit von ihm sah. Seine Schiffe segelten am 19. Mai 1845 auf der Themse los und verschwanden bei der Suche nach der Nordwestpassage spurlos.

Über 30 Suchtrupps wurden ausgesandt, um sie zu finden. In einer Todesanzeige von 1856 stand: »Er wird auf britischem Boden und in britischen Herzen immer als Forscher in Erinnerung bleiben, dessen Entdeckungen genauso bedeutend waren wie seine Geduld unter widrigsten Umständen und seine Güte in allen Lebenslagen.« Um den Hals trägt Franklin die Insignien des Kommandeurs des Guelphen-Ordens des Königreichs Hannover, der ihm 1836 verliehen worden war. Diesen Orden fand der schottische Arktisforscher John Rae 1854 in der Repulse Bay an der Nordwestecke der Hudson Bay; er gehört zu den wenigen Resten, die überhaupt gefunden wurden. Von den Schiffen und den meisten Männern fehlt nach wie vor jede Spur. Im Laufe der Jahre wurde die britische Öffentlichkeit von Gerüchten über Wahnsinn, Hunger und Kannibalismus erschüttert, und selbst heute wird in der internationalen Presse noch über die Tragödie berichtet.

In den 1980er Jahren entdeckte man die gefrorenen Leichen dreier Besatzungsmitglieder in einem mit Eis gefüllten Grab. Die kanadische Regierung kündigte eine neue Suche mit einem Eisbrecher der Küstenwache an, der den Meeresboden in der Nähe von King William Island mit Sonar absuchen soll. Die erste Suche wird sechs Wochen dauern; weitere Erkundungen folgen eventuell bis 2010. Angesichts des geopolitischen Wettbewerbs behauptet Kanada auf unterschiedliche Weise seine Herrschaft über die Arktis – historisch, militärisch und in Bezug auf die Umwelt. Premierminister Stephen Harper erklärte, dass »wir den Norden kontrollieren müssen, um ihn zu schützen«. Da das arktische Meereis aufgrund der globalen Erwärmung schmilzt, beanspruchen Russland, die USA, Kanada und andere Nationen Gebiete, in denen ergiebige Gas- und Ölvorkommen vermutet werden. Die Suche nach einer verschollenen Expedition findet also inmitten eines großen Gerangels um Rohstoffe im Norden statt.

PATRIOT HILLS, 2006

DAVID DE ROTHSCHILD *1978

2005 gründete David de Rothschild die Organisation »Adventure Ecology«, die mit spektakulären Expeditionen sowie mithilfe von Ausbildungsprogrammen und dem Einsatz der bildenden Künste weltweit auf Umweltbedrohungen aufmerksam machen und Bevölkerung und Industrie zum aktiven Umweltschutz bewegen will. Sein Umweltengagement führte ihn in einige der entlegensten und am meisten gefährdeten Gebiete der Welt. 2006 durchquerte Rothschild mit einer Expedition die Arktis von Russland bis nach Kanada. Außerdem nahm er an einer Durchquerung der Antarktis teil und war Mitglied eines Teams, das den Weltrekord für die schnellste Überquerung der arktischen Eiskappe aufstellte. 2007 wurde er von der Zeitschrift *GQ* zum »Environmentalist of the Year« (»Umweltschützer des Jahres«) gewählt.

Dieses Porträt wurde an einem Trainingstag in Patriot Hills in der Antarktis aufgenommen. »Es war eigentlich gar nicht so kalt, aber der Wind schnitt wie ein Messer durch die Isolierschicht unserer Kleidung, sodass wir das Gesicht völlig bedecken mussten«, sagte er später. Rothschild gehörte hier einer vierköpfigen Mannschaft an, die während ihrer Antarktisdurchquerung über den Axel-Heiberg-Gletscher und den Südpol kurz vor dem Aufbruch zum Ross-Schelfeis war.

Im Dezember 2008 wollten Rothschild und ein Team von Experten, Partnern und Wissenschaftlern mit einem Boot aus Plastikflaschen und Recyclingprodukten von San Francisco bis nach Sydney 12 800 Kilometer über den Pazifik segeln. Inzwischen wurde die Expedition auf 2009 verschoben. Sie trägt den Namen »Plastiki« in Anlehnung an Thor Heyerdahls Expedition *Kon-Tiki* von 1947. Rothschild hofft, mit diesem Unternehmen bei der Öffentlichkeit das Bewusstsein für wiederverwertbare Materialien zu fördern, während er gleichzeitig über die Geschichte der Meere und die vielen Herausforderungen berichtet, mit denen die Bewohner der Welt konfrontiert werden.

MAUDHEIM, 1951

JOHN GIÆVER 1901–1970

John Schjelderup Giæver war Leiter der Überwinterungsmannschaft der norwegisch-britisch-schwedischen Antarktisexpedition von 1949 bis 1952. Dieses Porträt wurde im Basislager Maudheim vom Zweiten Offizier Valter Schytt mit seiner Hasselblad-Handkamera aufgenommen. Die norwegisch-britisch-schwedische Expedition beendete den Wettkampf zwischen den Expeditionen verschiedener Länder, der für das Goldene Zeitalter der Antarktisforschung typisch war, und leitete die internationale wissenschaftliche Zusammenarbeit ein, die auch heute noch besteht.

Die Expedition war ein großer wissenschaftlicher Erfolg, stellte jedoch für ihren Leiter auch eine erhebliche Herausforderung dar. Die Mannschaft brauchte einige Wochen, um sich vom Schock und der Trauer über den Tod dreier Teammitglieder zu erholen, die bei einem tragischen Unfall ertrunken waren. Giæver hielt seine Männer zusammen und schrieb später: »Das Leben muss weitergehen, auch wenn der Tod seinen Tribut gefordert hat. Das haben wir im Krieg gelernt.«

Giæver wurde in Norwegen geboren und begann eine Karriere als Journalist, bevor er sich in Grönland der Jagd widmete. 1932–1934 leitete er eine Expedition nach Nordostgrönland, und ab 1935 war er als Sekretär für die norwegischen Forschungsexpeditionen in Svalbard und der Arktis tätig. Nach seinem Dienst als Pilot und Diplomat im Zweiten Weltkrieg wandte er seine Aufmerksamkeit wieder den Polargebieten zu. Bis 1960 arbeitete er im norwegischen Polarinstitut als Büroleiter und erlangte im Laufe der Jahre durch seine zahlreichen Bücher über Jagd, Fischfang, Krieg und Expeditionen in der Arktis Anerkennung. Der Polarforscher Charles Swithinbank erinnert sich an seine erste Begegnung mit Giæver: »Er war groß, sah gut aus und strahlte Autorität aus. Er hatte ein nettes Lächeln, und ich mochte ihn auf Anhieb.«

SNICKERS
SNICKERS

ESSEX, 2006

ROSIE STANCER *1960

Rosie Stancer, die von Martin Hartley als Mischung aus »Tinker Bell und Terminator« beschrieben wurde – ein Kommentar, der ihrem hübschen Gesicht noch immer ein Lächeln entlockt –, ist keine typische Polarforscherin. Sie ist 1,58 Meter groß und wiegt 54 Kilo, ist jedoch stärker und entschlossener als die meisten Männer. Stancer wurde 2006 beim Training zu Hause in Essex fotografiert, wo sie sich auf ihren Alleingang zum Nordpol im Jahr darauf vorbereitete.

Vor über zehn Jahren schloss sich Stancer einer Frauenexpedition zum Nordpol an. »Es war, als ob ein brennendes Streichholz auf Benzin fallen würde«, sagt sie. »Als ich den Fuß auf das Polareis setzte, war das die Bestätigung meiner Leidenschaft.« Seitdem hat sie sich von einer Anfängerin zu einer Spitzensportlerin entwickelt, und gleichzeitig erfüllt sie alle Anforderungen, die an sie als Mutter gestellt werden – eine weitere Motivationsquelle. Stancer ist außerdem Geschäftsführerin der gemeinnützigen Organisation »Special Olympics GB«, die Sporttraining und Wettkämpfe für Menschen mit geistigen Behinderungen anbietet.

Ihr Großvater, Earl Granville, wollte sich eigentlich Scotts verhängnisvoller *Terra-Nova*-Expedition anschließen, doch wurde ihm mitgeteilt, er sei mit seinen 1,93 Meter zu groß für die Zelte und würde außerdem Sonderrationen benötigen. Stancer wird von ihrer Familie unterstützt, vor allem von ihrem Mann, dem Enkel von Sir James Wordie, der bei Shackletons *Endurance*-Expedition als Geologe tätig war. In den letzten Jahrzehnten hat sich einiges verändert, und oft werden die Expeditionen, deren Teams sich aus Abenteurern und Sportlern der neuen Generation zusammensetzen, von Frauen geleitet. Worauf es ihnen ankommt, ist, laut Stancer, nicht unbedingt so leiden zu wollen wie die Männer: »Man kennt ja die Geschichten von den typischen Polarforschern, die halb verhungert umhergetorkelt sind und Gebiete erobert haben. Aber wenn man es etwas gemächlicher und intuitiver angeht, macht die Reise sogar Spaß.«

LONDON, 1909

ROBERT FALCON SCOTT 1868–1912

Der wenig erfolgreiche Offizier auf einem Torpedoschulschiff der britischen Marine, Robert Falcon Scott, trat 1901 ins Rampenlicht, als er die erste britische Antarktisexpedition seit über 50 Jahren leitete. Im Gegensatz zu vielen seiner Expeditionsmitglieder war er nicht vom Sog der Polargebiete besessen, sondern er gab ehrlich zu, dass er erst ein paar Monate vor seiner Abreise zum Südpol mit der Lektüre von Büchern über die Polarregionen begonnen hatte. Obwohl er den Pol nicht erreichte, war die *Discovery*-Expedition von 1901 bis 1904 ein Riesenerfolg und leistete wertvolle Beiträge zur Antarktisforschung. Nach seiner Rückkehr wurde Scott zum Kapitän der Royal Navy befördert.

Diese Aufnahme von Scott entstand 1909 kurz vor der Geburt seines einzigen Kindes, Peter Markham Scott. Auf diesem Porträtfoto wirkt der Forscher im Gegensatz zu den Heldenporträts, die man so oft von ihm sieht, wesentlich weicher. Scott war ein großer Literaturliebhaber. In seinen Büchern, *The Voyage of the Discovery* und *Letzte Fahrt* – dem Tagebuch der großen Expedition, der er sein Leben widmete –, kommen seine schriftstellerischen Fähigkeiten und sein Schreibtalent zur Geltung.

Obwohl Scott den Südpol bei seiner zweiten Expedition im Januar 1912 erreichte, hatte ihn sein norwegischer Rivale Roald Amundsen bereits überholt, der mit seinen Hundeschlitten und Skiern schneller gewesen war. Scott und sein Team kamen auf dem Rückweg ums Leben. Obgleich ihn die britische Öffentlichkeit zum Märtyrer hochstilisierte, wurden seine Leistungen als Entdecker in den letzten Jahren zu Unrecht infrage gestellt. Er war ein abgehärteter und kompetenter Expeditionsleiter und ein einfühlsamer und liebevoller Ehemann – und wenn man seine Tagebücher liest, muss man ihn einfach bewundern.

Das *Scott Polar Research Institute* wurde 1920 zum Gedenken an seine Südpolexpeditionen und die Leistungen seiner Mitstreiter gegründet. Wie nicht anders zu erwarten, beherbergt es weltweit die beste Bibliothek und das beste Archiv über die Pole und ist darüber hinaus auf dem Gebiet der Polarforschung führend. Das Museum, in dem sich heute ein Großteil von Scotts Ausrüstung und Tagebüchern befindet, wurde 1934 mit den Worten »Quaesivit arcana poli vidct dei« eröffnet, die über dem Eingang in Stein gemeißelt stehen: »Er suchte das Geheimnis des Pols und fand das verborgene Antlitz Gottes.«

PUNTA ARENAS, 2003

SIMON MURRAY *1940

Im Februar 2004 führte der britische Abenteurer Pen Hadow den 63-jährigen Simon Murray auf einem mehr als 1000 Kilometer langen Marsch durch die Antarktis und sorgte so dafür, dass Murray als bislang ältester Mensch den Südpol erreichte. Der vorherige Rekordhalter war Sir Ranulph Fiennes, der bei seiner erfolgreichen Antarktisdurchquerung 1993 zehn Jahre jünger war. Murrays Expedition brachte über 250 000 Pfund zugunsten des Archivs der Royal Geographic Society ein. Das Porträt wurde in demselben Café in Punta Arenas, Chile, aufgenommen, in dem angeblich Shackleton nach seiner Rückkehr von der *Endurance*-Expedition zu Abend gegessen hatte. Murrays Flug nach Patriot Hills war zum vierten Mal storniert wurden, und so verließ er den Flughafen in voller Antarktis-Montur und ging direkt ins nächstliegende Café, um etwas zu essen und ein Bier zu trinken.
Murray wurde in Leicester geboren, besuchte die Bedford School und verdiente sich als Jugendlicher die Überfahrt nach Südamerika in der Kombüse eines Trampschiffes. Murray ist Autor von *Legionnaire*, einem Bestseller, in dem das unerbittliche Leben in der französischen Fremdenlegion beschrieben wird. Er ging 1960 als junger Mann zur Fremdenlegion und verbrachte die nächsten fünf Jahre bei dem Fallschirmregiment in Algerien, wo er endlose Märsche und Gefechte mit den algerischen Fellegah-Aufständischen im Atlasgebirge ertrug. Murray wird von Martin Hartley als »sehr großzügig, sehr lustig und sehr, sehr hart« beschrieben. Sie lernten sich 50 Kilometer vor der Küste von Resolute Bay entfernt in einem Zelt auf dem Packeis kennen. Es war einer der kältesten Tage seit Beginn der Temperaturmessung.
Seit fast 40 Jahren ist Simon Murray, CBE, in Asien als Geschäftsmann erfolgreich, so auch als Geschäftsführer der Region Asien-Pazifik der Deutschen Bank. Derzeit leitet er eine Finanzanlagefirma in Hongkong und sitzt im Aufsichtsrat zahlreicher internationaler Unternehmen. Seine Leidenschaft für das Abenteuer teilt er mit seiner Frau Jennifer, die als erste Frau mit einem Hubschrauber um die Welt flog.

MAUDHEIM, 1951

BJARNE LORENTZEN 1900–k. A.

Lorentzen galt als »ein fröhliches kleines Hutzelmännchen« aus Lödingen in Nordnorwegen. Er wurde 1900 geboren und verbrachte den Großteil seines Berufslebens auf dem Meer: im Überseehandel und in der Walfangindustrie. Im zweiten Jahr der norwegisch-britisch-schwedischen Antarktisexpedition von 1949 bis 1952 wurde er dort als Ersatzkoch eingestellt. Das Porträt fotografierte Stig Valter Schytt mit seiner Hasselblad-Handkamera im Basislager in Maudheim.

Lorentzen war bei dem bunt gemischten Expeditionsteam wegen seines Sinnes fürs Detail und seiner grundsätzlichen Gutmütigkeit sehr beliebt. Er hatte einen Jahresvorrat Zeitungen mitgebracht, die er bis zu dem Tag gesammelt hatte, an dem das Schiff *Norsel* von Oslo auslief, um die Mannschaft in die Antarktis zu bringen. Den ganzen Winter hindurch legte Lorentzen jeden Morgen eine Tageszeitung auf den Frühstückstisch. Obwohl die Zeitungen auf den Tag genau ein Jahr alt waren, hatte diese kleine Geste eine große Bedeutung für das Leben und die Stimmung der Männer.

Ab und zu gab es ein spontanes Konzert, und Lorentzen klimperte auf einem Instrument, das er aus einem Besenstiel, einer leeren Konservendose und einem Stück Draht gebastelt hatte. Am 17. Mai, dem norwegischen Nationalfeiertag, bereitete er ein Festessen für die Männer zu: Suppe, Räucherlachs, geräucherte Makrele, Rinderfilet, Brathähnchen mit Bratkartoffeln und gebratenen Pilzen, gefolgt von einer riesigen Biskuittorte mit einer dicken Sahneschicht und großzügigen Portionen Punsch, Portwein, Whisky und Guinness. Den ganzen langen Polarwinter hindurch war er immer fröhlich – und äußerte den Männern gegenüber sogar, er sei »in seinem ganzen Leben noch nie so glücklich gewesen«. Später fanden sie zumindest einen Grund für seine Fröhlichkeit: Er hatte es sich angewöhnt, Aquavit aus einer Vorratskiste zu trinken, die im Freien versteckt war.

RESOLUTE BAY, 2008

RANDY REID *1954

Reid hatte 1998 genug von Barbados und zog in den Norden, wo er einen befristeten Arbeitsvertrag bekam. Seitdem lebt er in der Arktis und ist heute Koch im South Camp Inn, einem Hotel in Resolute Bay. Sein Chef, Aziz »Ozzie« Kheraj, kam 1974 aus Tansania nach Kanada. Auch er ging auf der Suche nach Arbeit in den Norden, wo er sich zuerst als Mechaniker verdingte und schon bald ein eigenes Bauunternehmen gründete.

Kheraj eröffnete 1998 das Hotel South Camp Inn. Es bietet den Gästen aus aller Welt Zimmer mit Whirlpool und Internetanschluss. Ein zufriedener Kunde beschreibt Reids Fähigkeiten als Koch: »Meine Güte, er ist der perfekte Mäster ... Seine Hauptaufgabe besteht darin, die Reisenden fett zu füttern, bevor sie ins Eis aufbrechen ..., und das macht er wirklich gut!« In der Arktis, so hört man, sind Reids Muffins legendär.

SÜDATLANTIK, 1908

SIR ERNEST SHACKLETON 1874–1922

Ernest Henry Shackleton, 1874 in der irischen Grafschaft Kildare geboren, unternahm von 1901 bis 1904 zusammen mit Scott seine erste Antarktisreise und leitete von 1907 bis 1909 die erste eigene Expedition. Als dieses Foto aufgenommen wurde, war er auf See und aß gerade etwas an Deck seines Schiffes *Nimrod*. Entspannt, weit weg von den Belastungen zu Hause, war Shackleton in seinem Element. Die Expedition war überaus erfolgreich. Ihre Leistungsbilanz umfasste die Lokalisierung des magnetischen Südpols, die Erstbesteigung des Vulkans Mount Erebus und einen Marsch, auf dem Shackleton bis auf 180 Kilometer an den Südpol herankam. Zu Hause wurde er gebührend gefeiert.

Als Amundsen 1912 seine Eroberung des Südpols verkündete, wandte sich Shackleton einer anderen Aufgabe zu. Er schrieb: »Es gab nur noch ein großes Ziel für Antarktisexpeditionen: die Durchquerung des antarktischen Kontinents von Küste zu Küste.« Das Ergebnis war die *Endurance*-Expedition oder »Imperial Trans-Antarctic Expedition« von 1914 an Bord der *Endurance* – eine Pionierreise, die zum Überlebenskampf wurde. Packeis zerdrückte Shackletons Schiff, und die Männer waren gezwungen, sich auf eine Eisscholle zu retten, bevor sie eine abgelegene felsige Insel namens Elephant Island erreichten. Von dort aus fuhr Shackleton in einem offenen Boot 800 Seemeilen (1300 Kilometer) nach Südgeorgien, um Hilfe zu holen. Kein einziger der Männer kam ums Leben.

Shackleton war zweifellos ein hervorragender Expeditionsleiter, der von seinen Männern als »The Boss« bezeichnet und hoch geschätzt wurde. Sein Ehrgeiz war unerbittlich, und so forderten die Jahre ihren Tribut. Nach dem Ersten Weltkrieg leitete er seine letzte Antarktisexpedition, der sich viele Teammitglieder seiner früheren Unternehmungen anschlossen. Er starb 1922 an Herzversagen und wurde von seinen Schiffskameraden in der südgeorgischen Walfangstation Grytviken beerdigt. Auf die Frage nach seinen Führungsqualitäten als Expeditionsleiter beschrieb ein Kamerad Shackletons Stärke sehr anschaulich: »Scott steht für die wissenschaftliche Methode, Amundsen für Geschwindigkeit und Effizienz, aber wenn eine Katastrophe hereinbricht und es keine Hoffnung mehr gibt, solltest du niederknien und beten, dass Shackleton kommt.«

SIBIRIEN, 2004

VALERIA BORRAJO *1973

Valeria Borrajo reiste nach Sibirien, um sich von ihrem Freund, dem jungen britischen Abenteurer Ben Saunders, zu verabschieden, der das Nordpolarmeer im Alleingang überqueren wollte. An diesem Morgen des Jahres 2004 trainierte Saunders, indem er den gefrorenen Fluss Chatanga mit Skiern hinauffuhr und seine Ausrüstung erprobte. In den letzten zehn Tagen war die Temperatur nicht über minus 43 Grad Celsius gestiegen.

Chatanga ist ein Dorf auf der Halbinsel Taimyr am Rand des Nordpolarmeers. Es ist eine der nördlichsten Siedlungen Russlands und wird oft von westlichen Touristen besucht, da hier das Tor zur sibirischen Wildnis ist. Darüber hinaus wird Chatanga von ehrgeizigen Abenteurern als Basis auf dem Weg zum Nordpol benutzt. Valeria, im südspanischen Granada geboren, war von der bitteren Kälte nicht besonders begeistert. Als sie um einen Kommentar zur Veröffentlichung ihres Porträts gebeten wurde, antwortete sie völlig gelassen: »Na ja, dann hat sich's ja doch noch gelohnt, hier einen ganzen Morgen lang zu frieren! Ich weiß wirklich nicht, was ich über mich sagen soll, da ich selber keine Expeditionen zu bieten habe. Also dann, *hasta luego*!«

»Für jemanden, der im sonnigen Granada geboren ist«, sagte sie uns später, »liegt es nicht gerade auf der Hand, nach Sibirien zu gehen. Trotzdem bin ich überzeugt, dass jeder Ort für eine Überraschung gut ist, und Chatanga bildet da keine Ausnahme. Mein erster Eindruck war der von einer Stadt nach einer Atombombenexplosion. Für eine Siedlung mit 3000 Einwohnern schien alles ziemlich tot zu sein. Aber da ich dank der russischen Bürokratie 14 Tage lang festsaß, hatte ich die Gelegenheit, eine andere Seite der Stadt zu entdecken. Ich fand heraus, dass das Leben buchstäblich hinter verschlossenen Türen stattfindet. Um Vorräte einzukaufen, musste ich die namenlosen Türen der Stadt aufs Geratewohl ausprobieren. Als ich sie nach und nach öffnete, kamen ein Lebensmittelladen, eine Boutique für Damenwäsche, eine Bar und sogar ein Geschäft, das auf diesem Breitengrad die neuesten Hits verkaufte, zum Vorschein. Ich glaube, selbst die bitterste Kälte kann eine forsche *Granadina* nicht davon abhalten, irgendwann einkaufen zu gehen.«

ANGMAGSSALIK, 1930

INUITFRAU 1901–k. A.

Dieses Porträt gehört zu einer unveröffentlichten Fotoserie, die von Alfred Stephenson im Sommer 1930 aufgenommen wurde. Stephenson war die Rolle des obersten Vermessers bei der British Arctic Air Route Expedition unter der Leitung von George »Gino« Watkins übertragen worden, obwohl er erst knapp drei Wochen vor Beginn der Expedition sein Abschlussexamen gemacht hatte. Das Schiff *Quest* stach von London aus in See, erreichte frühmorgens am 24. Juli 1930 Angmagssalik an der Ostküste Grönlands und wurde von mehreren Hundert Inuit empfangen.

Spencer Chapman, der junge Ornithologe der Expedition, war über den Empfang erstaunt und vor allem von den Frauen angetan, die an Bord kamen. »Das dänische Regierungsschiff besucht die Siedlung einmal im Jahr. Daher war es für sie alle unglaublich aufregend, ein fremdes Schiff und dessen noch merkwürdigere Besatzung zu sehen. Die Frauen drängten sich an Bord, entzückt von unserem Grammofon, erstaunt über unsere Kleidung, begeistert von den Reißverschlüssen an den Jacken einiger von uns. Die Frauen hatten sich alle für diesen Anlass herausgeputzt, und manche sahen wunderschön aus. Sie trugen leuchtend rote Stiefel aus Robbenleder, eine Hose aus Robbenfell, eine eng anliegende Bluse aus irgendeinem Material in leuchtenden Farben und dazu einen exquisiten kurzen Umhang aus winzigen, verschiedenfarbigen Perlen, die ein kompliziertes Muster bildeten.«

Einige der aufgeregten Cambridge-Absolventen gingen später an Land, fanden ein schönes Plätzchen, an dem sie feiern konnten, und zogen das Grammofon auf: »Zu der Musik tanzten die Mädchen doppelt schnell, was sehr anstrengend für uns war.«

ELLESMERE ISLAND, 2007

JOÃO RODRIGUES *1965

Dr. João Rodrigues ist wissenschaftlicher Mitarbeiter am Institut für angewandte Mathematik und theoretische Physik der Universität Cambridge. 2002 tauschte er die Wärme seines iberischen Heimatlandes gegen dauerhafte Minustemperaturen ein, um seine 20-jährige Arbeit in theoretischer Physik auf die Erforschung des Meereises am Nordpol anzuwenden. Derzeit stellt er ein Team von Wissenschaftlern zusammen, um die Messdaten der Eisdicke, die der Abenteurer Pen Hadow 2007 auf seiner Nordpolarmeer-Expedition gesammelt hat, bestmöglich auszuwerten.

Rodrigues wurde am 31. Oktober 2007 vor der Eureka-Wetterstation auf Ellesmere Island fotografiert. Er hatte gerade mehrere Stunden lang bei minus 40 Grad Celsius im Dunkeln Löcher ins Meereis gebohrt und ein Eisradargerät kalibriert. Als er in Cambridge per E-Mail um einen Kommentar zu seinem Porträt gebeten wurde, antwortete er wie immer bescheiden: »Ich weiß keinen Grund, warum ich mich in Gesellschaft all der bedeutenden Polarforscher und -wissenschaftler befinden sollte, aber das überlasse ich Ihnen. Und ich bin nicht gut im Abfassen von Bildunterschriften. Jetzt trinke ich erst einmal einen Gin Tonic, um mich inspirieren zu lassen. Wenn das nicht hilft, frage ich meine Frau Sarah. Ihr wird schon irgendetwas Gutes einfallen.«

SCOTT BASE, 1958

SIR VIVIAN FUCHS 1908–1999

Satt, erschöpft, aber glücklich will Vivian Fuchs ein Bad nehmen – das erste seit über drei Monaten. Er hat gerade seine 3440 Kilometer lange Antarktisdurchquerung beendet. Dieses einmalige Porträt wurde am 2. März 1958 kurz nach der Ankunft von Fuchs in der neuseeländischen Scott Base aufgenommen. Als er später in der Badewanne lag, erhielt er ein Telegramm von Queen Elizabeth, der Schirmherrin der Expedition, die ihn über seine Erhebung in den Adelsstand informierte.

Fuchs, von seinen Freunden »Bunny« genannt, war ein versierter Polarforscher, charismatischer Expeditionsleiter und Diplomat, er war Leiter des britischen Polarforschungsprogramms (British Antarctic Survey) und später Präsident der Royal Geographic Society. Er studierte am St. John's College in Cambridge Naturwissenschaften bei Sir James Wordie, dem Geologen und leitenden Wissenschaftler von Shackletons *Endurance*-Expedition. Wordie nahm Fuchs 1929 zu einer Expedition nach Grönland mit – und das war für Fuchs eine Erfahrung, die sein Leben nachhaltig beeinflusste. Später promovierte er in Geologie über die Tektonik des Ostafrikanischen Grabenbruchs und führte mehrere Expeditionen nach Zentralafrika durch. 1934 fuhr Fuchs nach dem Abschluss einer Expedition mit seiner Frau Joyce in seinem Chevrolet-Kastenwagen, Baujahr 1929, auf dem Landweg nach Hause und legte dabei in 46 Tagen fast 13 000 Kilometer zurück. Dies war der Auftakt zu einer wegweisenden Expedition, zur entscheidenden Leistung seiner langen Karriere als Polarforscher.

George Lowe war der offizielle Fotograf in Fuchs' triumphaler Commonwealth Trans-Antarctic Expedition, die als »letzte große Expedition, die dem Menschen auf dieser Erde blieb«, bezeichnet wurde. Lowe fotografierte in den fast 18 Monaten mit zwei Rolleiflex-Kameras zahlreiche hervorragende Bilder in »Schwarz-Weiß für Zeitungen und Werbung«. Außerdem hatte er eine Leica, mit der er Farbdias »für Vorträge und Zeitschriften« aufnahm. In der Shackleton Base stand Lowe eine Fertigbau-Dunkelkammer mit einer hervorragenden Ausstattung von Kodak zur Verfügung. Die Fotografie diente sowohl als Freizeitbeschäftigung als auch zur Hebung der Moral. Später schrieb er: »Eine unserer Lieblingsbeschäftigungen war tatsächlich, uns gegenseitig zu fotografieren. Wir reservierten eine ganze Wand unserer Hütte für eine ,Verbrecherkartei', und ich versuchte, jede Woche oder alle zehn Tage eine neue Serie aufzuhängen. Das waren unsere einzigen Pin-ups!«

Während der eigentlichen Durchquerung bewahrte Lowe seine Ausrüstung in einer »Wärmekiste« auf, die er selbst konstruiert hatte. Sie war isoliert und fest hinten in der Schneeraupe *Haywire* verstaut. Vom Südpol aus ließ er einen Stapel Filme zurück nach London fliegen, und die restlichen entwickelte er in der Scott Base in einem Edelstahlbecken mit einem Primuskocher darunter. Seine Entwicklerlösungen bewahrte er in seiner Thermoskanne auf. Lowe war immer bescheiden: »Drei kalte Kameras mit zwei Händen zu bedienen, kann etwas schwierig sein.«

SCHOTTISCHES HOCHLAND, 2006

SIR WALLY HERBERT 1934–2007

Sir Wally Herbert starb im Juni 2007. Er war der überragende Polarforscher Großbritanniens und der letzte große Pionier. Seine Errungenschaften brachten ihm zu Lebzeiten nur mäßigen Ruhm ein, und seine Bedeutung für die Forschung wird noch immer nicht genügend gewürdigt. Er war nicht nur unglaublich robust und erfahren, sondern dank einer ungewöhnlichen Kombination verschiedener Fähigkeiten auch ein hervorragender Autor und begabter Maler. Nur wenige Forscher verfügen über ein solches Talentspektrum.

Herbert schrieb 1968–1969 Geschichte, als er eine Hundeschlitten-Expedition von Point Barrow in Alaska über den sogenannten »Nordpol der Unzugänglichkeit« zum Nordpol führte, den er somit als Erster zu Fuß erreichte. Mit seinen drei Kameraden und 40 Hunden ging er weiter über das Eis bis nach Spitzbergen und vollendete damit die erste Überquerung des Nordpolarmeers. Das Forschungsprogramm der 16 Monate dauernden und 5800 Kilometer langen Reise unter der Leitung von Dr. Roy »Fritz« Koerner beinhaltete die erste Oberflächenmessung des zugefrorenen Nordpolarmeers. Koerners Ergebnisse stellen die Eckdaten heutiger wissenschaftlicher Prognosen für das Abschmelzen der Polkappe und den damit verbundenen Klimawandel dar. Obwohl diese herausragende Leistung damals von der Apollo-Mondlandung in den Schatten gestellt wurde, gilt sie heute als eine der größten Forschungsreisen aller Zeiten. In 40 Jahren reiste Herbert über 37 000 Kilometer durch die Polargebiete und kartografierte große Flächen der bis dahin unbekannten Antarktis. Später lebte er mit seiner Frau und seiner kleinen Tochter bei den grönländischen Inuit der dem Nordpol am nächsten gelegenen Hocharktis. Seine zahlreichen Bücher lieferten viele neue Erkenntnisse über die Inuit Nordwestgrönlands. In Anerkennung seines Beitrags zum Verständnis der Eiswelt wurden ein Gebirge und ein Plateau in der Antarktis sowie der nördlichste Berg in Svalbard nach ihm benannt.

Dieses persönliche Porträt entstand kurz vor Herberts Tod in seinem winzigem Bauernhaus im schottischen Hochland. In seinen letzten Lebensjahren schrieb und malte er immer noch gerne. Außerdem stand er vielen späteren Abenteurern, die häufig seinen Errungenschaften im Eis nacheiferten, mit Rat und Tat zur Seite. Im Jahr 2000 wurde er in Würdigung seiner Leistungen in den Adelsstand erhoben. Laut Sir Ranulph Fiennes war Herbert »der beste Polarforscher unserer Zeit« – ein Mann, dessen Entschlossenheit und Mut dem Prince of Wales zufolge »wahrhaft heldenhafte Dimensionen« hatten. Andere gewannen einen etwas persönlicheren Eindruck von dem Forscher: »Wally war ein sanfter und sehr beliebter Mensch; bescheiden und doch mutig und genial.«

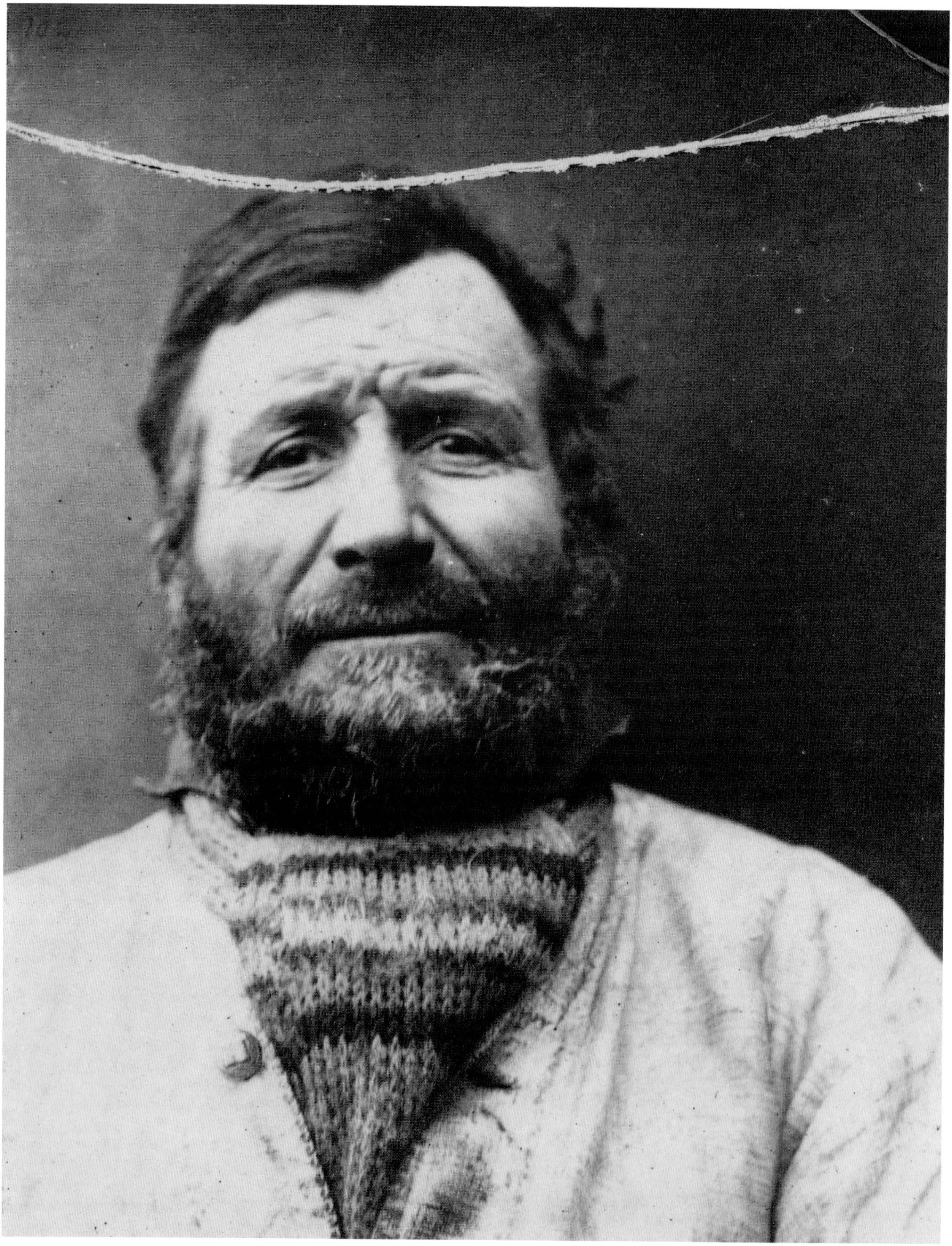

SHETLANDINSELN, 1888

PETER SINCLAIR 1840–k. A.

Dieses Foto gehört zu den 113 Aufnahmen eines Albums, das sich in der Sammlung des Scott Polar Research Institute befindet. Sie wurden 1888 auf der Walfangfahrt der *Eclipse* in der Grönlandsee und ein Jahr später auf der Fahrt der *Maud* zur Davisstraße und Baffin Bay aufgenommen. Der Fotograf war Walter Livingstone-Learmonth, Lehrer und Großwildjäger, der auf dem Walfänger mitfuhr, um in der Arktis Tiere zu schießen. Kapitän der *Eclipse* war David Gray, ein angesehener Walfänger aus Peterhead, der östlichsten Stadt Schottlands und dem lange Zeit bedeutendsten Walfanghafen der Welt. In seiner 50-jährigen Walfängerkarriere unternahm Captain Gray 49 Reisen ins Nordpolarmeer.

Die *Eclipse* war eigens für Grays Kommando gebaut worden und lief 1867 in Aberdeen vom Stapel. Sie kostete fast 12 000 Pfund Sterling und bot Platz für acht Walboote und eine 55-köpfige Besatzung. Der gebürtige Schotte Peter Sinclair war Seemann und später Eismeister auf zahlreichen Walfangfahrten. Er ging in Lerwick an Bord der *Eclipse*, als sie auf dem Weg nach Norden zur Grönlandsee war. Sir Arthur Conan Doyle war von den abgehärteten Shetland-Walfängern, häufig Veteranen der Royal Navy, deren Gesichter vom langen Leben im Eis wettergegerbt waren, so beeindruckt, dass er einen Artikel über den Fischfang mit der Überschrift »The Glamour of the Arctic« (»Der Zauber der Arktis«) durch ein Porträt von Sinclair ergänzte. Nach ihrer ruhmreichen Zeit in Peterhead wurde die *Eclipse* 1893 nach Dundee und später nach Norwegen verkauft. Unter dem neuen Namen *Lomonosov* beendete das alte Schiff seine Tage auf See als Forschungsschiff unter russischer Flagge – registriert in Archangelsk.

LONDON, 2008

MONICA KRISTENSEN SOLÅS * 1950

Dr. Monica Kristensen Solås gehört zu den führenden Gletscherforschern der Welt und ist die einzige derzeit lebende Frau, die mit einer Goldmedaille der Royal Geographic Society ausgezeichnet wurde. Sie wurde ihr 1989 für ihren »herausragenden Beitrag zur wissenschaftlichen Erforschung der Antarktis« verliehen. Die letzte Frau, die mit der Goldmedaille ausgezeichnet wurde, war Dame Freya Stark im Jahr 1942. Kristensen wurde bei einem Besuch in London fotografiert, kurz bevor sie der Presse Interviews gab.

Kristensen gesteht – mit einem Augenzwinkern –, dass sie »total wettbewerbsunfähig« sei und in der Antarktis weder Ruhm noch Abenteuer suche. Sie entschuldigt sich dafür, dass das vielleicht etwas langweilig klinge, aber ihr Hauptantrieb sei wie schon zu Beginn ihrer Karriere als Polarforscherin die wissenschaftliche Herausforderung. Nach ihrem Mathematik- und Physikstudium an norwegischen Universitäten sammelte sie praktische Erfahrung, als sie zwei Jahre in Svalbard überwinterte und das Nordlicht erforschte. Für ihre Arbeit über die antarktischen Tafeleisberge erhielt sie 1983 vom Scott Polar Research Institute einen Doktortitel.

Von 1986 bis 1987 führte sie eine Expedition über die Roald-Amundsen-Route zum Südpol. Nach der Überquerung des Ross-Schelfeises folgte die Expedition Amundsens Originalroute auf den Axel-Heiberg-Gletscher und erreichte nach 39 Tagen Schlittenfahrt den 86. südlichen Breitengrad. Da ihr die wissenschaftliche Forschung wichtiger war als Schnelligkeit, gelangte das Team später als geplant hierher, noch etwa 400 Kilometer vom Pol entfernt. Dann traf Kristensen die schwerste Entscheidung aller Polarforscher: den Entschluss, umzukehren, um das Leben von Menschen und Hunden nicht zu gefährden. Als erfahrene Leiterin vieler Polarexpeditionen führt sie auch heute noch wissenschaftliche Forschungsprojekte auf dem Foxfonna-Gletscher in Svalbard durch, und noch immer sind ihr Hundeschlitten als Transportmittel lieber als Motorschlitten.

Kristensen, die in ihrer Heimat Norwegen als »Schneekönigin« gefeiert wird, entspricht ganz und gar nicht dem Klischee des harten, von Erfrierungen gezeichneten Polarforschers. Und doch täuscht ihr Charme über ihre unglaubliche innere Stärke hinweg, die diejenige der meisten modernen Polarreisenden mit ihren Kurzaufenthalten in der Eiswelt übertrifft. »Die Antarktis so riesig und weitläufig ..., die Umgebung hat sicherlich Einfluss auf die Psyche der Menschen, und ich glaube nicht, dass man sich irgendetwas Trostloseres und Erschreckenderes vorstellen kann.« Im Gegensatz zu ihren männlichen Kollegen, die entweder tatsächlich seltener Angst haben oder sie bloß nicht zugeben, ist Angst für Kristensen etwas ganz Normales. »Die schlimmste Angst ist nicht die Angst, die man unmittelbar spürt. Ja, ich bin ein paarmal in eine Gletscherspalte gefallen – nicht sehr tief, aber so, dass ich mit den Armen am Rand hing. Alles ging sehr schnell. Dann aber gab es Situationen, in denen wir über längere Zeit in Gefahr waren. Es ist, als ob die Angst immer mitläuft. Man fühlt keine Panik – man fühlt eigentlich fast gar nichts. Man hat nur ein ständiges Angstgefühl, das an einem nagt und sehr belastend ist.«

LONDON, 1910

EDWARD WILSON 1872–1912

Dr. Edward Wilson war Assistenzarzt der *Discovery*-Expedition. Die hervorragenden Zeichnungen und Gemälde, die er von der antarktischen Landschaft anfertigte, suchen ihresgleichen. Wilson war ein tiefreligiöser Mensch und dank seiner verständnisvollen Art und Fürsorglichkeit bei seinen Schiffskameraden ausgesprochen beliebt. Scott verließ sich hauptsächlich auf Wilson, wenn er Hilfe und moralische Unterstützung brauchte.

Hier wurde er in seinem Lieblings-Tweedanzug fotografiert, als er im Studio seines Freundes, des Malers Alfred Soord, saß, der gerade ein Porträt von ihm malte. Es ist schon etwas Besonderes, einen Künstler, während er gerade porträtiert wird, so locker und entspannt dasitzen zu sehen. Soords Ölgemälde wurde 1910 in der Royal Academy ausgestellt.

Wilson nahm als wissenschaftlicher Leiter und Zoologe sowie als Expeditionsmaler an der *Terra-Nova*-Expedition teil. Sein freundliches, selbstloses Wesen brachte ihm den liebevollen Spitznamen »Onkel Bill« ein. Wilson wurde selbstverständlich auch für die letzte Südpolmannschaft ausgewählt, und er starb 1912 neben Scott auf dem Rückweg vom Pol. Zuletzt schrieb Scott über ihn: »Er stirbt, wie er gelebt hat, als tapferer, treuer Mensch – er war der beste Kamerad und zuverlässigste Freund.« In den darauffolgenden Jahren wurden viele von Wilsons Aquarellen und Skizzen dem neu gegründeten Scott Polar Research Institute vermacht, wo sie ein angemessenes Andenken an Wilsons künstlerisches Schaffen darstellen.

Rab
PULL TO OPEN

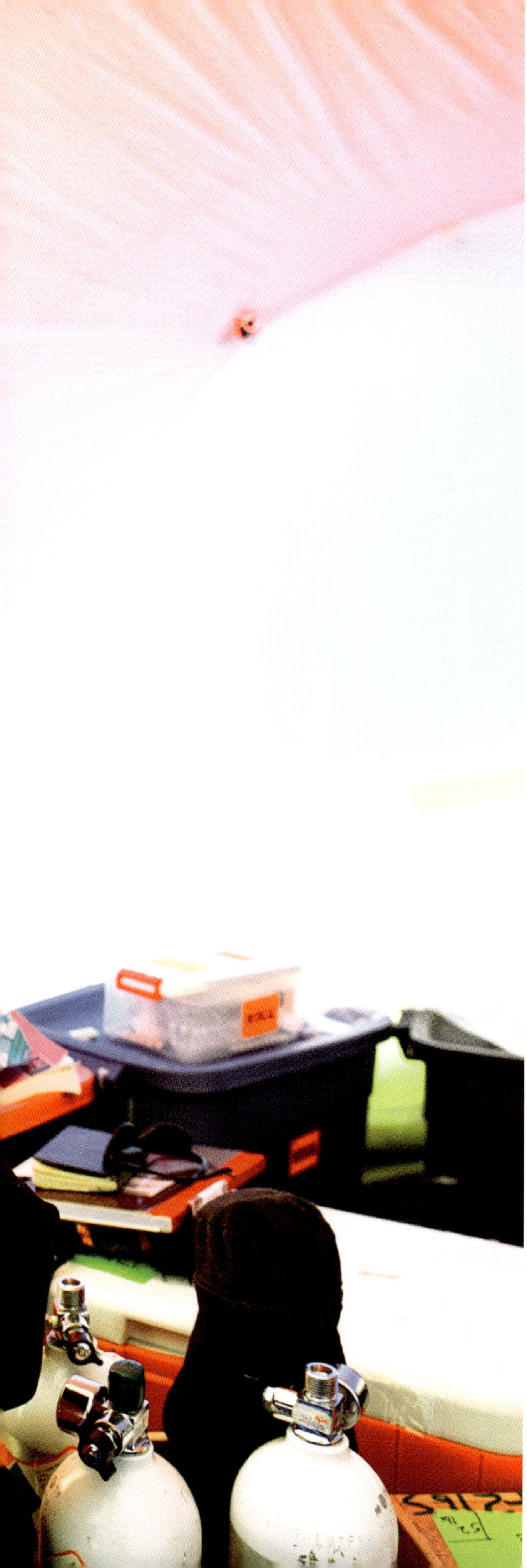

PATRIOT HILLS, 2003

MARTIN RHODES *1961

Dr. Martin Rhodes, von vielen seiner Freunde »Doc Martin« genannt, ist Expeditions- und Bergrettungsarzt mit mehr als 20-jähriger Erfahrung im Eis. Er arbeitet bei ALE (Antarctic Logistics and Expeditions) und »Poles Apart«, einer spezialisierten Beratungsfirma. Rhodes ist Unfall- und Notfallarzt, Arzt für Allgemeinmedizin und für Erweiterte Erstversorgung von Schwerverletzten. Außerdem ist er Ausbilder für Erweiterte Reanimationsmaßnahmen. Er hat in den Anden und im Himalaja ausgiebige Kletter-, Wander- und Skitouren durchgeführt und war beim Everest-Marathon als Amtsarzt tätig.

Das Porträt wurde im Medizinzelt in Patriot Hills in der Antarktis aufgenommen. Kurz darauf rettete und stabilisierte Rhodes Jennifer Murray und Colin Bodill nach ihrem beinahe tödlichen Hubschrauberabsturz. Sie wollten als Erste mit dem Hubschrauber von Pol zu Pol um die Welt fliegen. Beide erholten sich vollkommen und brachten 2007 ihre Weltumrundung erfolgreich zum Ende.

Für Hartley ist Rhodes »einer der nettesten Kerle«, die er kennt. Kein Wunder, da er schließlich selbst mehr als einmal Rhodes medizinische Hilfe in Anspruch nehmen musste. 2006 rettete Rhodes drei von Hartleys Zehen, die starke Erfrierungen aufwiesen. Rhodes, der mit einer Stuntfrau verheiratet ist, verbringt die Sommersaison in der Antarktis und den Großteil des restlichen Jahres in den französischen Pyrenäen, wo er ein Haus hat und in der Sonne klettern kann.

WEDDELL-MEER, 1915

TOM CREAN 1876–1938

Der große, lächelnde Ire aus Kerry ragte in einer Zeit, die so viele Geschichten zum Thema Durchhaltevermögen und Überleben hervorbrachte, noch weit über die anderen empor. Er war mit einer immensen körperlichen und mentalen Stärke gesegnet – ein Mann, den nichts umhauen konnte, der Typ Mann, der »so unverwüstlich, wie ein Mensch nur sein konnte« war. Der norwegische Skifahrer Tryggve Gran, der 1910–1911 zu Scotts Expeditionsteilnehmern gehörte, erinnerte sich an Crean als Mann, dem »es bei seiner Ankunft am Pol egal gewesen wäre, ob der Allmächtige oder der Teufel dort gestanden hätte. Er bezeichnete sich selbst als den wilden Mann aus Borneo, und das war er tatsächlich«.

Hurley nahm dieses Porträt am 7. Februar 1915 auf. Orde-Lees, ein Schiffskamerad auf der *Endurance*-Expedition, beschrieb Crean ebenfalls in seinem Tagebuch als »netten Kerl, einen der zuverlässigsten Männer ... Er ist Ire und dazu auch noch riesig ... Seine unerschütterliche Loyalität gegenüber der Expedition ist viel wert.« Auf Scotts Expedition von 1911 zeichnete er sich dadurch aus, dass er und Lashly, ein weiterer Schiffskamerad, Leutnant Teddy Evans retteten, indem sie ihn auf einem Schlitten 80 Kilometer weit zogen, um ihn in Sicherheit zu bringen, und dann weitere 65 Kilometer allein zu Fuß zurücklegten, um Hilfe zu holen. Für diese Heldentat – eine von vielen – wurde er mit der Albert-Medaille für Tapferkeit ausgezeichnet.

Crean bestand nicht nur aus Brachialgewalt und Masse. Er war bescheiden, ruhig und selbstbewusst. Sein unverwüstlicher Sinn für Humor, sein grenzenloser Optimismus und meist schräger Gesang machten ihn unentbehrlich, wenn die Stimmung gedrückt war. Ständig rauchte er entweder Pfeife oder hatte ein Lächeln auf den Lippen. Crean war einer der wenigen, die sowohl an Scotts als auch an Shackletons Expedition teilnahmen und beide überlebten. Er ließ sich in seinem Geburtsort Annascaul an der Westküste Irlands nieder und eröffnete dort einen Pub mit dem Namen »The South Pole Inn«, in dem man auch heute noch ein Bier trinken kann.

IGLULIK, 2008

MARY QULITALIK *1950

2001 wurde Mary Qulitalik für eine Rolle in dem bahnbrechenden Film *Atanarjuat – Die Legende vom schnellen Läufer* ausgewählt. Es war der erste Film, der ausschließlich auf Inuktitut geschrieben, gespielt und inszeniert wurde. *Atanarjuat* erzielte nicht nur einen beachtlichen kommerziellen Erfolg, sondern erhielt auch etliche Preise auf großen internationalen Filmfestivals. Qulitalik wurde in Nunavut zum Star.

Hartleys Begegnung mit dem arktischen Filmstar war Glückssache. »Ich nahm das Bild rein zufällig auf, als mein Flugzeug auf dem Weg nach Resolute Bay auf dem Flugplatz in Iglulik auftankte. Ich sah ihr wundervolles Gesicht durch das Fenster und wartete eine Ewigkeit, bis sie ins Flughafengebäude kam. Erst als ich wieder im Flugzeug war und einem anderen Passagier das Bild auf dem Display meiner Digitalkamera zeigte, merkte ich, wer das war ... die Gracie Fields von Nunavut!«

Der Regisseur von *Atanarjuat*, Zacharias Kunuk, ist Mitbegründer und Präsident von Isuma, Kanadas erster unabhängiger Inuit-Produktionsfirma. Isuma hat es sich zur Aufgabe gemacht, den Inuit unabhängige Medienportale zur Verfügung zu stellen – Filme, Fernsehen und jetzt auch das Internet –, um die Kultur und Sprache der Inuit zu erhalten und zu fördern. Es sollen Arbeitsplätze geschaffen und die wirtschaftliche Entwicklung in Iglulik und Nunavut gefördert werden, und man will den Inuit ebenso wie den Nicht-Inuit auf der ganzen Welt authentische Inuit-Geschichten erzählen. Offensichtlich hat sich seit dem ersten Zusammentreffen der Inuit mit den Europäern – als Kapitän William Edward Parrys *HMS Fury* und *HMS Hecla* 1822 in der Gegend überwinterten – viel verändert.

PARIS, 1910

ALBERT I., FÜRST VON MONACO

1848–1922

Albert Honoré Charles Grimaldi wurde 1848 in Paris geboren und war schon als Kleinkind von der Arktis fasziniert. Als abenteuerlustiger junger Mann mit ausgezeichneten Verbindungen reiste er viel. Er trat in die spanische Marine ein und kaufte später einen prachtvollen Schoner namens *Hirondelle*, mit dem er zahlreiche Forschungsreisen im Mittelmeer, Atlantik und in der Nordsee durchführte.

Ab 1898 unternahm er mit seiner Jacht *Princesse Alice II* vier Forschungsreisen nach Svalbard. Die erste war eine erfolgreiche meereskundliche Untersuchung, die außerdem die Sammlung des im Bau befindlichen ozeanografischen Museums von Monaco bereicherte. 1899 fand wieder eine Seereise nach Norden statt, auf der weitere hydrografische Daten gesammelt wurden. Eine dritte Fahrt ergänzte die Studie mit bedeutenden meteorologischen Beobachtungen, und eine letzte Reise im darauffolgenden Jahr vollendete das Forschungsprogramm. Der Fürst bekundete lebhaftes Interesse am Umweltschutz, vor allem in Svalbard, und unterstützte einige Polarexpeditionen. Er war auch Schirmherr von Shackletons berühmter *Endurance*-Expedition.

Auf diesem Porträt, das 1910 in der Pariser Akademie der Wissenschaften aufgenommen wurde, trägt Fürst Albert stolz seine Uniform als Mitglied des Institut de France. 1915 feierte der Fürst die Vollendung seiner letzten Seereise – der letzten von 28 Expeditionen, die der Meereskunde und Tiefseeforschung ein beachtliches Erbe hinterließen. Er hatte seine Kindheitsträume vom ewigen Eis nicht vergessen. »Ich empfinde eine tiefe Befriedigung darüber, dass ich die betörende Melancholie der arktischen Landschaft wieder erleben darf. Hier wachsen Körper und Geist und erleben mit Stolz ihre Kraft und gleichzeitig eine gelassene Heiterkeit, die sie seit den frühen Jahren der Jugend nicht mehr kannten.«

NORDPOL, 2006

ALBERT II., FÜRST VON MONACO

*1958

Der einzige Sohn von Fürst Rainier III. und der berühmten Hollywood-Schauspielerin Grace Kelly, Albert Alexandre Louis Pierre Grimaldi, ist das derzeitige Staatsoberhaupt des Fürstentums Monaco. Er studierte am Amherst College in Massachusetts und ist ein begeisterter Sportler mit einer großen Leidenschaft für das Segeln und Skifahren. Seit 1985 ist er Mitglied des Internationalen Olympischen Komitees, und er hat sein Land bei den Olympischen Winterspielen fünfmal als Bobfahrer vertreten.

Als Ururenkel des Meereskundlers und Forschers Fürst Albert I. nutzt Fürst Albert II. seine Position, um die Öffentlichkeit auf erforderliche Umweltschutzmaßnahmen aufmerksam zu machen. Das Porträt entstand am 16. April 2006 am Nordpol. Im modernen Wettkampf um die Pole stellte Fürst Albert seinen eigenen Rekord auf: Er erreichte als erstes amtierendes Staatsoberhaupt den Nordpol.

Im Juni 2006 gründete er die »Fondation Prince Albert II de Monaco«, eine Stiftung, die sich dem Umweltschutz widmet und erneuerbare Energien finanziert. »Die Herausforderung, unsere Umwelt zu schützen und Maßnahmen zum Artenschutz zu ergreifen, geht weit über alle Landesgrenzen hinaus«, erklärt Fürst Albert II. »Wir haben eine gemeinsame globale Herausforderung zu bewältigen, die als Reaktion auf drei große Umweltprobleme – Klimawandel, Verlust der Artenvielfalt und von Wasser – konkrete Sofortmaßnahmen erfordert. Die Situation zwingt jeden Einzelnen von uns, aktiv zu werden, wenn wir die Erde für zukünftige Generationen erhalten wollen ... Die Umwelt ist unser gemeinsames Gut, und sie zu schützen ist unsere Pflicht. Seien Sie meines persönlichen und anhaltenden Engagements zum Erreichen dieses Zieles versichert.«

Prince Albert II

ANGMAGSSALIK, 1931

HENRY GEORGE »GINO« WATKINS 1907–1932

Als Student in Cambridge wurde Watkins' Fantasie durch Raymond Priestleys Vorlesungen über Polarexpeditionen angeregt, und er setzte dieses Interesse rasch in die Tat um. Im Sommer 1927 leitete er eine Expedition der Universität Cambridge nach Spitzbergen und im Jahr darauf eine Expedition nach Labrador, um den noch unbekannten Oberlauf des Hamilton zu erforschen.

Die British Arctic Air Route Expedition von 1930 bis 1931, die er leitete, stellte für ihn die Krönung seiner Leistungen dar. Watkins war bei seinen Kameraden, mit denen er den Ruhm für ihren gemeinsamen Erfolg großzügig teilte, sehr beliebt, und er wurde auch von Polarforschern respektiert, die wesentlich älter waren als er. Admiral William Goodenough, Präsident der Royal Geographic Society, beschrieb Watkins: »Schmächtig, ruhig, mit einer fast sanften Stimme – es gab eigentlich nichts Auffälliges ... Wer in seinem Gesicht oder seiner Sprache nach etwas Besonderem suchte, das die Autorität ausdrückte, die nach zwei Expeditionen jeder kannte, war fast verblüfft angesichts seiner jugendlichen Erscheinung.« Das Foto entstand im Juli 1931 wahrscheinlich am Ufer des Sermilik-Fjords. Watkins lernte die Kunst des Kajakfahrens für eine Sommerreise mit dem Motorboot an der Ostküste Grönlands entlang bis zur Südspitze. Während der Vermessungen in Umivik verbrachte Watkins seine Zeit größtenteils auf der Jagd mit dem Kajak.

Als der erfahrene Polarforscher Hugh Robert Mill von Watkins' tragischem Tod erfuhr – er verschwand 1932 auf einer zweiten Expedition mit seinem Kajak vor Grönland –, schrieb er, überwältigt von tiefer Trauer, einen Nachruf in der *Times*: »Er war kaum älter als ein Junge; in seinem Optimismus gänzlich jungenhaft, doch mit all der unerschütterlichen Willenskraft eines Mannes und außerdem mit einem angeborenen Führerinstinkt ausgestattet, der für einen Forscher eine seltene und überaus wertvolle Gabe ist. Ich kenne alle Polarforscher des letzten halben Jahrhunderts, aber keiner kann es mit dem jungen Watkins aufnehmen, außer dem jungen Fritjof Nansen, als ich ihn vor 44 Jahren nach der Rückkehr von seiner ersten Grönlanddurchquerung kennenlernte. Beide hatten ein gewinnendes Wesen, eine klare Vorstellung davon, wie man große, neue Abenteuer plant, und beide besaßen die geistige Stärke, sie trotz aller Schicksalsschläge durchzuziehen.«

DGS
SECURITY
GSTAAD

SEWERNAJA SEMLJA, 2006

GEORGES BAUMANN *1967

2006 unternahm Georges Baumann den Versuch, das Nordpolarmeer von Russland über den Nordpol nach Kanada zu überqueren. In diesem Jahr starteten fünf Expeditionen in Sewernaja Semlja, von denen sich drei Teams schließlich über das gefährlich dünne Eis an der Küste fliegen ließen. Baumann und ein weiterer Abenteurer, Thomas Ulrich, entschieden sich für einen »sauberen« Versuch und wollten direkt vom Land aus losgehen.

Vor ihrem Aufbruch war sich Baumann nach einer Nacht allein im Zelt jedoch nicht mehr so sicher, ob das Eis halten würde. Er rief per Satellitentelefon zu Hause an, und sein fünfjähriger Sohn sagte zu ihm: »Papa, wenn du mich so lieb hast, warum bist du dann so weit weg?« In diesem Moment entschloss er sich, nicht zu gehen, sondern sich vor seinen Sponsoren zu verantworten und in der Hoffnung auf bessere Bedingungen ein weiteres Jahr zu warten. Seine Entscheidung war eine der mutigsten des Jahres. Ulrich hingegen machte sich auf den Weg über das Eis und bat nach zwei Tagen um sofortige Rettung.

Baumann wurde 1967 in Bern geboren und verbrachte den Großteil seiner Kindheit im Skiort Gstaad. Der ehemalige Schweizer Junior-Karatemeister ist heute als privater Personenschützer tätig. Er verbringt die meiste Zeit in den Bergen oder am Genfer See, wo er mit seiner Familie lebt. Zurzeit plant er eine Überquerung des Nordpolarmeers, um auf zwei gemeinnützige Organisationen aufmerksam zu machen und Gelder dafür zu sammeln: »Innocence in Danger«, die internationale Kinderschutzbewegung zur Bekämpfung der Pädokriminalität, und ELA, eine Organisation, die sich für die Patientenversorgung und Forschung auf dem Gebiet der Leukodystrophie einsetzt – einer Gruppe seltener, genetisch bedingter Erkrankungen des zentralen Nervensystems. Einige Kritiker stellen den Wert heutiger Polar-»Forschung« zwar infrage, da die Abenteurer wenig erforschen und stattdessen immer neue Rekorde aufstellen wollen; doch wenn diese modernen Expeditionen auch das Ziel haben, Geld für wohltätige Zwecke einzubringen, lässt sich ihr Wert durchaus erkennen.

WEDDELL-MEER, 1915

SIR JAMES WORDIE 1889–1962

James »Jock« Wordie war Geologe auf Shackletons *Endurance* und mit seinem trockenen Humor und seiner sympathischen Art ein überaus beliebtes Expeditionsmitglied. Als Student in Cambridge wünschte er sich nichts sehnlicher, als zum Südpol zu reisen. Er nahm an einem Dinner mit Lady Scott, Captain Scotts Witwe, teil, die versuchte, »alle potenziellen Kandidaten davon abzubringen, mit Shackleton zu fahren«.

Doch 1914 schloss er sich als wissenschaftlicher Leiter der *Endurance*-Expedition an und ertrug alle Gefahren einer Reise, die Berühmtheit erlangen sollte. Trotz ihres Scheiterns und der extrem widrigen Umstände, zuerst vom Eis eingeschlossen und in der Folge darauf ausgesetzt zu werden, brachte Wordie wichtige geologische Proben und nützliche meereskundliche Beobachtungen mit nach Hause.

Wordie kam 1917 in eine Heimat, die sich im Krieg befand. Er trat der Royal Artillery bei und diente in Frankreich. Nach dem Krieg kehrte er ins Eis zurück und unternahm zwei Reisen nach Spitzbergen und später eine lange Reihe von Expeditionen nach Grönland und in die kanadische Arktis. In Cambridge wurde er zuerst Fellow und später Rektor des St. John's College. Er war Gründungsmitglied des Scott Polar Research Institute und ab 1951 Präsident der Royal Geographic Society. In späteren Jahren stand er als erfahrener Polarforscher jungen Entdeckern und Forschern mit Rat und Tat zur Seite.

KILCHOAN, 2008

TREVOR POTTS *1950

Trevor Potts leitete die bisher einzige Expedition, die Sir Ernest Shackletons legendäres Entkommen aus der Antarktis ohne Unterstützung von außen erfolgreich wiederholte. 1993 bauten Potts und sein Team die 6,70 Meter lange *James Caird* nach, das Respekt einflößende Walboot, das eine Fahrt von 800 Seemeilen (1300 Kilometern) auf dem Südpolarmeer, dem gefürchtetsten Meer der Erde, überstanden hatte. Selbst heute noch laufen große Schiffe in den gewaltigen Wellen der unwirtlichen antarktischen Gewässer voll und sinken. Potts überlebte auf der Reise vier Stürme, darunter einen schweren Sturm der Windstärke 10 bei der Anfahrt auf Elephant Island. Sie erreichten die Insel schließlich am 5. Januar 1994, Shackletons Todestag.

Der mühsame Weg von Elephant Island nach Südgeorgien ist nur ein kleiner Teil des *Endurance*-Dramas. Nach 17 Tagen auf See landete Shackletons Gruppe schließlich an der unbewohnten Südküste der Insel, die damals noch nicht kartografiert war, und musste zu Fuß tückische Berge und Gletscher überwinden, um in die Sicherheit einer Walfangstation auf der anderen Seite der Insel zu gelangen. Über ein Jahr, nachdem die *Endurance* vom Packeis zerquetscht worden war, und über drei Monate nach dem Aufbruch zu seiner Rettungsaktion kehrte Shackleton nach Elephant Island zurück, um seine restliche Mannschaft zu retten. Kein einziges Expeditionsmitglied kam ums Leben. 2001 kam Potts wieder nach Südgeorgien, um Shackletons Spuren über die Insel von King Haakon Bay bis Stromness zu folgen. So wurde er zum einzigen Menschen, der Shackletons Odyssee wiederholte.

Außer seinen Leistungen in der Antarktis gelang Potts zusammen mit drei anderen Briten 1989 eine Kajaküberquerung der Beringstraße von Alaska nach Sibirien. 1999 folgte der erste Versuch, mit dem Kajak Bylot Island am Nordende von Baffin Island zu umrunden. Heute verbringt Potts, ehemals Direktor der British Marine Industry Federation, einen Teil seiner Zeit an der schottischen Küste von Kilchoan, wo dieses Foto entstand, und einen Teil in der Antarktis. Er hält Vorträge auf Kreuzfahrtschiffen und »infiziert« die Zuhörer mit seiner Leidenschaft für die Polarregionen. Zurzeit errichtet er ein Feldstudienzentrum auf seinem Campingplatz in Ardnamurchan, dem westlichsten Punkt des britischen Festlands. Er bietet geführte Wanderungen von seiner zum Wohnhaus umgebauten Werkstatt aus an und findet sogar noch Zeit, um sich um seine Bienen zu kümmern.

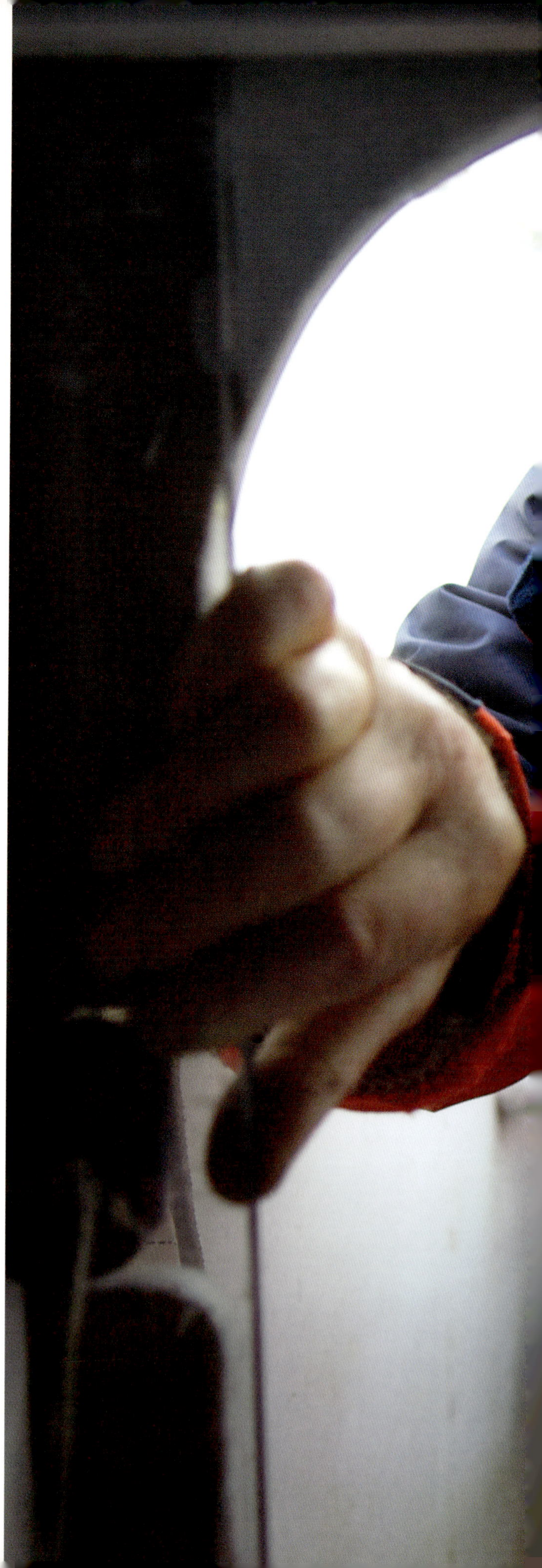

splashdown
Fremantl
200
CREWFIT

911

WEDDELL-MEER, 1956

KEITH DEDMAN 1925–1992

Der Brite Keith Harold Dedman trat 1942 in das Air Training Corps ein und schloss seine Ausbildung kurz vor dem Ende des Zweiten Weltkriegs beim Royal-Naval-Fleet-Air-Arm-Stützpunkt in Piarco auf Trinidad als Flugbeobachter ab. Nach dem Krieg studierte er am Jesus College in Cambridge und reiste als junger Offizier der Royal Navy mit der *HMS Eagle* nach New York, Australien und in die Gewässer vor Nordnorwegen. Kapitän des Schiffes war Peter Hill-Norton, später Oberbefehlshaber der Flotte und Chef des Verteidigungsstabes. 1955 absolvierte Dedman das Überlebenstraining der Spezialkräfte des Air-Intelligence-Service-Geschwaders in Bad Tölz. Bald danach wurde er auf der *HMS Protector* in Port Stanley auf den Falklandinseln eingesetzt.

Das Internationale Geophysische Jahr und der Ausbau der Stationen des Falkland Islands Dependencies Survey (FIDS) gab der hydrografischen Forschungsarbeit in der Antarktis neuen Auftrieb. Auf dem Foto steht Dedman vor einem seiner vielen Einsätze mit dem Westland-Whirlwind-Hubschrauber des Schiffes im Überlebensanzug auf dem Flugdeck. Die Reise von 1955 bis 1956 war insofern denkwürdig, als die *HMS Protector* Passagiere und Besatzung der vom Eis eingeschlossenen *MV Theron* rettete und in Sicherheit brachte, darunter auch Sir Edmund Hillary und Sir Vivian Fuchs.

Bei seiner Besatzung fühlte sich Dedman immer wohl, ob im Offizierskasino, auf dem Sportplatz, bei diplomatischen Cocktailpartys oder wenn alle um ein Klavier standen und Rugby-Songs sangen. Nach seinem Dienst in der Antarktis war er Kommandant der *HMS Nelson* in Portsmouth, bevor er die Marine verließ und in den wohlverdienten Ruhestand ging. Die *HMS Protector* diente als Wachschiff der Royal Navy und sorgte bis 1968, als sie von der *HMS Endurance* abgelöst wurde, 14 Jahre lang für die Aufrechterhaltung der britischen Präsenz in der Antarktis und im Südpolarmeer.

IQALUIT, 2007

WILL STEGER *1943

Der amerikanische Abenteurer Will Steger setzt sich für ein besseres Verständnis der Polarwelt und für ihre Erhaltung ein. Er wurde 1943 in Richfield, Minnesota, geboren, studierte Geologie und unterrichtete einige Jahre Naturwissenschaften an einem Gymnasium. 1970 zog er nach Ely, wo er eine Winterschule gründete und innovative Kurse zur Anpassung an das Leben in der Wildnis entwickelte. Steger gilt als Pionier der Erlebnispädagogik und wählte das ewige Eis der Polarregionen, um seine Botschaft weltweit zu verkünden. Das Foto entstand zu Beginn seiner letzten Expedition namens »Global Warming 101«. Steger wirft einen Tag vor seiner Reise über Baffin Island einen Blick auf das Wetter, das gerade umschlägt.

1986 führte er eine Hundeschlitten-Expedition ohne jegliche Versorgung von außen zum Nordpol durch und 1988 eine über 2500 Kilometer lange Nord-Süd-Überquerung Grönlands – die bis dahin längste Hundeschlitten-Expedition der Geschichte. Im Jahr darauf legte er bei seiner Antarktis-Durchquerung 5585 Kilometer zurück. Steger setzte seine Rekordkarriere 1995 mit dem International Arctic Project fort – der ersten Hundeschlitten-Überquerung des Nordpolarmeeres von Russland zum kanadischen Ellesmere Island. Für diese Leistungen wurde er mehrfach ausgezeichnet. 1995 erhielt er die John-Oliver-La-Gorce-Medaille der Royal Geographic Society für »Errungenschaften auf dem Gebiet geografischer und naturwissenschaftlicher Forschungen sowie für seine Leistung, das internationale Verständnis zu fördern«. 2007 wurde er vom Explorers Club mit dem begehrten Lowell-Thomas-Award für seine kontinuierliche Arbeit ausgezeichnet, mit der er auf die globale Erwärmung aufmerksam macht.

Steger gründete 1991 das Global Center of Environmental Education an der Hamline-Universität sowie 1993 die World School for Adventure Learning an der St.-Thomas-Universität. 2006 rief er die Will-Steger-Stiftung ins Leben, die internationale Führungskompetenzen durch Umwelterziehung fördert. Seine innovativen Expeditionsberichte im Internet sichern ihm ein großes Publikum. Für Steger sind Polarexpeditionen inzwischen ein Mittel, das zum Handeln bewegt und das Umweltbewusstsein stärkt.

For the Scott Polar Research Institute

NEW HAMPSHIRE, 1957

VILHJALMUR STEFANSSON 1879–1962

Vilhjalmur Stefansson, von seinen Kameraden »Stef« genannt, wurde in einer Blockhütte in Arnes, Manitoba, als Sohn isländischer Einwanderer geboren. Er brach sein Theologiestudium an der Harvard Divinity School ab und schloss sich 1906 der Angloamerikanischen Polarexpedition an. Im Laufe seiner beachtlichen Karriere führte er weitere Expeditionen in die Arktis Alaskas und Kanadas durch und veröffentlichte 24 Bücher über seine Reisen und anthropologischen Beobachtungen.

Trotz seines großen Erfolgs ist Stefansson umstritten. Seine Versuche, auf Baffin Island Rentiere zu züchten, schlugen fehl; und seine Bemühungen, 1923 auf der Wrangell-Insel eine Kolonie zu gründen, endeten mit dem Tod der Mannschaft. Stefansson erkannte den Reichtum der Arktis an Bodenschätzen und setzte sich aktiv für die wirtschaftliche Entwicklung der Region ein. Anthropologen und Ethnografen diskutieren noch immer über die Bedeutung seiner Arbeit. Trotz hinreichender Belege für Konflikte um die Führungspositionen auf seinen Expeditionen hat Stefansson einen bedeutenden Beitrag zur Polarforschung geleistet.

1941 heiratete er Evelyn Baird und zog mit ihr von New York nach Vermont, bevor sie sich in Hanover, New Hampshire, niederließen. Dort setzte er seine lange Karriere als Forscher und Direktor für Polarstudien am Dartmouth College fort, das heute seine 25 000-bändige Bibliothek beherbergt. Stefansson schenkte 1958 dem Scott Polar Research Institute dieses ungewöhnliche Porträt – eines seiner Lieblingsfotos. Er kritzelte mit blauer Tinte auf seinen Anorak: »Für das Scott Polar Research Institute von einem seiner Bewunderer … [Hier bin ich nicht in arktischer Tracht]«. Stefansson, der akribische Forschung und sorgfältige Planung liebte, ist für seinen Ausspruch »Adventure is a sign of incompetence« (»Abenteuer sind ein Zeichen für Inkompetenz«) bekannt.

LONDON, 2008

STEPHEN JONES *1966

Jones ist Betriebsleiter des internationalen Basislagers Patriot Hills in der Antarktis, das von der Firma Antarctic Logistics and Expeditions betrieben wird. Als Expeditionsleiter hat er bereits Gruppen zum geographischen Nord- wie auch Südpol geführt sowie Expeditionen nach Alaska, in die kanadische Arktis, nach Grönland und Spitzbergen geleitet. Zahlreichen Abenteurern wie Pen Hadow, Hannah McKeand und Rosie Stancer hat er bei der Organisation ihrer Soloexpeditionen geholfen; er fungiert als Berater für Extremsportler aus aller Welt. Aufgrund seiner persönlichen Erfahrungen mit der Versorgung von Verletzten, so bei einem Terroranschlag in London, und der Koordination einer dreitägigen Rettungsaktion für fünf Bergsteiger auf dem Vinson-Massiv in der Antarktis im Jahr 2006 arbeitet er als Berater für Sicherheits- und Krisenmanagement.

Das Porträt entstand im Garten von Martin Hartleys Haus in London. Jones trägt eine Schneebrille im Inuit-Stil. Die Inuit erfanden die erste Sonnenbrille der Welt, indem sie Schlitze in einen Knochen oder eine Geweihstange schnitzten, um die Augen vor dem gleißenden Licht der Sonne der nördlichen Breiten zu schützen.

Jones verfügt über umfangreiche Expeditionserfahrungen und hat mit Projektpartnern, die von CARE International und Save the Children bis zu Nationalparkverwaltungen und den Naturhistorischen Museen in London und Santiago reichen, mehr als 80 Naturschutz-, Gemeinde- und Erlebnisprojekte für Raleigh International geplant und durchgeführt. Als Kletterer liebt er das Expeditionsbergsteigen in entlegenen Gebieten: Er hat Berge in der Antarktis bestiegen, ist im Winter im russischen Kaukasus geklettert und stand dreimal auf dem Gipfel des Denali (Mount McKinley).

NEW YORK, 1910

MATTHEW HENSON 1866–1955

Matthew Henson war erst zwölf, als er von seinem Zuhause in Washington auf Arbeitssuche nach Baltimore, Maryland, ging. Er heuerte als Kabinenjunge auf einem Handelsschiff, dem Dreimaster *Katie Hines*, an. Unter den Fittichen von Kapitän Childs wurde er zum tüchtigen Vollmatrosen. Nach Childs Tod – und wegen der Vorurteile der weißen Seeleute – fuhr er nicht länger zur See. Henson fand Arbeit als Angestellter eines Bekleidungsgeschäfts in Washington.

Hier lernte er den jungen Robert Peary kennen, der damals Offizier im Corps of Civil Engineers der US-Navy war. Er kam in den Laden, um einen Tropenhelm zu kaufen, bevor er zu seinem nächsten Vermessungsauftrag in den Urwald Nicaraguas aufbrach. Peary bot Henson eine Stelle als Assistent während der Reise an, auf der dieser sein Können als Mechaniker, Steuermann und Schreiner beweisen konnte. Zwei Jahre später, 1891, beurlaubte die Navy Peary für weitere Forschungen in Grönland, und er bot Henson wieder an, ihn zu begleiten.

In Henson hatte Peary einen erfahrenen, talentierten Helfer gefunden, der bereit war, mit ihm ans Ende der Welt zu reisen, um den vom ewigen Eis besessenen Peary zu unterstützen. Peary wiederum wurde Hensons wohlwollender Förderer, der seine Talente schätzte, die ihm halfen, seine Abenteuerlust zu befriedigen. Dass Henson zum Hundeschlittenexperten wurde und die Sprachen der Inuit beherrschte, erwies sich für Peary als besonders wertvoll. Henson verbrachte die nächsten 18 Jahre in Pearys Expeditionsteams in der Arktis und war auch Mitglied der berühmten Nordpolexpedition von 1908 bis 1909.

Henson erlangte jedoch nicht das gleiche Ansehen wie Peary. Er arbeitete die nächsten 30 Jahre im New Yorker Zollamt, und der Kongress verweigerte ihm dreimal eine Rente. Erst 1937, im Alter von 70 Jahren, fand er ein wenig Anerkennung. Er wurde Ehrenmitglied des Explorer Clubs und erhielt die Goldmedaille der Geographic Society of Chicago. Henson starb 1955 und wurde auf dem Woodlawn Cemetery in der Bronx beerdigt.

Nachdem sich Lobbyisten über die fehlende Anerkennung der Leistungen Hensons beklagt hatten, wurden die Leichname von Henson und seiner Frau 1987 exhumiert und auf dem Nationalfriedhof Arlington beigesetzt. Im Jahr 2000 verlieh die National Geographic Society Henson posthum die längst überfällige höchste Ehre, die Hubbard-Medaille. Seinen Gedenkstein in Arlington ziert ein Zitat aus seiner Autobiografie: »Die Arktis zieht mich magisch an. Der Weg ruft mich. Der alte Pfad. Der Pfad, der immer neu ist.«

GJØA HAVEN, 2003

INUITFRAU *1948

Jedes Jahr am 1. April feiert Gjøa Haven den Hamlet Day. Die Netsilik-Gemeinde auf King William Island versammelt sich zu verschiedenerlei buntem Treiben wie zum Singen oder zu Wettbewerben im Schneeskulpturen- und Iglubau. Außerdem gibt es ein Festessen und einen Umzug. Diese Inuit-Frau in ihrem traditionellen Anorak hat gerade ihre Enkel auf der Schnitzeljagd begleitet. Nur einen Moment später rennt sie wortlos davon und springt auf den Sitz eines Schneemobils.

»Diese sympathische Inuit-Frau war die Siegerin des Ski-Doo-Rennens«, erzählt Hartley. »Alle älteren Gemeindemitglieder rasten mit ihren Schneemobilen in der Bucht herum und zogen ein Robbenfell hinter sich her, auf dem ein leerer Benzinkanister stand. Es ging darum, die Strecke so zu fahren, dass der Kanister nicht herunterfiel – das ist ganz und gar nicht einfach. Aber sie war eine Meisterin darin!« Früher wurde bei solchen Zusammenkünften getanzt, man erzählte Geschichten und veranstaltete Jagdwettbewerbe. Der Inuktitut-Name für Gjøa Haven lautet Uqsuqtuuq, was ‚viel Speck' bedeutet, da es in den Gewässern jede Menge fettreiche Meeressäuger gab.

WEDDELL-MEER, 1915

FRANK WILD 1873–1939

John Robert Francis Wild, überall als »Frank« bekannt, wurde in Yorkshire geboren und war elf Jahre lang bei der Handelsmarine, bevor er 1900 zur Royal Navy wechselte. 1901 wurde er aus 3000 Bewerbern für die Teilnahme an Scotts erster Antarktisexpedition auf der *Discovery* ausgewählt. Er gehörte einer Schlittenmannschaft an, die zum Hochplateau unterwegs war. Als ein Mitglied der Mannschaft bei einem Schneesturm über den Rand einer Eisklippe fiel und ums Leben kann, bewahrte Wild Ruhe und brachte die Gruppe in Sicherheit.

Wild wurde auf der *Endurance*-Expedition als Shackletons loyaler Stellvertreter von seinen Schiffskameraden hoch geschätzt. Laut einem Kameraden war er »immer ruhig und gefasst, ob nun alles glatt lief oder wir in der Klemme saßen; aber wenn er zu einem Mann sagte, er solle springen, dann sprang der ziemlich schnell«. Hurley nahm das Porträt am 7. Februar 1915 auf, als das Schiff vom Packeis eingeschlossen war.

Wild hatte das Kommando über die Männer auf Elephant Island, die auf Rettung warteten. Als fünffaches Expeditionsmitglied – viermal davon bei Shackleton – war Wild der Einzige, der mehr Zeit seines Lebens in der Antarktis verbracht hatte als der hünenhafte Tom Crean. Nach seinem anstrengenden Forscherleben ließ sich Wild widerstrebend als Farmer in Südafrika nieder und verbrachte seine letzten Lebensjahre in ziemlicher Armut in Klerksdorp, wo er in der Bobrasco-Mine als Lagerleiter angestellt war. Wild, dem häufig keine Beachtung geschenkt wird, war vielleicht einer der bedeutendsten Antarktisforscher.

BAFFIN ISLAND, 2007

PAUL DEEGAN *1970

»Die Polargebiete sind ein horizontaler Everest.« Dieser Gedanke schoss Paul Deegan durch den Kopf, als er ein Jahr, nachdem er den höchsten Gipfel der Erde erreicht hatte, auf Skiern den zugefrorenen Inarisee in Finnland überquerte. Außer auf vier Everestexpeditionen war Deegan auch schon in den Anden, in Alaska und Ostafrika als Bergsteiger unterwegs. Er leitete eine Expedition zu bis dahin unbezwungenen Gipfeln des Pamir in Zentralasien und wanderte in einer Schlucht, die tiefer ist als der Grand Canyon, an einem Fluss entlang zum ehemaligen Königreich Zanskar im Himalaja.

Deegans erste Arktisreise wurde einen Tag vor seinem Start von einem Blinddarmdurchbruch verhindert. Doch schon zwei Monate später führte ihn ein glücklicher Umstand mit Martin Hartley nach Nordnorwegen. Aber Deegans Gepäck ging verloren, und sie kamen erst nach Mitternacht zu einem Festessen, das ihre Sami-Gastgeber vorbereitet hatten. Sie wurden vom ersten Polarlicht des Jahres sowie dampfendem Rentierbraten und riesigen Schüsseln Waldbeeren mit Sahne begrüßt – die perfekte erste Begegnung mit der Arktis!

2001 reiste Deegan mit dem an der Glasknochenkrankheit leidenden Glenn Shaw auf die Antarktische Halbinsel, um dessen erfolgreiche Kajakfahrt vor der Küste des Kontinents zu dokumentieren. 2007 führte Deegan zusammen mit Martin Hartley und dem Expeditionsleiter Mark Davey eine unerfahrene Gruppe über Baffin Island. Das Unternehmen brachte über 160 000 Euro für das Kinderhilfswerk Mitchemp Trust ein. Deegan lebt abwechselnd in den USA und in Großbritannien, hält Vorträge über seine Expeditionen und Abenteuer und wurde für sein erstes Buch mit dem amerikanischen National Outdoor Book Award ausgezeichnet. Eigentlich wollte er nie ein »Abenteurer« sein, ist jedoch glücklich mit der Aufgabe, die er für sich gefunden hat: »Ich hatte keine Qualifikationen für irgendetwas anderes, aber der Trick im Leben ist, die Welt zu bereisen und jemand anderen zu finden, der dafür bezahlt. Es ist ein Traum, seinen Lebensunterhalt zu verdienen, indem man seine Leidenschaft für Orte vermittelt, die man besucht hat.«

SÜDGEORGIEN, 1914

SIR DANIEL GOOCH 1869–1926

Gooch war der Enkel des berühmten Eisenbahningenieurs Sir Daniel Gooch, eines genialen Technikers, der Lokomotiven konstruierte und für die Verlegung des ersten transatlantischen Telegrafenkabels verantwortlich war. Gooch der Jüngere besuchte Trinity Hall in Cambridge und trat 1897 als 3. Baronet die Nachfolge seines Vaters, Sir Henry Gooch, an. 1907 kaufte er das prächtige Herrenhaus Hylands bei Chelmsford und verbrachte viel Zeit mit dem Ausbau des Anwesens. Gooch wurde in letzter Minute als Ersatz-Hundeführer für Shackletons *Endurance*-Expedition berufen. Qualifiziert hatte er sich durch seinen Reichtum, seine Freundlichkeit sowie seine Jagdkenntnisse und Erfahrungen als Windhundzüchter.

Gooch segelte am 26. Oktober 1914 mit den Hunden von Liverpool nach Buenos Aires, wo er als Vollmatrose auf der *Endurance* anheuerte. Frank Wild erinnerte sich an den Adligen: »Es gab keinen besseren Matrosen auf See als Sir Daniel Gooch. Er befolgte Befehle sofort und hatte einen bissigen Humor.« Shackleton schrieb: »Wir alle bedauerten, auf sein fröhliches Wesen verzichten zu müssen, als wir uns nach Süden aufmachten.« Das Porträt entstand kurz bevor Gooch – oder »Curly«, wie er liebevoll genannt wurde – die Expedition am 3. Dezember 1914 in Südgeorgien verließ. Sein Landsitz war vorübergehend zu einem Kriegskrankenhaus umfunktioniert worden, und er kehrte nach England zurück, um den Betrieb zu beaufsichtigen. Er finanzierte die medizinischen Geräte aus eigener Tasche. Während des Krieges wurden in dem 190-Betten-Krankenhaus über 1500 Verwundete versorgt.

RESOLUTE BAY, 2008

BEN SAUNDERS *1977

Ben Saunders, der von der *Times* als »Nachfolger von Sir Ranulph Fiennes« bezeichnet wurde, ist einer von vier Menschen, die den Nordpol im Alleingang auf Skiern erreichten – und er war mit 26 Jahren mit einem Abstand von über zehn Jahren auch der Jüngste von ihnen. 2004 brach er mit drei Unbekannten auf, die sich die Logistikkosten mit ihm teilten. Nur Saunders erreichte den Nordpol. Einer der anderen musste wegen eines gebrochenen Knöchels geborgen werden, ein anderer erlitt schwere Erfrierungen, nachdem er durch eine dünne Eisdecke gebrochen war, und wurde ebenfalls gerettet. Die dritte Person, eine Französin, wurde nie gefunden.

2008 startete Saunders einen der kühnsten Expeditionsversuche der letzten Jahre, indem er von Ward Hunt Island aus einen Solo-Geschwindigkeitsrekord zum Nordpol aufstellen wollte. Diese Route wurde nur ein einziges Mal im Alleingang und ohne Unterstützung bezwungen: von dem Abenteurer Pen Hadow im Jahr 2003 in einem 58-tägigen Gewaltmarsch. Saunders wollte den Pol in 30 Tagen erreichen und nahm nur 30 Tagesrationen Proviant mit. Hier wurde er in Resolute Bay kurz vor Beginn seines Rekordversuchs fotografiert. Nachdem er in der ersten Expeditionswoche 51 Seemeilen zurückgelegt hatte, musste er das Vorhaben wegen einer defekten Skibindung vorzeitig abbrechen.

Saunders' ehrgeizige SOUTH-Expedition sollte 2008/2009 zum Südpol starten und den Hin- und Rückweg, knapp 2900 Kilometer, auf Skiern zurücklegen: die längste Polarexpedition aller Zeiten ohne Unterstützung. »Ich bin kein Forscher der alten Schule«, so Saunders. »Die Karten sind gezeichnet. Jeder weiß, wo die Pole sind. Ich erforsche nicht die geografischen, sondern eher die menschlichen Grenzen.«

ERNST & YOUNG

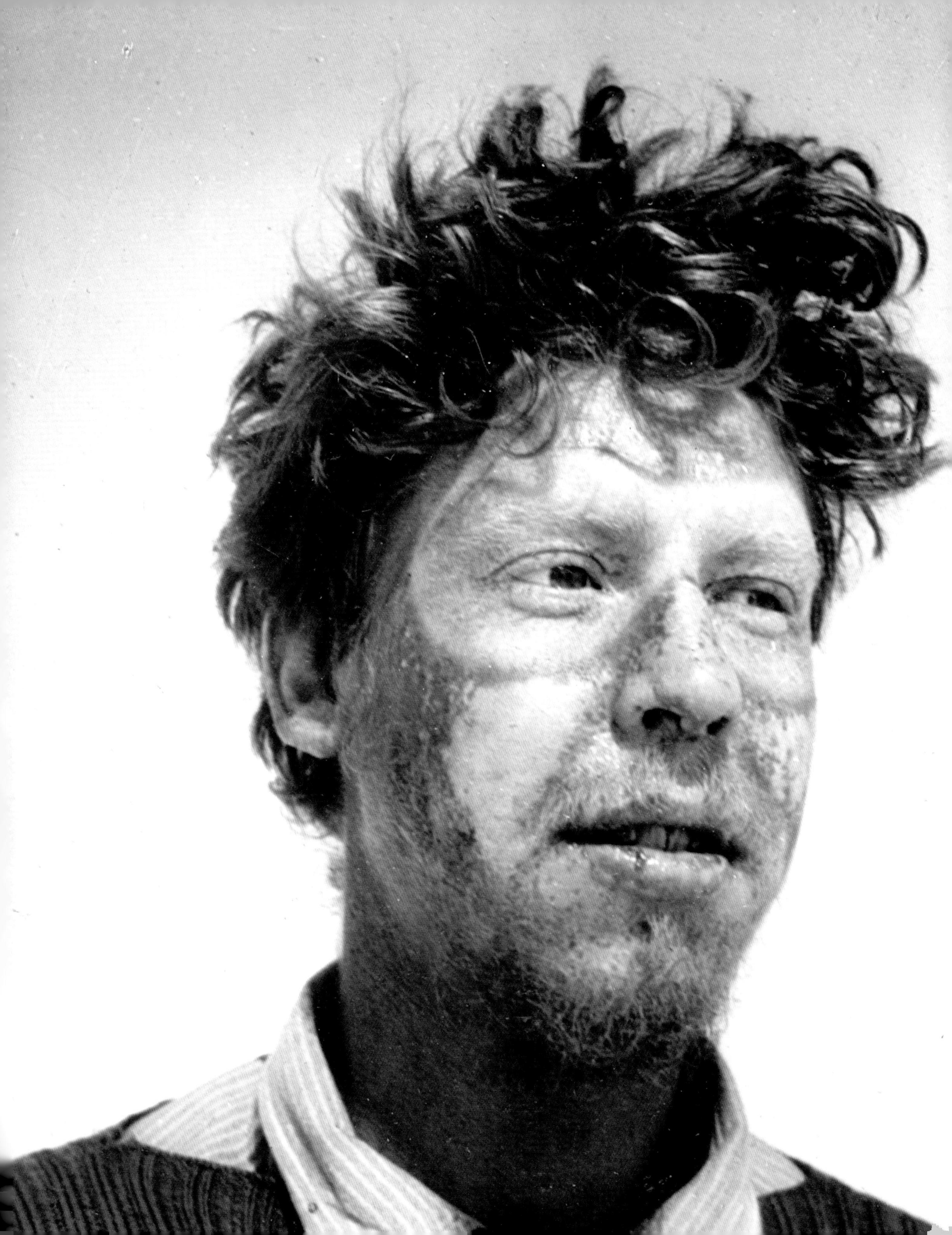

MAUDHEIM, 1951

STIG HALLGREN 1925–k. A.

Dies ist ein ungewöhnliches Porträt von Stig Hallgren, dem jungen schwedischen Filmemacher, der im zweiten Jahr zur norwegisch-britisch-schwedischen Antarktisexpedition von 1949 bis 1952 stieß. Die sehr erfolgreiche Expedition bereitete den Weg für eine echte internationale Zusammenarbeit in der Antarktis. Leider wurde sie von einer Tragödie überschattet, die Hallgren überlebte. Das Foto entstand nur wenige Augenblicke, nachdem er wieder in Sicherheit war.

Kurz nach seiner Ankunft in Maudheim ging er eines Abends nach draußen, um mit dem gerade reparierten Weasel, einem Kettenfahrzeug für Schwertransporte auf dem Eis, eine Testfahrt zu machen. Er wurde von dem schwedischen Mechaniker Kalle Ekström, dem Funker Leslie Quar und dem jungen australischen Physiker John Jelbart begleitet. Ekström lenkte das Fahrzeug Richtung Kai, um eine Lieferung Robbenfleisch abzuholen, die kurz zuvor von der *Norsel* abgeladen worden war. Plötzlich zog eine Nebelbank auf, die drei verloren die Orientierung und stürzten mit hoher Geschwindigkeit über den Rand einer Eisklippe ins Meer. Hallgrens Begleiter wurden nie mehr gesehen.

Hallgren schaffte es, zu einer 200 Meter entfernten Eisscholle zu schwimmen, merkte jedoch, dass sie seinem Gewicht nicht standhalten würde. Er sprang wieder ins eiskalte Wasser und kletterte auf eine größere Eisscholle, auf die er sich mithilfe seines Fahrtenmessers zog. Er ging 13 Stunden lang auf der Eisscholle hin und her, um sich warm zu halten; er wusste, er würde erfrieren, wenn er sich in dieser Nacht hinsetzte. Mit der Flut trieb er vom Ufer weg; später wurde er einige Kilometer weit entfernt gesichtet. Nach seiner Rettung bestand Hallgren darauf, den ganzen Rückweg zur Basis ohne Hilfe zu gehen. »Dass Stig diese furchtbare Strapaze sowohl körperlich als auch psychisch überstand«, schrieb sein Vorgesetzter einige Zeit nach dem Vorfall, »verdankt er der Tatsache, dass er ein außergewöhnlich guter Schwimmer und durchtrainierter Sportler ist – stahlhart, trotz seines netten, freundlichen Wesens.«

SIBIRIEN, 2004

DOMINICK ARDUIN 1961–2004

Am 5. März 2004 brach die Französin Dominick Arduin nur wenige Augenblicke nach der Aufnahme dieses Porträts in einer Soloexpedition mit Unterstützung von außen zum Nordpol auf. In dieser Saison starteten fünf Expeditionen vom Kap Arktitscheski. Ein großes offenes Gewässer am Ausgangspunkt stellte ein erstes Problem dar. In ihrem Bemühen um eine »saubere« Nordpolexpedition (die vom Land aus beginnen muss) entschloss sich Arduin, die 55 Kilometer durch das Gewässer auf Skiern und mit Paddeln zurückzulegen. Sie rechnete mindestens zwei Tage für die Überquerung zum Packeis. Als begeisterte Kanufahrerin, die in Lappland lebte, war sie diese harten Bedingungen gewohnt.

Im Jahr 2003 war Arduins Versuch, den Nordpol von Russland aus zu erreichen, gescheitert, da sie im Eis einbrach. Sie wurde zwar gerettet, verlor jedoch mehrere Zehen durch Erfrierungen. In den 15 Jahren zuvor hatte sie als Expeditionsleiterin in Finnisch-Lappland gearbeitet und die doppelte Staatsbürgerschaft erhalten. Sie erzählte, sie sei in den Alpen aufgewachsen, schon früh Waise geworden und habe sich erst kürzlich von einer Krebserkrankung erholt. In ihrem Leben musste sie schon viele Widrigkeiten überwinden, und sie war wild entschlossen, ihre Träume zu verwirklichen. Leider endete ihr Traum vom Nordpol tödlich.

Ihre letzten Worte an Martin Hartley nach der Aufnahme waren: »Ich will eine richtige Expedition, nicht so eine Sch…«, während sie in Richtung dreier anderer Teams gestikulierte, die sich über das gefährlich dünne Eis fliegen ließen und anschließend bereits 36 Seemeilen näher am Nordpol waren. Am nächsten Tag war Vollmond. Mehrere Nordpolteams berichteten über Probleme mit ihrem ARGOS-Sender. Arduins Sender übertrug nur schwache Signale. Der Vollmond und ein heranziehender Sturm wühlten das Nordpolarmeer auf. Dadurch brach das Eis, und die Schollen stießen in der Dunkelheit des tosenden Sturms zusammen. Irgendwo mittendrin war eine tapfere Frau, die sich weigerte, für ihre Ziele Kompromisse einzugehen. Sie wurde nie wieder gesehen.

WASHINGTON, 1911

ROBERT PEARY 1856–1920

Robert Edwin Peary wurde in Cresson, Pennsylvania, geboren und machte 1877 einen Abschluss am Bowdoin College in Maine. Mit 23 Jahren fand er eine Stelle als technischer Zeichner beim US Coast and Geodetic Survey in Washington und verdiente zehn Dollar pro Woche. Die Stelle war zwar eine Verbesserung gegenüber früheren Tätigkeiten – er hatte als örtlicher Vermesser und Tierpräparator gejobbt –, doch war der ehrgeizige junge Mann unzufrieden. »Ich will nicht leben und sterben, ohne etwas geleistet zu haben oder ohne über einen kleinen Freundeskreis hinaus bekannt zu sein«, schrieb er kurz darauf. Peary musste sich ständig beweisen. Mit 30 schrieb er: »Denk daran, Mutter, ich brauche Ruhm und kann mich nicht damit abfinden, jahrelang ganz gewöhnlich zu schuften, damit ich vielleicht im Alter berühmt bin – wenn ich doch jetzt eine Möglichkeit sehe, berühmt zu werden, solange ich noch jung und stark bin und alles richtig auskosten kann … Ich will jetzt berühmt werden.«

Sein Ziel war die Arktis und insbesondere der Nordpol. Im Gegensatz zu den meisten früheren Polarforschern befasste sich Peary mit den Überlebens- und Fortbewegungsstrategien der Inuit und wurde zum Schlittenexperten, obwohl er oft ungenau navigierte und kartografierte und manchmal einfach Messdaten erfand. Nach acht Expeditionen über Grönland und Ellesmere Island erreichte er 1909 den Nordpol. »Der Pol – endlich!!!«, schrieb er. »Der Preis von drei Jahrhunderten, seit 23 Jahren mein Traum und ersehntes Ziel. Endlich mein.« In den USA wurde ihm ein Heldenempfang und der rechtmäßige Dank für seine Expedition zuteil. Nach einer harten öffentlichen Diskussion mit seinem Rivalen Dr. Frederick Cook, der ebenfalls Anspruch auf den Nordpol erhob, wurde Pearys Leistung vom amerikanischen Kongress offiziell anerkannt. 1911 erhielt er den Dienstgrad des Konteradmirals und präsentierte sich für dieses Studioporträt stolz in Uniform. Peary erhielt 1920 ein Ehrenbegräbnis auf dem Nationalfriedhof Arlington. Seine Frau, Josephine Diebitsch Peary, wurde neben ihm bestattet.

1922 enthüllte die National Geographic Society zum 13. Jahrestag von Pearys Erstbegehung des Nordpols einen weißen Gedenkstein aus Granit mit einer Erdkugel und der lateinischen Inschrift »Inveniam viam aut faciam«, was »Ich werde einen Weg finden oder mir einen bahnen« bedeutet. Diese Worte waren Pearys Motto und sind bezeichnend für seine eiserne Entschlossenheit, alle Hindernisse zu überwinden, um ans Ziel zu kommen. Es bestehen jedoch Zweifel, ob er sein Ziel wirklich erreichte, denn spätere Analysen ergaben, dass Pearys Messungen ungenau oder falsch waren und er nur bis auf 96 Kilometer an den Pol herangekommen war. Unter Berücksichtigung der damaligen Ausrüstung und seiner anderen Expeditionen hat Peary trotzdem einen wesentlichen Beitrag zur Polarforschung geleistet. Seine beachtliche Pionierarbeit als Forscher geht weit über seine umstrittene Expedition von 1909 hinaus.

ARKTISCHER OZEAN, 2006

VIKTOR BOJARSKI *1961

Dr. Viktor Bojarski war Mitglied der internationalen Trans-Antarctica-Hundeschlittenexpedition von 1989 bis 1990, die rund 6500 Kilometer zurücklegte. 1995 war er einer der Leiter der International Arctic Project Expedition, und seit 1997 hat er 18 Touristengruppen geführt, die den letzten Breitengrad bis zum Nordpol auf Skiern zurücklegten. Er ist Mitbegründer und Geschäftsführer des russischen Unternehmens VICAAR sowie Direktor des russischen Staatsmuseums der Arktis und Antarktis in St. Petersburg. Bojarski ist im Bereich Expeditionsleitung und Logistik überaus erfolgreich und mittlerweile einer der erfahrensten Polarforscher der Welt. Er war über 50-mal am Nordpol.

An dem Tag, als das Porträt aufgenommen wurde, war Bojarski sehr beunruhigt. Er starrte aus dem Fenster des großen russischen Mi-6-Helikopters und überprüfte den Zustand des Meereises. Der Abenteurer Thomas Ulrich sollte in Kürze in der Nähe von Kap Arktitscheski abgesetzt werden, um in seiner Expedition »Arktis Solo« die Überquerung des Nordpolarmeers im Alleingang und ohne Unterstützung von außen zu beginnen. Zwei Tage später musste Ulrich jedoch den Versuch abbrechen und über Satellitentelefon um eine Bergungsaktion bitten.

GODHAVN, 1869

INUITJUNGE 1860–k. A.

Dieses Porträt erschien in dem Buch *The Arctic Regions*, das 1873 in London veröffentlicht wurde und Furore machte. Königin Victoria stand als Erste auf der Liste der Vorbesteller. Die 141 von Hand zwischen die Texte geklebten Fotografien des Buches waren eine Sensation. Es wurden nur 350 Exemplare des Buches hergestellt, aber seine Bedeutung liegt darin, dass es als erstes veröffentlichtes Werk Fotos von den Polargebieten enthielt, und darüber hinaus wurde es wegen der Bandbreite und Qualität der Bilder berühmt. Laut *The Art Journal* war *The Arctic Regions* »das lehrreichste Werk über das Eismeer, das je erschienen ist«.

Im Sommer 1869 charterte der Künstler William Bradford das Segelschiff *Panther*, das über einen zusätzlichen Dampfantrieb verfügte, und fuhr damit entlang der Küste Grönlands so weit über den Nordpolarkreis hinaus, wie es das Eis gestattete. Er erreichte Melville Bay, bevor ihn das undurchdringliche Packeis zum Umkehren zwang, und kehrte mit zahlreichen Ölstudien, Skizzen und über 300 Fotos zurück.

Das Porträt wurde von den Bostoner Studiofotografen Dunmore & Critcherson aufgenommen, als die *Panther* an der Westküste Grönlands unterwegs war. Bradford beschrieb die Szene in seinem Tagebuch: »Hellwacher Eskimo. Er starrte auf die Kamera, während er fotografiert wurde, und erwartete, dass sie explodieren oder ihm wehtun würde.« Andere Fotografien, die auf dieser Reise entstanden waren, bildeten die Vorlage für viele von Bradfords berühmten Ölbildern. Die Fotografien wurden außerdem in New York ausgestellt und mittels einer Laterne auf eine riesige Leinwand projiziert.

RESOLUTE BAY, 2008

INUITJUNGE *2000

Resolute ist ein kleiner Inuit-Ort auf Cornwallis Island in Nunavut, Kanada. Er liegt am nördlichen Rand von Resolute Bay und ist Teil der Region Qikiqtaaluk. Resolute befindet sich auf dem 74. Grad nördlicher Breite (74° 41' N) und ist somit die zweitnördlichste Siedlung Kanadas nach Grise Fiord auf Ellesmere Island. Außerdem ist es mit einer Durchschnittstemperatur von minus 16 Grad Celsius der kälteste bewohnte Ort der Erde.

Resolute wurde 1947 als Flugplatz und Wetterstation gegründet und nach dem britischen Expeditionsschiff *HMS Resolute* benannt. Um ihre Herrschaft in der Arktis zu behaupten, veranlasste die kanadische Regierung die Zwangsumsiedlung einiger Inuit nach Resolute. Die erste Gruppe kam 1953 aus Inukjuak, Quebec, und Pond Inlet, Nunavut. Da die Inuit-Bewohner den Großteil ihrer traditionellen Fähigkeiten und Aufgaben verloren haben, sind sie heute in hohem Maß von staatlicher Unterstützung abhängig. Derzeit leben etwa 250 Menschen in der Siedlung. Der Flugplatz von Resolute Bay bildet das Herzstück des Ortes und dient Abenteuerreisenden als Ausgangspunkt für ihre Unternehmungen. Martin Hartley war hier, um einen Polarforscher beim Training für eine neue Expedition zu fotografieren. Trotz der Temperatur von minus 35 Grad Celsius fuhr dieser Junge unbeeindruckt mit seinen Freunden auf einem Schneehaufen vor dem Lebensmittelgeschäft Schlitten.

Am 10. August 2007 verkündete Premierminister Stephen Harper die Pläne für den mehrere Millionen Dollar teuren Bau einer permanenten Militäreinrichtung in den umkämpften Gewässern der kanadischen Arktis. Sie besteht aus einem Tiefwasserhafen in Nanisivik und einem neuen militärischen Ausbildungszentrum in Resolute. Nach Aussage des Premierministers soll die Einrichtung »Ausbildung und Einsätze in der Arktis unterstützen ..., um bessere Leistungen und eine schnellere Reaktionszeit bei regionalen militärischen oder zivilen Notfalleinsätzen zu erzielen«. Nach der Fertigstellung soll der Stützpunkt eine Flotte aus Eisbrecher-Patrouillenschiffen und kanadischen U-Booten beherbergen. Die Landschaft der Arktis wird sich sowohl in Bezug auf die Umwelt als auch geopolitisch verändern wie nie zuvor.

SÜDATLANTIK, 1914

LIONEL GREENSTREET 1889–1979

Als junger Offizier der Handelsmarine, der vorübergehend arbeitslos war, heuerte Greenstreet kurzfristig auf der *Endurance* an – nur 24 Stunden, bevor das Schiff aus Plymouth ablegte –, da der ursprüngliche Erste Offizier gekündigt hatte, um Kriegsdienst zu leisten. Greenstreet war fleißig und scharfsinnig und gab immer gerne einen derben Witz zum Besten. Er war bei der Mannschaft sehr beliebt und freundete sich eng mit Frank Hurley an, der dieses Porträt 1914 an Bord der *Endurance* aufnahm. In einem Brief an seinen Vater drückte Greenstreet seine Bewunderung für seinen neuen Kameraden aus: »Hurley ist ein Krieger mit seiner Kamera und würde überall hingehen und alles machen, um ein Bild zu bekommen.«

Nachdem er im Ersten und Zweiten Weltkrieg auf Bergungsschleppern gedient hatte, setzte sich Greenstreet in Devon zur Ruhe, nahm aber immer noch sehr gerne an den ausgelassenen Dinnerpartys in seinem Londoner Club und an den Treffen ehemaliger Marineangehöriger teil. »Er hatte immer ein Funkeln in den Augen und war stets zu Spaß und Scherzen aufgelegt«, erzählte sein Neffe. »Man hatte immer den Eindruck, er würde etwas im Schilde führen. Er kostete das Leben richtig aus.« 1964 wurde Greenstreet versehentlich für tot erklärt, und es machte ihm großen Spaß, den Zeitungen mitzuteilen, dass sein Nachruf zu früh erschienen war. Humorvoll bis zum Schluss, starb er im März 1979 mit 89 Jahren als letzter Überlebender der *Endurance*.

ELLESMERE ISLAND, 2007

MICHAEL GORMAN *1945

Dr. Michael Gorman entwickelte die neuartige Technik für Messungen im Nordpolarmeer, die Pen Hadow 2009 vornahm. Er erfand auch SPRITE, ein robustes, tragbares Impulsradargerät zur Messung der Eisdicke. Das Foto entstand nach einem langen Tag, an dem er die Ausrüstung auf dem Eis getestet hatte, in der Eureka-Wetterstation auf Ellesmere Island. SPRITE war während Hadows Überquerung hinten an dessen Bootsschlitten befestigt. Auf der Messstrecke wurden damit alle 20 Zentimeter Rohdaten gesammelt. Zusätzliche Messdaten erhielt man auf traditionellem Weg, indem man das Eis per Hand durchbohrte.

Die Daten wurden direkt auf dem Schlitten von einem Computer verarbeitet und dann über das Iridium-Satellitensystem an Wissenschaftler in Großbritannien weitergeleitet. Nach einer genaueren Auswertung der Daten sind die Wissenschaftler vielleicht in der Lage, belastbare Prognosen über Eigenschaften und Ausmaß der Erwärmung an den Polen abzugeben. Derzeitigen Schätzungen zufolge wird die Arktis innerhalb der nächsten 20 Jahre im Sommer eisfrei sein.

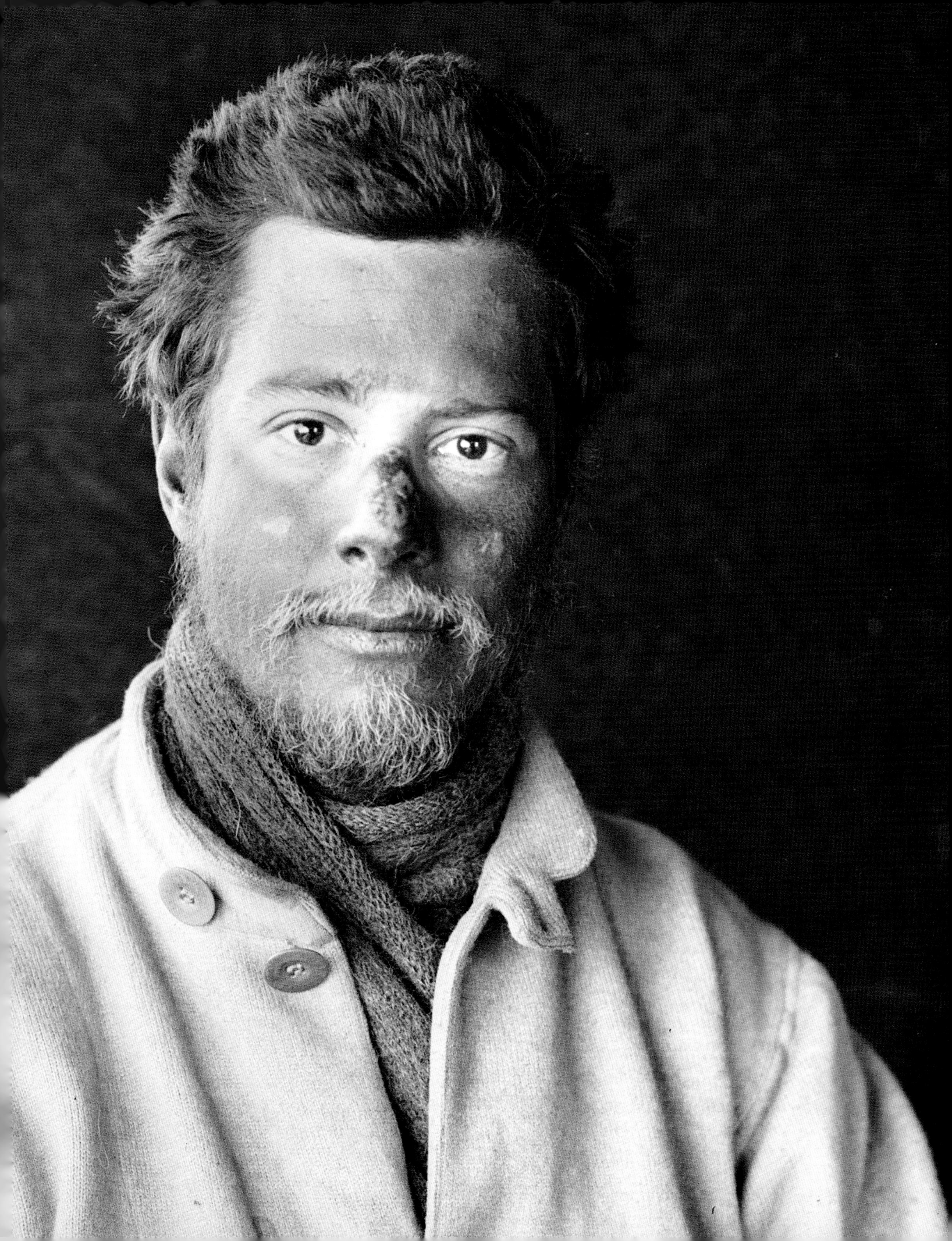

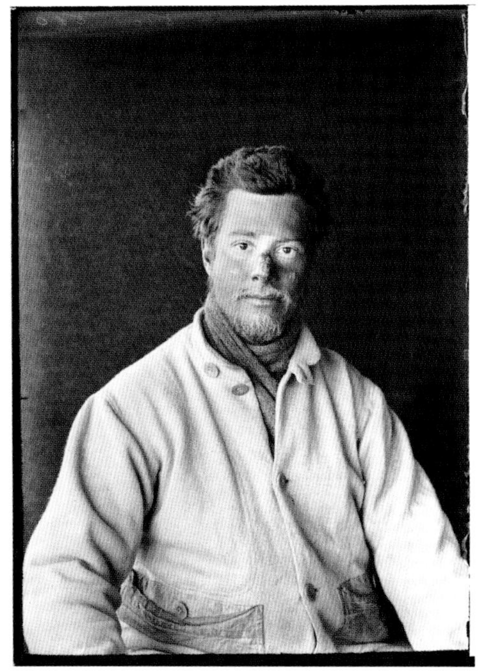

CAPE EVANS, 1912

APSLEY CHERRY-GARRARD 1886–1959

Als Sohn eines angesehenen Generalmajors erbte der junge Apsley George Benet Cherry-Garrard – von allen »Cherry« genannt – 1907 ein Vermögen und unternahm eine Weltreise auf Frachtschiffen. In Brisbane hörte er, dass Captain Scott eine zweite Antarktisexpedition plante, und bot seine Dienste an. Auf Empfehlung von Edward Wilson wurde Cherry als »Hilfszoologe« eingestellt. Trotz seiner Jugend und Unerfahrenheit gewann er die Zuneigung seiner Kameraden und absolvierte bis zum Ende der Expedition mehr Schlittenfahrten als jedes andere überlebende Mitglied.

Scott war von Cherrys Effizienz und Enthusiasmus als Schlittenfahrer und Zeltgenosse beeindruckt. 1911 wählte Wilson Cherry als Begleiter für die Winterreise aus, bei der für Forschungszwecke Eier aus der Kaiserpinguinkolonie am Kap Crozier gesammelt wurden. Die 120 Kilometer lange gefährliche Hin- und Rückreise durch Dunkelheit, heftige Stürme und über tödliche Eisspalten – bei Temperaturen von minus 60 Grad – war eine wahre Heldentat. Bei ihrer Rückkehr fünf Wochen später schilderte Scott die Reise als »die härteste, die je unternommen wurde«. Cherry schrieb später einen Reisebericht mit dem Titel *Die schlimmste Reise der Welt*, ein literarisches Meisterstück, in dem die Polarforschung als »die sauberste und einsamste je ersonnene Methode, eine schlechte Zeit durchzumachen« beschrieben wird.

Cherry legte für Scotts Team Steine entlang der Südroute. Als die Unterstützungsmannschaft vom South Barrier Depot zurückkam, konnte Ponting ihre Erschöpfung und Erleichterung, wieder in Sicherheit zu sein, mit der Kamera festhalten. Scott sagte zu Cherry, er habe eine Münze geworfen, ob er oder Oates weitergehen sollte. Acht Monate später gehörte er zur Suchmannschaft, die Scott und seine Männer fand. Auf seinen Vorschlag hin wurde die letzte Zeile aus Tennysons *Ulysses* (»zu streben, suchen, sehn – und nie zu ruhn«) auf das Kreuz über dem Schneehügel geschrieben, der die sterblichen Überreste der Polarmannschaft bedeckte.

Nach den Strapazen in der Antarktis hatte Cherry im Ersten Weltkrieg das Kommando über eine Panzerkompanie, er schrieb zahlreiche gute Bücher und heiratete 1939 die über 30 Jahre jüngere Angela Turner. Im Alter krank, oft bettlägerig und von Depressionen geplagt, pflegte er doch seine Freundschaft zu Schriftstellern wie H.G. Wells und George Bernard Shaw sowie zu Männern wie George Mallory und Lawrence von Arabien. Die Scott-Tragödie verfolgte ihn jedoch für den Rest seines Lebens.

ELLESMERE ISLAND, 2006

JEAN-GABRIEL LEYNAUD *1971

Jean-Gabriel Leynaud ist Naturfilmer und lebt in Paris. Als leidenschaftlicher Bergsteiger ist er in der Lage, einige der führenden Abenteurer und Wissenschaftler an den unwirtlichsten Orten der Erde zu filmen. Er hat Dokumentationen für Canal+, France2, ARTE und National Geographic gedreht, aktive Vulkane bestiegen, ist durch tiefe Regenwälder gewandert und mit seiner Kamera vom Everest bis zum Südpol gereist. Leynaud wurde hier kurz vor seinem Heimflug am Eureka-Flugplatz auf Ellesmere Island fotografiert. Er hatte gerade 99 Tage im Eis verbracht und vergeblich versucht, das Nordpolarmeer zu überqueren.

Zusammen mit seiner Lebensgefährtin Bettina Aller plante Leynaud eine komplette Arktisdurchquerung von Russland über den Nordpol bis nach Kanada. Als sie den Pol am 3. Mai 2006 nach mehreren Abwürfen von Vorratspaketen erreichten, verschlechterten sich die Eisverhältnisse, sodass sie nicht zur kanadischen Küste gelangen konnten. Laut der letzten Positionsmeldung befanden sie sich auf dem 86. Breitengrad, als sie die Expedition abbrachen. Unter den schlechten Bedingungen legten sie meist nur anderthalb Kilometer am Tag zurück. Am 8. Juni baten die beiden darum, gerettet zu werden; ein paar Tage später holte sie eine Twin Otter ab. Durch die Fenster des Rettungsflugzeugs konnten sie kilometerweit offenes Wasser sehen – für diesen nördlichen Breitengrad absolut ungewöhnlich und der Beweis für das großflächige Abschmelzen des Meereises in den letzten Jahren. Als Leynauds Porträt aufgenommen wurde, war er glücklich und traurig zugleich: »Wir sind froh, noch am Leben zu sein, aber das Nordpolarmeer stirbt.«

LONDON, 1845

GRAHAM GORE k. A.–1847

Graham Gore war Oberleutnant auf der letzten Arktisreise der *Erebus*. Er kam 1820 als Junge zur Marine, kämpfte als junger Seekadett in der Schlacht von Navarino und segelte auf der *Beagle* in australischen Gewässern. Auf der Arktisreise der *Terror* diente er 1836 als Maat und war im Opiumkrieg beim Sturm auf die Forts dabei. Nach den Bestimmungen von 1843 trägt er die Ausgehuniform eines Leutnants der Royal Navy sowie eine blaue Mütze mit Goldlitze. Auf dem blank polierten Schirm kann man bei genauerem Hinsehen eine Spiegelung der Schiffstakelage an diesem sonnigen Nachmittag des Jahres 1845 erkennen.

Wie bei Sir John Franklin war dies Gores erste Aufnahme und sollte auch das letzte öffentlich zugängliche Bild sein. »Je öfter ich Gore sehe«, schrieb Franklin später, »desto überzeugter bin ich, dass ich in ihm einen treuen und kostbaren Freund gefunden habe.« Kommandeur James Fitzjames beschrieb Gore als Mann von »großer Charakterstärke, ein sehr guter Offizier und mit einem wundervollen Gemüt ausgestattet ... Er spielt furchtbar gut Flöte, zeichnet manchmal sehr gut und manchmal sehr schlecht, ist aber insgesamt ein Prachtkerl.«

LONDON, 2008

KEN MANTEL *1950

Mantel ist Gründer der Narwhal Inuit Art Gallery, die 2007 ihren 25. Jahrestag feierte und derzeit der einzige Ort in Großbritannien mit einer Dauerausstellung zeitgenössischer Inuit-Kunst ist. Auf dem Foto ist Mantel von einigen Skulpturen und Drucken seiner Sammlung umgeben. Das Ziel von NIAEF, der Bildungseinrichtung der Galerie, ist es, durch Kunst auf die Inuit, ihre Kultur und Religion aufmerksam zu machen.

Mantel, der anfänglich vom British Antarctic Survey übergangen wurde, weil er »zu gesellig« war, wandte sich von der Geologie ab und der Kultur zu. 2001 errichtete er einen Skulpturenpark im serbischen Bajina Basta auf einer landwirtschaftlich genutzten Hochebene bei Belgrad in der Nähe der bosnischen Grenze. Seine Eigenwilligkeit und seine echte, unbändige Leidenschaft für Inuit-Kunst sind tief verwurzelt, und er dient anderen nach wie vor als Vorbild für die Förderung der Inuit-Kunst. 2008 erhielt das Scott Polar Research Institute vom Heritage Lottery Fund einen Zuschuss für *Arctic Visions*, ein innovatives Projekt, um eine Inuit-Kunstsammlung aufzubauen, auszustellen und die Inuit-Kunst in Großbritannien zu fördern.

ANGMAGSSALIK, 1931

JAMESI TASIUSAK 1901–k. A.

Hier ist ein weiteres unveröffentlichtes Porträt von der britischen *Arctic Air Route Expedition* 1930–1931. Die erfolgreiche Expedition konnte mit beeindruckenden Ergebnissen aufwarten– sieben große Reisen, darunter eine Fahrt entlang der Küste, und die Überquerung der grönländischen Eiskappe –, und ihre fotografische Ausbeute war ebenso bemerkenswert. Das lange vernachlässigte Film- und Fotomaterial, das sich heute größtenteils in der Sammlung des Scott Polar Research Institute befindet, bietet einen einzigartigen Einblick in das damalige Expeditionsleben.

Nach dem Schaden an einem Vermessungsflugzeug (die *Gipsy Moth* wurde vom Eis zerdrückt, wo sie während eines Schneesturms verankert war) wurde der australische Vermesser John Rymill eingestellt, um das Flugzeug wiederherzustellen. Mit Unterstützung des Kopiloten und Ingenieurs W.E. Hampton arbeitete Rymill im Winter zwei Monate lang an die zehn Stunden täglich und schaffte es, aus dem Wrack der alten Maschine, etwas Treibholz und Segeltuch ein neues Flugzeug zu bauen. Kaum hatten sie die eine Maschine wieder instand gesetzt, schon brach das Fahrgestell des zweiten Flugzeugs bei einer Landung auf dem Eis, und sie machten sich erneut ans Werk.

Nach diesen Anstrengungen während des Winters wurde das unermüdliche Duo mit der Aufgabe, die Eiskappe zu überqueren, belohnt: eine über 700 Kilometer lange Reise von ihrer Basis im Osten bei Angmagssalik bis hinüber zur Westküste. Sie bauten sich einen Spezialschlitten und befestigten einen Flugzeugkompass auf dem Sitz. Um Holsteinsborg zu erreichen, mussten sie weitere 140 Kilometer auf See zurücklegen. Sie entschieden sich für Inuit-Kajaks, hatten aber keinerlei Erfahrung damit. Also gingen sie zu einer Siedlung in der Nähe, um diese Kunst zu erlernen. Das Porträt entstand, als »Jamesi«, der Rymill die nötigen Fähigkeiten beibringen sollte, in der Sommersonne ein Mittagsschläfchen hielt.

CAMBRIDGE, 2008

JULIAN DOWDESWELL * 1957

Julian Dowdeswell ist Professor für Physikalische Geografie und Fellow des Jesus College der Universität Cambridge. Er verwendet geophysikalische Geräte in Flugzeugen, auf Schiffen und Satelliten, um Gletscher und ihre Reaktion auf den Klimawandel zu erforschen. Als Direktor des Scott Polar Research Institute ist er für dessen strategische Entwicklung und interdisziplinäre Forschungsprogramme sowie die Ausbildung einer neuen Polarforschergeneration verantwortlich. Die kommenden Jahre werden für das SPRI ziemlich aufregend, da sich die Hundertjahrfeiern der Expeditionen des Goldenen Zeitalters der Antarktisforschung nähern und das Institut auch weiterhin eine führende Rolle in der Polarforschung einnimmt. Das neue Polarmuseum des Instituts soll 2010 eröffnet werden.

Dowdeswell ist hier in der Bibliothek des Instituts zu sehen, kurz bevor er die Nachricht erhielt, dass ihm die Founder's Medal (Gründermedaille) zuerkannt wurde. Diese – eine der zwei renommiertesten Goldmedaillen der Royal Geographical Society – wurde ihm am 2. Juni 2008 am Hauptsitz der Society in London für seine Arbeit, die aus der Förderung, Entwicklung und Unterstützung der Gletscherforschung besteht, verliehen.

Die Goldmedaille bestand ursprünglich aus 50 Guineen, die König William IV. jedes Jahr verschenkte. Sie wurde erstmals 1831 für die Förderung und Unterstützung geografischer Forschungen und Entdeckungen verliehen. Heute werden beide Medaillen (Founder's und Patron's Medal) im Namen von Königin Elizabeth II. vergeben. Dowdeswell gehört nun zu den vielen bedeutenden Polarforschern, die diese Medaille bereits erhalten haben, unter ihnen John Biscoe, Sir John Ross, Sir George Back, Sir James Clark Ross, John Rae, Elisha Kent Kane, Sir George Nares, Sir Douglas Mawson, Lady Jane Franklin, Adolf Erik Nordenskiöld, Karl Weyprecht, Sir Clements Markham, Vilhjalmur Stefansson, Sir James Wordie, Sir Vivian Fuchs, Charles Swithinbank, Sir Wally Herbert und Sir Ranulph Fiennes.

OSLO, 1974

BRIAN ROBERTS 1912–1978

Dr. Brian Birley Roberts, von vielen seiner Bekannten »B.B.« genannt, war ein viel bewunderter Gelehrter und Diplomat. Das Porträt wurde im Mai 1974 aufgenommen, als Roberts kurz vor seiner Pensionierung an einer Konferenz in Oslo teilnahm. Mit seinem enzyklopädischen Wissen über die politischen Angelegenheiten der Polargebiete – vor allem über den Antarktisvertrag, an dem er mitgewirkt hatte – war Roberts lange Zeit Leiter der Abteilung für Polargebiete des britischen Außenministeriums. Roberts war an der Entstehung einer der erfolgreichsten internationalen Vereinbarungen der Welt beteiligt. Als Gelehrter und Staatsmann wurde ihm 1976 die Founder's Medal der Royal Geographical Society für seine »Polarforschung und Beiträge zur Antarktisforschung und zu den politischen Verhandlungen« verliehen.

Roberts wurde als Arztsohn in Surrey geboren. Er erinnerte sich gern daran, wie er sich als Zehnjähriger bei der Lektüre des Arktiskrimis *Boys Own Paper* entschloss, Polarforscher zu werden. Seine Lehrer förderten seine Begeisterung für Vogelbeobachtung und Fotografie. Diese Interessen behielt er auch als Student in Cambridge bei, wo er außerdem Expeditionen nach Island und Ostgrönland organisierte. 1934–1937 nahm er als Ornithologe an der British Graham Land Expedition unter der Leitung von John Rymill teil. So hatte er noch vor seinem 25. Geburtstag zwei Expeditionen zu den Küsten der Arktis geleitet und an einer großen Antarktisexpedition, dem ersten britischen Vorstoß nach Süden seit Shackletons *Endurance*, teilgenommen.

In höherem Alter war Roberts' Einfluss als wissenschaftlicher Mitarbeiter des Scott Polar Research Institute besonders stark. Er übernahm die Leitung der Bibliothek und des Informationszentrums des Instituts. Seine Arbeitskraft war schier unerschöpflich und sein Wissen einmalig, doch war er ebenso für seine Sensibilität, gute Laune und die Freundlichkeit bekannt.

PATRIOT HILLS, 2003

CHA-JOON KOO *1960

Cha-Joon Koo reiste 2003 nach Patriot Hills, um nachzusehen, was der berühmte Abenteurer Park Young Seok dort so machte. Koo ist Geschäftsführer der LG Insurance in Südkorea, die Park Young Seoks Versuch, von Hercules Inlet zum Südpol zu wandern, sponserte. Während Cha-Joon Koos erster Nacht in Patriot Hills blies der Sturm wie immer von den Bergen, und sein Zelt stürzte ein, als er darin lag. Vor lauter Angst zu sterben verließ er es, um Schutz zu suchen, und verbrachte die ganze Nacht flach auf dem Boden liegend, bis am nächsten Morgen einer der Führer, der im Camp wohnte, sein Zelt richtig aufstellte.

Park Young Seok ist in Südkorea ein Nationalheld. Er ist der einzige Mensch, der alle 14 Achttausender (sechs davon in einem Jahr) sowie die höchsten Gipfel jedes Kontinents bestiegen hat und sowohl am Nordpol als auch am Südpol war. In der Welt der modernen Abenteurer wird dies als »Adventure Grand Slam« bezeichnet.

THE NORTH

OLRICK BAY, 1901

FREDERICK COOK 1865–1940

Der Wunsch, als erster Mensch am Nordpol zu sein, war eine Leidenschaft, die Dr. Frederick Cook ruinierte. 1900 war er relativ bekannt, da er Robert Peary in die Arktis begleitet und eine Seereise nach Grönland unternommen hatte. Er hatte 1897 an der *Belgica*-Antarktisexpedition teilgenommen – der ersten, die dort überwinterte – und durch seine Umsicht die gesamte Mannschaft davor bewahrt, an Skorbut zu sterben. Selbst der Held Roald Amundsen beschrieb ihn als »Mann von unermesslichem Mut, unermüdlicher Hoffnung, endloser Fröhlichkeit und unermesslicher Freundlichkeit ... Seine Genialität und Erfindungsgabe waren grenzenlos.«

Dieses faszinierende Porträt vor einem Moschusochsenfell wurde auf dem Schiff *Erik* von Clarence Wyckoff und Louis Bement – Touristen, die für die Reise bezahlten – mit einer Kodak-Kamera aufgenommen. Das Schiff wurde im Sommer 1901 nach Grönland entsandt, um Peary und seine Familie zu retten. Cook war Arzt und stellvertretender Leiter der Rettungsaktion.

Anschließend ging jedoch alles schief. 1906 leitete Cook eine Expedition zum Mount McKinley (Denali), dem höchsten Berg Nordamerikas, und behauptete, als Erster den Gipfel erreicht zu haben. Zwei Jahre später kehrte Cook nach einem Winter in der Arktis zurück und verkündete, er sei am Nordpol gewesen. Zum Beweis legte er Fotos vor. In beiden Fällen wurden seine Behauptungen widerlegt. Er war an keinem der beiden Orte gewesen. Sein Betrug ist sehr bedauerlich, da er ein ausgesprochen talentierter Forscher war. Er blieb bis zum Schluss bei seinen Behauptungen: »Man hat mich gedemütigt und schwer gekränkt. Aber das zählt jetzt nicht mehr. Ich werde alt, und was für mich zählt, ist, dass man mir glaubt, dass ich die Wahrheit gesagt habe. Ich betone ausdrücklich, dass ich, Frederick A. Cook, den Nordpol entdeckt habe.« Obwohl seine Fotos gefälscht waren, glauben noch immer viele daran.

OSLO, 2008

BØRGE OUSLAND *1962

Der renommierte Forscher, Schriftsteller und Filmemacher Børge Ousland ließ sich in seinem Haus in Oslo fotografieren. In Norwegen ist er eine Art Nationalheld – bewundert nicht nur wegen seiner Forschungserfolge, sondern auch wegen der Werte, für die er sich einsetzt: Bescheidenheit, gewissenhafte Planung, Selbstvertrauen und eine echte Wertschätzung der Natur. Er ist kein typisch moderner »Forscher«, der auf Ruhm aus ist. Die wichtigste Erfolgsregel in der Forschung: »Vorbereitung und ein bisschen Glück«, sagt Ousland mit der für ihn typischen Zurückhaltung.

Trotz seiner Bescheidenheit wird Ousland von einem unstillbaren Drang zum Wettkampf getrieben, und so wurde er in seiner langen Karriere im Eis zum führenden Polarexperten der Welt. Nach seiner Tätigkeit als Nordseetaucher und seiner Ausbildung bei einer norwegischen Marinespezialeinheit war Ouslands erstes großes Abenteuer im Eis die Durchquerung Grönlands im Jahr 1986. Die erste nicht unterstützte Nordpolexpedition unternahm er 1990 und eine weitere 1994, die nur 52 Tage dauerte. 1997 gelang ihm die erste Solodurchquerung der Antarktis ohne Unterstützung. Dabei legte er in 64 Tagen und bei Temperaturen bis minus 56 Grad eine Strecke von 2845 Kilometern zurück.

2001 überquerte Ousland die Arktis von Sibirien über den Nordpol nach Kanada im Alleingang und versprach seiner Frau und seinem Sohn im Anschluss daran, dass er keine Soloexpeditionen mehr unternehmen würde, da dies die absolut gefährlichste Art des Reisens durch die Natur ist. 2006 erreichte er den Nordpol mit dem Abenteurer Mike Horn noch einmal. Dieses Mal waren sie die Ersten, die die Strecke in der 24 Stunden währenden Dunkelheit und klirrenden Kälte der Polarnacht in Angriff nahmen.

Paramount
News
BYRD
ANTARCTIC
EXPEDITION.

NEW YORK, 1935

CARL PETERSEN 1897–1941

Carl Oscar Petersen nahm an zwei Südpolexpeditionen teil und wurde für seine Dienste mit zwei Congressional Medals of Honor – Ehrenzeichen des US-Präsidenten – ausgezeichnet. Petersen, »ein großer, blonder Norweger mit Eulengesicht«, wanderte nach Chicago aus und wurde Unteroffizier beim Fliegerkorps der US-Army. Er hatte für einen norwegischen Walfänger und für Amundsen in Spitzbergen als Funker gearbeitet. Nach seinem Tod in Portland, Maine, erhielt Petersen ein Ehrenbegräbnis auf dem Nationalfriedhof Arlington. Bei Byrds erstem Vorstoß in die Antarktis war Petersen als Funker, Traktorfahrer und gelegentlich Zeitungsreporter tätig. Admiral Byrd schrieb 1931, Petersen sei »ein prachtvoller, abenteuerlustiger Norweger, einer der fähigsten und wertvollsten Mitglieder unserer Expedition zum Südpol«.

Petersen war auf Richard Byrds zweiter Antarktisexpedition von 1933 bis 1935 Cheffunker und Kameraassistent. Das Porträt entstand kurz nach seiner Rückkehr in New York als Werbefoto für den Film über die Expedition mit dem Titel *Little America*. »Wenn es um die Byrd-Expeditionen geht, vergisst man oft die menschlichen Aspekte und hat nur eine Gruppe fleißiger, gefühlloser, gewissenhafter Wissenschaftler vor Augen«, merkte die *New York Times* 1935 über die Veröffentlichung des Films an. Und:

»Probleme wie das Bad am Samstagabend, die Pflege eines dichten Bartes, einen Unterstand für das Vieh zu finden, die Hunde zu füttern und Donuts in Robbenfett zum Frühstück zu backen, wurden in den Schlagzeilen nicht erwähnt und somit übersehen. *Little America* hilft, das Bild zu vervollständigen. Mit ihrem Scharfblick für die Eigenschaft, die als menschliches Interesse bezeichnet wird, haben die Paramount-Kameraleute John L. Herrmann und Carl O. Petersen, die die Expedition begleiteten, ein beachtliches Filmdokument geschaffen, das die Polarforscher weder glorifiziert noch als Gruppe von Robotern darstellt, die in einem antarktischen Labor arbeiten.«

BRISTOL, 2008

DOUG ALLAN *1951

Kurz vor seinem wohlverdienten Urlaub in der Karibik ließ sich Doug Allan, einer der führenden Naturfilmer der Welt, in seinem Haus in Bristol mit Blick auf den Zoo fotografieren. Allen machte 1973 an der Universität Stirling einen Abschluss in Meeresbiologie. Da er herausfand, dass er nicht für die exakte Wissenschaft geboren war, flüchtete er sich in die Unterwasserwelt. Er assistierte bei Expeditionen der Universität Cambridge im Roten Meer und fand Süßwasserperlen in den Flüssen Schottlands, bevor er 1976 Forschungstaucher beim British Antarctic Survey wurde. In den folgenden zehn Jahren verbrachte er vier Winter und neun Sommer in der Antarktis und wurde für seine Arbeit mit der Polarmedaille ausgezeichnet. Von der Universität Stirling erhielt er vor Kurzem die Ehrendoktorwürde als Anerkennung für »seine Verdienste im Bereich Polarfotografie«.

Allan kehrte von seinen unzähligen Arktis- und Antarktisreisen mit hochwertigen, preisgekrönten Filmen und Dokumentationen für Fernsehsender aus aller Welt zurück. Seine Arbeit beschränkt sich zwar nicht auf das ewige Eis – man denke an seine berühmten Aufträge für *Discovery* in den Anden und im Himalaja –, doch ist die Anziehungskraft der Polargebiete für jemanden mit Allans Talenten natürlich besonders stark. Für seine Beiträge zu *Unser blauer Planet* und *Planet Erde* für die BBC war er über 30-mal zu Dreharbeiten unterwegs und wurde für seine einzigartigen Aufnahmen mit einem Emmy und einem BAFTA ausgezeichnet. Als er per E-Mail über die Veröffentlichung seiner Fotos in diesem Buch informiert wurde, kam folgende typisch schlichte und sachliche Abwesenheitsmeldung zurück: »Doug ist zurzeit nicht im Büro, weil er am Nordpol filmt und wahrscheinlich keine E-Mails schreiben kann. Er wird sich in Kürze mit Ihnen in Verbindung setzen.«

WEDDELL SEA, 1915

HUBERHT HUDSON 1886–1942

Hudson wuchs als Pfarrerssohn in einer rauen Umgebung im Londoner East End auf und ging mit 14 Jahren von der Schule ab, um in die Handelsmarine einzutreten. Er nahm als Navigator an Shackletons *Endurance*-Expedition teil und war trotz seines manchmal merkwürdigen Verhaltens allseits beliebt. »Man weiß nie so recht«, so schrieb einer seiner Schiffskameraden, »ob er am Rande eines Nervenzusammenbruchs steht oder vor unterdrückter Intellektualität gleich übersprudelt.« Hudson erhielt den Spitznamen »Buddha«, nachdem er zu Beginn der Expedition auf einer Kostümparty an Bord in einem Bettlaken mit einem am Kopf befestigten Topfdeckel erschien.

Hurley nahm dieses Porträt von Hudson – mit jungen Kaiserpinguinen, die für den Kochtopf bestimmt waren – am 12. Januar 1915 auf, kurz bevor die *Endurance* im Eis stecken blieb. Obwohl er oft eine Quelle der Heiterkeit war, wurde Hudson sehr geschätzt: Als bester Pinguinfänger füllte er die Speisekammer des Schiffes mit Leichtigkeit und hielt so die Mannschaft am Leben, die auf dem Weddel-Meereis zeltete und auf Elephant Island festsaß. Hudson erlitt schwere Erfrierungen an den Händen, die für den Rest seines Lebens deformiert waren.

Auf Elephant Island ging es Hudson besonders schlecht. In einer Behelfshütte versuchte er, mit einem Nervenzusammenbruch und einer Eiterbeule am Gesäß fertig zu werden. Er erholte sich und diente anschließend in beiden Weltkriegen. Am 15. Juni 1942 wurde die *HMS Eaglet* torpediert und sank, als sie unter Geleitschutz von Gibraltar nach Hause fuhr. Hudson ging mit dem Schiff unter.

EAL
EDITION
Bergans
OF NORWAY

ARKTISCHER OZEAN, 2006

BETTINA ALLER *1964

Bettina Aller ist eine der ersten Skandinavierinnen, die den Nordpol auf Skiern erreichten. Als dieses Foto aufgenommen wurde, war sie bereits seit 99 Tagen im Eis. Sie befindet sich im Nordpolarmeer ca. 250 Kilometer von Ward Hunt Island entfernt. Die gebürtige Dänin und ihr französischer Lebensgefährte, der Kameramann Jean Gabriel Leynaud, planten eine vollständige Überquerung der Arktis von Russland über den Nordpol bis nach Kanada. Als sie den Pol am 3. Mai 2006 nach mehreren Abwürfen von Vorratspaketen erreichten, verschlechterten sich die Eisverhältnisse, sodass sie die kanadische Küste nicht erreichen konnten. Nach der letzten Positionsmeldung befanden sie sich auf dem 86. Breitengrad, als sie die Expedition abbrachen. Nach 97 Tagen im Eis baten die beiden am 8. Juni darum, gerettet zu werden; sie wurden ein paar Tage später von einer Twin Otter abgeholt.

2004 hatten die beiden den Nordpol in einer Teilüberquerung von Sibirien aus erreicht, nachdem sie sich vom Kap Arktitscheski aus über ein offenes Gewässer hatten fliegen lassen. 2001 musste Aller nach nur einer Woche im Eis einen Soloversuch aufgeben. Da sie ständig von Eisbären verfolgt wurde, ließ sie ihr Gewehr ausgepackt, um schussbereit zu sein. Sie konnte deshalb keine richtigen Handschuhe anziehen und erlitt an zwei Fingern Erfrierungen. Der Mutter von zwei kleinen Kindern ist die Erleichterung anzusehen, wieder nach Hause zu kommen – auch wenn ihr Fehlversuch von 2006 ungemein frustrierend für sie war.

KOPENHAGEN, 1917

KNUD RASMUSSEN 1879–1933

Der Däne Rasmussen, in Grönland geboren und aufgewachsen, war mit der Sprache und den Gebräuchen der Inuit vertraut und erforschte deren Traditionen und Geschichte. Er zählte nicht nur zu den großen Forschern seiner Generation, sondern war auch ein bedeutender Ethnograf. Über die grönländischen Inuit schrieb er: »... sie verstehen etwas von der Kunst der Selbsterhaltung, und inmitten eines gnadenlosen Existenzkampfes haben sie eine Kultur erschaffen, die nach größter Bewunderung verlangt.« Rasmussen selbst wurde weithin bewundert, sowohl von den Inuit, mit denen er arbeitete und zusammenlebte, als auch von der dänischen Öffentlichkeit. Das Porträt ist eine Werbeaufnahme, die der Filmemacher Peter Elfelt in einem Kopenhagener Studio machte.

Als junger Mann studierte Rasmussen zwar an der Universität Kopenhagen, er machte jedoch keinen Abschluss. Da er Schriftsteller werden wollte, arbeitete er zunächst als Journalist und reiste nach Island und Schwedisch-Lappland, um Material für literarische Werke zu sammeln. Mit 23 arbeitete er als Dolmetscher der dänischen literarischen Grönlandexpedition von 1902 bis 1904 und schrieb später sein *Reisetagebuch* über die Menschen der Nordpolarregion – nur eines von vielen hervorragenden Büchern, die er in seiner langen Karriere veröffentlichte. 1910 errichtete er mit Peter Freuchen in Thule die nördlichste dänische Siedlung, um die isoliert lebenden »arktischen Hochlandbewohner« – Inuit der Kap-York-Region – vor schädlichen Kontakten mit Fremden zu schützen. Thule wurde zur Basis seiner ausgedehnten Forschungsarbeit in Grönland; insgesamt führte er sieben Expeditionen durch. Auf seiner letzten Expedition bekam er nach einer Lebensmittelvergiftung Lungenentzündung und starb kurz nach seiner Rückkehr in Kopenhagen.

Von 1921 bis 1924 erforschte er über 46 000 Kilometer der nordamerikanischen Arktis – seine vielleicht berühmteste Leistung. Als Erster durchfuhr er die Nordwestpassage mit dem Hundeschlitten. Trotzdem ist Rasmussen weniger für seine Forschungsreisen als für seine umfassenden Beiträge zum Verständnis der Inuit-Kultur bekannt. Zu seiner Durchquerung der Nordwestpassage nahm er einige Wissenschaftler verschiedener Fachgebiete mit, während er selbst fleißig Inuit-Lieder, -Gedichte und -Sagen sammelte und beschrieb. Seine letzten Lebensjahre verbrachte er hauptsächlich mit der Weitergabe seines Wissens und der Veröffentlichung seiner Werke über die Menschen des Nordens.

FUJIFILM RDPIII
00253
BJ ACEF

LONDON, 2000

REINHOLD MESSNER *1944

Reinhold Messner wird häufig als »der größte Bergsteiger aller Zeiten« bezeichnet. Er hat als Erster alle 14 Achttausender bestiegen. 1978 gelang es ihm mit Peter Habeler, erstmals ohne zusätzlichen Sauerstoff den Gipfel des Mount Everest zu bezwingen. 1980 wiederholte er diese Leistung in der Monsunsaison von Tibet aus. Es war das erste Mal, dass der höchste Berg der Welt im Alleingang bestiegen wurde. Messner wurde 2000 bei seiner Ankunft in London in der Royal Geographical Society fotografiert.

Ende der 1980er Jahre wandte sich Messner den Polargebieten zu. Er gestand, nicht gewusst zu haben, wie er den Nordpol, den Südpol und Grönland angehen sollte. Alles habe er lernen müssen. Amundsen und Scott hatten den Südpol erreicht, aber der Rest schien offen zu sein. Er sei an die Antarktis genauso herangegangen, wie Shackleton es geplant hatte. Er habe es ihm nachgemacht. Es sei ihm zu teuer gewesen, mit Hundschlitten zu gehen. Deshalb musste er es anders machen. Und so entschloss er sich, ohne irgendetwas zu gehen.

1990 war Messner der Erste, der die Antarktis zu Fuß durchquerte. Damit wiederholte er einen Grundsatz seiner Bergsteigerkarriere: seinen eigenen Stil mit kleinen, kostengünstigen Expeditionen zu entwickeln und sich gute Partner zu suchen. Von diesem Moment an habe er seine eigenen Expeditionen finanzieren können. Seine Einstellung war: Schauen wir mal – und los geht's. Wenn wir scheitern, lernen wir daraus. Dann gehen wir zurück. Da seine Expeditionen sehr wenig kosteten, konnte er es sich auch leisten, zu scheitern.

Der Autor unzähliger Bücher war früher auch Mitglied des Europaparlaments. Neben seinen Bergsteiger- und Polarexpeditionen befasst sich Messner mit den heiligen Bergen und dem Yeti. 2004 durchquerte er die Wüste Gobi. Zu seinen aktuellen Projekten zählt das Messner Mountain Museum.

CAPE EVANS, 1912

PATRICK KEOHANE 1879–1950

Unteroffizier Keohane wurde in der irischen Grafschaft Cork geboren und spielte bei den Schlittentouren auf Captain Scotts *Terra-Nova*-Expedition eine führende Rolle. Er ging als junger Mann zur Marine, stieg bis zum Unteroffizier auf und wurde für die Antarktisreise ausgewählt, als er 30 war. Nach einer kurzen Zeit bei der Küstenwache ging er wieder zur Marine und diente im Zweiten Weltkrieg.

Scott kritzelte 1911 auf dem Weg nach Süden einen der Lieblingsverse des starken, fröhlichen Keohane in sein Tagebuch: »The snow is all melting and everything's afloat / If this goes on much longer we shall have to turn the *tent* upside down und use it as a boat.« (»Der Schnee schmilzt dahin und alles schwimmt fort / Wenn's noch lange so weitergeht, dreh'n wir das *Zelt* um und nehmen's als Boot.«) Keohane litt auf der Reise nach Süden an Schneeblindheit und fiel auf dem Rückweg zum Basislager in Cape Evans innerhalb von 25 Minuten achtmal mit einer ganzen Seillänge in eine Eisspalte. In einer sympathischen Untertreibung schrieb sein Begleiter Cherry-Garrard, dass Keohane nach dieser Tortur »ein bisschen verwirrt aussah«.

Ponting nahm das Porträt am 29. Januar 1912 kurz nach Keohanes Rückkehr von der 950 Kilometer langen Plackerei vom South Barrier Depot zum sicheren Basislager auf. Nachdem er den Winter in der Antarktis verbracht hatte, brach Keohane am 29. Oktober 1912 mit der Mannschaft auf, die Scotts Gruppe suchte. Am 12. November fanden sie die erfrorenen Leichname von Scott, Edward Wilson und Henry Bowers knapp 18 Kilometer vom One-Ton-Vorratslager entfernt.

LONDON, 2008

JANE NEDZHIPOVA *1982

Jane Nedzhipova, halb Türkin, halb Bulgarin, möchte keine Polarforscherin sein. Sie ist als Popcornverkäuferin glücklich und arbeitet am Ende einer Straße im Norden Londons, wo Fotograf Martin Hartley wohnt – ein Ort, an dem er leider nur wenig Zeit verbringen kann.

Nedzhipova liebt zwar ihren Anorak im Inuit-Stil, kann aber die Anziehungskraft der Polarregionen nicht verstehen. »Warum sollte ich dorthin gehen wollen«, antwortete sie auf die Frage, ob Polarforscher bewundernswerte Menschen seien, »der nördlichste Ort, an dem ich war, ist Birmingham, und das war nicht so toll.«

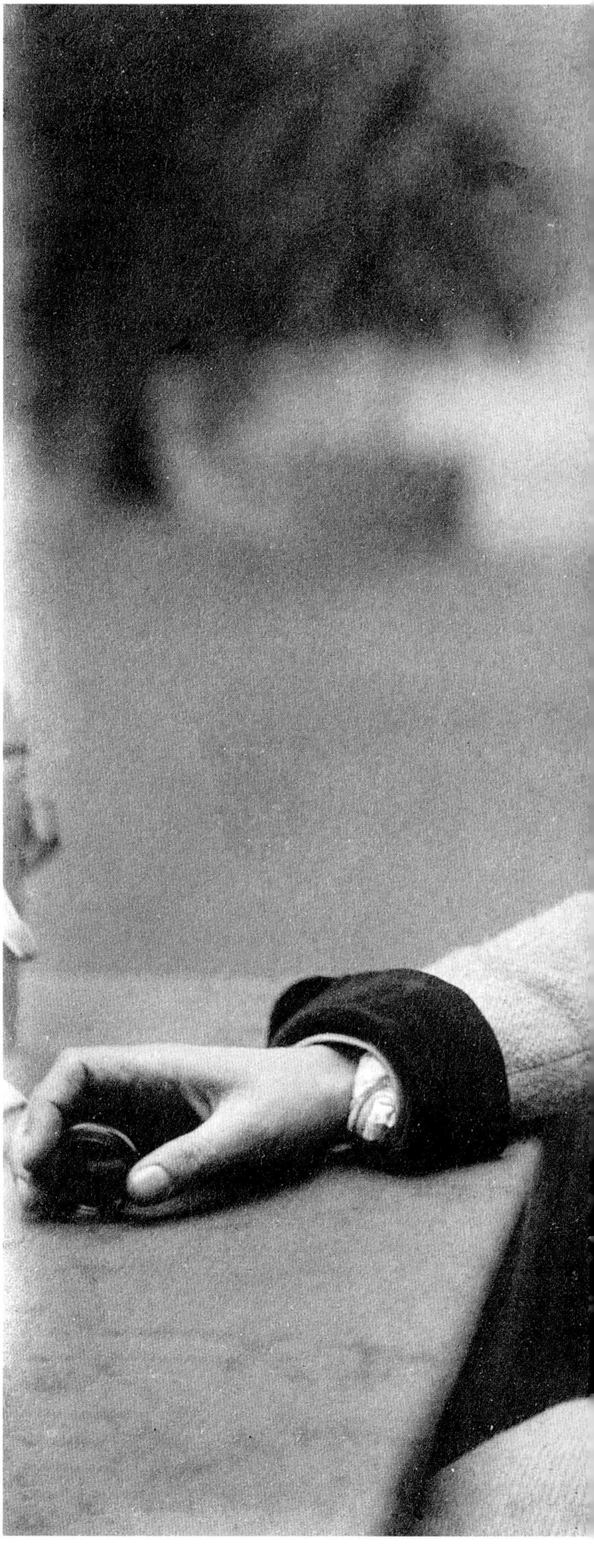

LONDON, 1910

KATHLEEN SCOTT 1878–1947

Nach der *Discovery*-Expedition kehrte Robert Falcon Scott zum Dienst auf See zurück und wurde 1908 Flaggkapitän der *HMS Bulwark*. Im September desselben Jahres heiratete er Kathleen, die Tochter von Canon Lloye Bruce, in der Kapelle von Hampton Court. Im darauffolgenden Jahr ging Scott als Mitarbeiter des Zweiten Seelords ins Marineministerium, und im September wurde Kathleen und Robert Scotts einziges Kind Peter geboren.

Kathleen Scott hatte in jungen Jahren ein Künstlerleben geführt. Sie besuchte die Slade School of Fine Art, bevor sie nach Paris zur Academie Colarossi und einer Schar von Bewunderern floh. Sie war mit Auguste Rodin befreundet, dessen Einfluss in ihren frühen Skulpturen sichtbar ist. Nach ihrer triumphalen Rückkehr in die Londoner Gesellschaft zählten James Barrie, George Bernard Shaw und Henry James zu ihrem engen Bekanntenkreis.

Sie lernte Scott 1906 kennen, und obwohl sie zu Beginn ihrer Beziehung erhebliche Zweifel und Ängste hatte, war sie sich schon bald ihrer Liebe zu ihm sicher. Ihre kurze Ehe war wegen Scotts Verpflichtungen in der Marine und ab 1910 wegen seiner verhängnisvollen Expedition von langen Trennungsphasen geprägt. Das Porträt war das Lieblingsfoto ihres Mannes und entstand kurz vor Scotts Abreise in die Antarktis. Scott hatte zwei Abzüge dieses Bildes in der Hütte in Cape Evans neben seinem Bett hängen.

RESOLUTE BAY, 2003

PEN HADOW *1962

Rupert Nigel Pendrill Hadow ging in Harrow zur Schule und ist heute einer der führenden Polarforscher seiner Generation. Als überaus erfahrener Expeditionsleiter war er einer der Ersten, die Menschen aller Gesellschaftsschichten Expeditionen zu den entlegensten Orten der Polarregionen ermöglichten. In den 1990er Jahren führte er selbst eine Reihe gewagter Expeditionen in die Hocharktis durch, deren Höhepunkt drei extreme Alleingänge auf dem Nordpolarmeer waren. Er gründete die Polar Travel Company und setzt sich trotz des Widerstandes konservativer Kreise für die Öffnung der Arktis für Abenteuertouristen ein. Er organisierte auch die erste Frauenexpedition zum Nordpol.

2003 machte sich Hadow in Großbritannien einen Namen, da er als Erster die 770 Kilometer von Kanada zum Nordpol ohne Hilfe von außen mit dem Schlitten bewältigte – eine sportliche Höchstleistung, die mit einer Solobesteigung des Everest ohne zusätzlichen Sauerstoff vergleichbar ist. Er benötigte drei Anläufe und über 15 Jahre Training, um dieses Ziel zu erreichen. 2004 führte Hadow den 63-jährigen Geschäftsmann Simon Murray zum Südpol und war somit der erste Brite, der ohne Ergänzung der Vorräte beide Pole erreichte – und das innerhalb von zwölf Monaten.

Auf diesem Porträt testete Hadow seinen Überlebensanzug zum ersten Mal in den arktischen Gewässern von Resolute Bay auf Cornwallis Island. Kurz darauf brach er zu seiner gewagten Soloexpedition von 2003 auf. 2007 stand Hadow an einem regnerischen Morgen hüfttief im Wasser des Serpentine-Sees im Londoner Hyde Park und führte seinen Trockenanzug noch einmal den Kameras der Journalisten vor. 2009 bereiste er das Nordpolarmeer gemeinsam mit Martin Hartley und Ann Daniels, um den Zustand des Meereises zu untersuchen. Er zog dabei einen Schlitten mit einem neu entwickelten Impulsradargerät. Die Rohdaten wurden von einem Zentralcomputer auf dem Schlitten verarbeitet und dann über das Iridium-Satellitensystem an Wissenschaftler der Universität Cambridge weitergeleitet.

ANGMAGSSALIK, 1931

IKATEK 1906–k. A.

Dieses unveröffentlichte Porträt wurde während der *British Arctic Air Route Expedition* aufgenommen, auf der die Möglichkeiten einer Flugroute zwischen England und Kanada über die Arktis via Grönland, Baffin Bay und Hudson Bay untersucht werden sollte. Die damals am wenigsten bekannten Abschnitte der vorgeschlagenen Flugroute waren die Ostküste und zentrale Eiskappe Grönlands. Das Team verließ am 6. Juli 1930 St. Katherine's Dock in London mit Shackletons altem Schiff *Quest*.

Der offizielle Fotograf der Expedition war zwar der Hauptmann der Luftwaffe, Reservepilot und Filmemacher Iliffe Cozens, doch stammt dieses hervorragende Porträt wahrscheinlich von dem jungen Ornithologen Spencer Chapman, der es irgendwann im März 1931 am Ufer des Sermilik-Fjords aufnahm.

Chapman war von der Geschicklichkeit der Inuit-Jäger verblüfft: »Unsere Angmagssalik-Eskimos, die fast jeden Monat des Jahres einen Kajak benutzen können, sind wahrscheinlich die besten Kajakfahrer der Welt ... Der Kajak ist nicht nur unglaublich effizient, sondern auch ein künstlerisches Meisterwerk von unendlicher Schönheit. Als die *Quest* Grönland erreichte, sahen wir, wie die Einheimischen in ihren Kajaks mit vollkommener Eleganz ihre Harpunen warfen, und später beobachteten wir, wie sie, in wasserfeste Mäntel gekleidet, ihre Kajaks im Wasser umdrehten.«

ELLESMERE ISLAND, 2007

IAN WESLEY *1964

Welsey sammelte mit 16 Jahren seine ersten Erfahrungen mit Schnee und Eis in den Alpen, als ein Freund auf dem Mont Blanc stürzte. Er musste mit ihm zwei Nächte in einem Schneeloch verbringen, bevor beide von einem Hubschrauber herausgeholt wurden. Wesley wurde 1964 auf der Gower-Halbinsel in Südwales geboren, wo er den Großteil seiner Kindheit mit Kajakfahren im Meer und Klettern verbrachte und anschließend an der Universität Bristol Ingenieurwissenschaft studierte. Bevor er sich als Mathematiklehrer in London niederließ, machte er eine zweijährige Weltreise. 1994 zog er nach Dartmoor, wo er den Polarforscher Pen Hadow kennenlernte. Reisen und Abenteuer machen ihm nach wie vor Spaß: Er hat den Aconcagua bestiegen und ist in einem alten Auto im Wert von etwa 100 Euro die Plymouth-Dakar-Rallye gefahren.

Als selbst ernannter »Liebhaber technischer Spielereien, Ausrüstungs- und Outdoorfanatiker« unterstützte Wesley 2003 Hadows Alleingang zum Nordpol. Außerdem leitete er bei einer Expedition der britischen Abenteuerin Ann Daniels das Basislager. Das Porträt wurde in der Eureka-Wetterstation auf Ellesmere Island aufgenommen. Wesley wirkte bei der Entwicklung und Erprobung der Forschungs- und Kommunikationsausrüstung für den Arctic Survey mit, eine ehrgeizige Reise in Richtung Pol im Jahr 2009. »Ich glaube, ich bin bei den ›richtigen‹ Arktistypen fehl am Platz«, witzelte er, als er über die Veröffentlichung seines Porträts in diesem Buch informiert wurde. »Sind Sie sicher, dass ich das bin?«

CAPE EVANS, 1912

CECIL MEARES 1877–1937

Als Sohn eines Armeeoffiziers aus der irischen Grafschaft Mayo liebte Meares das Abenteuer. Bevor er sich in die Antarktis wagte, war er weit herumgekommen und hatte mit dem Scottish-Horse-Regiment im Burenkrieg gekämpft und als Pelzhändler in Sibirien gearbeitet. Er war faszinierend und exzentrisch und hatte etwas von einem weltläufigen Abenteurer. Auf der *Terra-Nova*-Expedition war Meares für die Hunde verantwortlich, bis er die Expedition 1912 zur selben Zeit wie sein guter Freund Ponting verließ. Edward Wilson hielt ihn für »einen Mann der Tat und einen höchst unterhaltsamen und ausgesprochen lustigen Tischgenossen«.

Angeblich entstand Pontings Interesse für die Polarforschung erst, nachdem er Meares 1905 auf einem Dampfer nach Shanghai kennengelernt hatte. Meares' Begeisterung für die Polargebiete war ansteckend. Ponting erinnert sich an ihre erste Begegnung: »Er hatte im Russisch-Japanischen Krieg eine ziemlich harte Zeit erlebt und brauchte Urlaub … Wir trafen die Vereinbarung, dass er als Dolmetscher mit mir kommen und mir bei meiner fotografischen Arbeit helfen sollte, und in den folgenden sechs Monaten reisten wir zusammen nach Birma, Indien und Ceylon.«

Als sie 1907 mit der Transsibirischen Eisenbahn unterwegs waren, nahm Ponting Scotts erstes Buch, *The Voyage of the Discovery* (über die *Discovery*-Expedition), mit – der Rest ist bekannt. Nach der Expedition hielten Ponting und Meares Vorträge. Während Ponting das Publikum in der eleganten Londoner Philharmonie mit seinem Film unterhielt, tourte Meares mit einem Koffer voller Fotos durch die Provinz. Beim Ausbruch der Ersten Weltkriegs ging er zur britischen Luftwaffe, wo er es bis zum Oberleutnant brachte; später ließ er sich mit seiner Frau in Kanada nieder. Das Porträt wurde Ende Januar 1912 direkt nach der Rückkehr der Unterstützungsmannschaft vom South Barrier Depot aufgenommen.

QUEEN MAUD LAND, 1980

LADY VIRGINIA »GINNY« FIENNES 1947–2004

Lady Fiennes erhielt als erste Frau die Polarmedaille und wurde in Anerkennung ihrer Forschungsarbeit für den British Antarctic Survey und die Universität Sheffield als erste Frau in den britischen Antarktis-Club aufgenommen. Lady Fiennes war der Kopf einiger der ehrgeizigsten Polarexpeditionen jüngeren Datums und ist außerdem eine der erfahrensten Polarfunkerinnen Großbritanniens. »Sie ließ sich von der Bürokratie nicht beeindrucken, akzeptierte nie ein Nein als Antwort und konnte trotz ihrer zarten Statur mit einem Blitzen ihrer blauen Augen gestandene Männer ins Wanken bringen.«

Virginia Pepper wurde in Westsussex geboren, war passionierte Tiefseetaucherin und arbeitete für den National Trust of Scotland. Sie machte eine Ausbildung im Royal Aircraft Establishment und trat dem Royal Army Women's Corps bei. Bereits als Neunjährige lernte sie Ran (Ranulph Fiennes) kennen, der damals als widerborstiger Zwölfjähriger gerade aus Südafrika ins Nachbardorf gezogen war. Sie heirateten 1970. Kurz vor ihrer Hochzeit organisierte sie die erste Stromaufwärtsfahrt auf dem Nil mit einem Luftkissenboot. 1972 plante sie eine Reise um die Welt entlang den Polarachsen, und zehn Jahre später war ihr Transglobe-Expeditionsteam das Erste, das beide Pole erreichte, die Antarktis durchquerte und die Nordwestpassage durchfuhr.

In den 1980er Jahren zog sie nach Exmoor und bewirtschaftete mit einer Herde reinrassiger Aberdeen-Angus-Rinder und einer Herde schwarzer walisischer Bergschafe einen der höchstgelegenen Höfe im Südwesten Englands auf. Als sie hörte, dass Ran wegen Erfrierungen fünf Finger amputiert werden sollten, war ihr Kommentar: »O Mist, dann wird uns wohl was fehlen auf dem Hof!« Fiennes war bei ihren vielen Freunden und Patenkindern wegen ihrer Liebenswürdigkeit, Großzügigkeit und Unverfälschtheit bekannt. Sie war bescheiden, stand nicht gern im Rampenlicht und ließ sich selten für ihre Leistungen würdigen.

Im November 2003 wurde bei ihr Magenkrebs festgestellt – an dem Tag, als ihr Mann von seinen sieben Marathonläufen an sieben Tagen auf sieben Kontinenten zurückkehrte, mit denen er Geld für die britische Herzstiftung gesammelt hatte. Er selbst hatte nur vier Monate zuvor einen Herzinfarkt erlitten. Lady Fiennes kämpfte bis zum Schluss und plante dabei neue Expeditionen. Sie starb am 20. Februar 2004 und hinterließ in den Polarforscherkreisen eine schmerzliche Lücke.

PORTLAND, 1891

JOSEPHINE PEARY 1863–1955

Josephine Cecilia Diebitsch wurde 1863 als Tochter eines Professors der Smithsonian Institution geboren. Als sie 1885 die Tanzschule besuchte, lernte sie den jungen Robert Peary kennen, der später Konteradmiral und ein berühmter Polarforscher wurde. Sie heirateten 1888 und begannen ein gemeinsames Forscherleben.

Josephine Pearys Forschungsdrang war so stark, dass sie ihren Mann 1891–1892 auf seiner zweiten Expedition nach Grönland begleitete und als erste weiße Frau auf einer Arktisexpedition überwinterte. Sie nahm aktiv an der Reise teil, schoss Wild und fertigte Kleidung für die Männer an. Das Porträt wurde 1891 kurz vor ihrer Abreise in einem Studio in Portland aufgenommen. 1893 begleitete sie ihren Mann erneut nach Grönland und brachte auf dieser Reise – weniger als 13 Grad vom Pol entfernt – ihre Tochter Marie Ahnighito Peary zur Welt. Marie erhielt von den Inuit-Begleitern und der amerikanischen Öffentlichkeit, die die Familie nach ihrer Rückkehr feierte, den Spitznamen »Snow Baby«. Ihren zweiten Vornamen bekam Marie als Erinnerung an die Inuit-Frau, die ihren ersten Pelzanzug anfertigte.

Die Pearys hatten auch einen Sohn, Robert Edwin Peary Jr. Während der Arktisexpeditionen zeugten sowohl Peary als auch sein Begleiter Matthew Henson Kinder mit Inuit-Frauen. Josephine und Marie reisten 1897 noch einmal nach Grönland. Als im Jahr 1900 Josephines Schiff, die *Windward*, von einem Eisberg beschädigt wurde, verbrachte sie den Winter rund 480 Kilometer südlich vom Lager ihres Mannes in Grönland. So musste sie einen Winter im Eis mit seiner Inuit-Geliebten ertragen. »Du wirst überrascht, vielleicht auch verärgert sein, zu hören, dass ich mit einem Schiff hierher gekommen bin«, schrieb sie ihrem Mann, »aber glaube mir, wenn ich gewusst hätte, wie du hier lebst, wäre ich nicht gekommen.« Auch wenn die Untreue ihres Mannes schmerzlich für sie war, hielt sie doch unverbrüchlich zu ihm.

Nach Robert Pearys Rückkehr vom Pol 1909 verbrachten die beiden die meiste Zeit in ihrem Sommerhaus auf Eagle Island vor Harpswell in der Casco Bay. Nach Roberts Tod im Jahr 1920 ließ sich Josephine in Portland nieder und genoss ihr Leben mit ihren Kindern und Enkeln. 1955 erhielt sie die Medal of Achievement, die höchste Auszeichnung der National Geographic Society für große Leistungen. Josephine Peary wurde als Anerkennung für ihre vorbildliche »Tapferkeit und Hingabe« auf dem Nationalfriedhof Arlington neben ihrem Mann beigesetzt.

RESOLUTE BAY, 2003

GARY GUY *1950

Gary Guy, der mittlerweile halb im Ruhestand lebt, war eine Art »Lokalheld«, als er in Resolute lebte. Wenn etwas repariert werden musste, war Guy genau der richtige Mann. Er war eigentlich immer der Richtige, egal, ob man irgendetwas repariert haben, bestellen oder ausleihen wollte. Guy zog als Elektriker in die Arktis und arbeitete für die Nunavut Power Corporation. Nebenbei bot er Polarexpeditionen seine Dienste als Ausrüster an. Wenn man einen Drink brauchte, war es ebenfalls gut, ihn zu kennen. Angeblich bestellte der bei Inuit und Durchreisenden gleichermaßen beliebte Guy einmal pro Jahr Bier auf dem kanadischen Festland. Es kam per Schiff und nahm so viel Platz in Anspruch wie ein Containerfahrzeug.

2001, zwei Jahre nach der Ernennung Nunavuts zum kanadischen Territorium, wurde die Nunavut Power Corporation gegründet, um die Stromversorgung sicherzustellen. Obwohl an einigen Standorten um Iqaluit Möglichkeiten der Stromgewinnung mittels Wasserkraft untersucht werden, sind die meisten Gemeinden völlig abhängig von Dieselgeneratoren, deren Kraftstoff während der Sommersaison aufgefüllt wird. Wegen der Unwetter, der Abgeschiedenheit und teurer Technik sind Hochspannungsleitungen über große Entfernungen unrentabel. 2002 wurde das staatliche Unternehmen in Quilliq Energy Corporation umbenannt. Der Name geht auf die Öllampenschale zurück, die von den Inuit seit Generationen als Wärme- und Lichtquelle benutzt wird. Das Unternehmen hat den Auftrag, Energie zu sparen und angesichts steigender Brennstoffkosten alternative Energiequellen zu erschließen.

ROSS-SCHELFEIS, 1929

ARTHUR WALDEN 1871–1947

Als junger Mann ging der Bostoner Pfarrerssohn Arthur Treadwell Walden nach Alaska und schloss sich in Klondike den anderen Goldsuchern an. In Yukon lernte er, ein Schlittenhundegespann aus schwergewichtigen Mischlingen zu führen; und nach der Rückkehr auf seine Farm im Jahr 1900 begann er, eine neue Art Schlittenhund, den »Halb-Husky«, zu züchten und zu trainieren. Mit dem ersten East International Dog Derby rief er 1922 einen beliebten Sport ins Leben. 1924 gründete er den New England Sled Dog Club, der heute noch existiert.

Als Walden 1927 hörte, dass der Konteradmiral Byrd eine große Antarktisreise plante, bewarb er sich um die Teilnahme an der Expedition, obwohl er mit seinen 56 Jahren das Höchstalter überschritten hatte. Er bekam die Stelle und verbrachte das nächste Jahr mit der Zusammenstellung seiner Ausrüstung und dem Training von Hunden und Hundeschlittenführern auf seiner 500 Hektar großen Farm in Wonalancet. 1928 brach Walden mit einem Team von neun Hundeschlittenführern und 97 Hunden in die Antarktis auf, wo sie hauptsächlich Vorräte vom Schiff zu ihrer Basis namens »Little America« transportierten.

»Wenn die Hunde nicht gewesen wären«, schrieb Byrd später, »wären unsere Versuche, die Antarktis zu erobern, zum Scheitern verurteilt gewesen ... Waldens Mannschaft war das Rückgrat unseres Transports. Wenn man sah, wie er mit seinen schweren Lasten den Weg entlangsauste und die jüngeren Männer überholte, konnte man kaum glauben, dass er ein alter Mann war. Er war 58, verfügte aber über die Entschlossenheit und Stärke der Jugend.« 1930 kehrte Walden hoch verschuldet aus der Antarktis zurück. In späteren Jahren schrieb er Bücher und kümmerte sich um seine Frau. 1947 starb er an einer Rauchvergiftung, nachdem er seine Frau vor einem Brand gerettet hatte, der in seinem Farmhaus ausgebrochen war.

PATRIOT HILLS, 2003

JACO WIUM *1967

Jaco Wium hat den stressigsten Arbeitsplatz der Antarktis. Er ist der Wettermann von Patriot Hills; er allein entscheidet, ob Flugzeuge in Punta Arenas starten und auf dem Kontinent landen können. Das Wetter kann sich schlagartig ändern. Wenn ein Flugzeug umkehren muss oder sonst ein Fehler passiert, kann das mehr als 150 000 Euro Treibstoff kosten – bei einem schweren Fehler das Leben der Flugzeuginsassen.

Es ist keine beneidenswerte Aufgabe, die ganze Saison über in einem Zelt zu sitzen und mit der täglichen Mischung aus Langeweile, Frustration und Angst fertig zu werden. »Anstatt längere Zeit draußen *an der Luft* zu sein – denn sollte ein Wettermann nicht auch *wettergegerbt* sein? –, muss ich dasitzen und mir anhören, wie die Zeltwände durchgeschüttelt werden.« Doch der bescheidene Südafrikaner erledigt seine Arbeit mit ruhiger Zuversicht. »Stressig ... ja, natürlich«, scherzt er. »Sehen Sie nicht, dass einem die Haare dabei ausfallen?«

Wir baten Wium um einen Kommentar zu seinem Porträt: »Ich bin begeistert, dass ich mit solchen Polarforscherlegenden in einem Buch genannt werde ... Diese Aufnahme zeigt mich während der langwierigen Beobachtung von Skalen und Zahlen, aus denen der aktuelle Wettertrend abgeleitet wird. Wegen der Nähe des Camps zum Ellsworthhochland und den Fallwinden vom Polarplateau verhält sich der Wind sehr unstet. Es ist eine Kunst, zwischen Pausen eines Sturms und einem beständigen Schönwettergebiet zu unterscheiden. Von Letzterem hängt der gesamte Flugbetrieb ab.«

»Die Antarktis ist für die meisten Menschen total öde«, fährt er fort. »Für einen aktiven Beobachter, der sich auf den Eisrhythmus dieses fantastischen Kontinents eingestellt hat, ist er jedoch ständig in Bewegung und verändert sich ... ob nun fast unmerklich oder auf drastische Art und Weise. In der Antarktis fühle ich mich wirklich zu Hause. Offen gesagt, die Antarktis ist die Liebe meines Lebens.«

WEISSES MEER, 1932

LUDOLF SCHJELDERUP 1894–1983

Es scheint, als sei das Hauptmotiv für Shackletons letzte Antarktisexpedition mit dem Ziel, den Kontinent zu umsegeln, die Sehnsucht des Abenteurers nach dem düsteren Südpolarmeer gewesen. Shackleton kaufte in Norwegen ein Schiff, das sich in einem schlechten Zustand befand, ein altes, knarrendes Robbenfangschiff namens *Foca 1*, das er in London überholen ließ. Er benannte den hölzernen Dampfer in *Quest* um und brach am 17. September 1921 zum letzten Mal von London aus auf.

1930 wurde die *Quest* von der British Arctic Air Route Expedition gechartert, und der erfahrene Kapitän Ludolf Schjelderup übernahm das Kommando über die norwegische Crew. Auf der Reise zur Ostküste Grönlands wurde er wegen seiner Fähigkeiten und Tapferkeit von den jungen Cambridge-Absolventen und ihrem Leiter George »Gino« Watkins enorm bewundert. »Normalerweise ankerte die *Quest* von 21.30 bis 2.00 Uhr, wenn es zu dunkel war, um Felsen unter Wasser und versteckte Gefahren auszumachen; aber jetzt, mit den heftigen Windböen und dem Regen, der einen heftigen Sturm ankündigte, pflügte der Kapitän im Halbdunkel mit voller Kraft kühn durchs Eis. Bei solchen Gelegenheiten schien Kapitän Schjelderup, der immer seine Melone aufsetzte, wenn es ernst wurde, erst richtig aufzublühen.«

Als die Männer am nächsten Morgen erwachten, hatte sich der Sturm gelegt, und das Schiff lag an der Spitze eines Fjords, das nicht einmal auf einer Karte verzeichnet war, sicher vor Anker. In einiger Entfernung sahen sie den Kapitän mit einem Inuk-Begleiter. Beide hatten die Hosen bis zu den Knien hochgekrempelt und fingen auf einer Sandbank vergnügt Lachse. Schjelderups Porträt – auf dem er stolz mit einigen Heulern unter dem Arm posiert – wurde 1932 während einer Reise im Weißen Meer aufgenommen.

CAMBRIDGE, 2008

CHARLES SWITHINBANK *1926

Swithinbank wurde 1926 in Pegu, Birma, geboren und diente im Zweiten Weltkrieg als freiwilliger Reservist der Royal Navy auf einem Kreuzer, einem Flugzeugträger und einem Minensuchboot. 1947 nahm er an der Expedition der Universität Oxford zum Vatnajökull in Island teil und 1948 an einer Expedition nach Gambia. Er beendete sein Studium in Oxford ein paar Monate, bevor er sich als jüngstes Mitglied der norwegisch-britisch-schwedischen Antarktisexpedition 1942–1952 anschloss.

Swithinbank widmete sein Leben der Polarforschung. Er untersuchte vier Jahre lang die Verteilung des Packeises in den kanadischen und grönländischen Gewässern. Er war an Bord des Supertankers SS *Manhattan*, als dieser 1969 als erster Tanker die Nordwestpassage durchfuhr, und begleitete 1971 das britische Atom-U-Boot *HMS Dreadnought* zum Nordpol. Darüber hinaus war er häufig am Südpol. Von 1963 bis 1974 war er leitender Glaziologe des British Antarctic Survey und bis 1986 Leiter der Earth Sciences Division. Er ist seit vielen Jahren am Scott Polar Research Institute beteiligt und tätig und Vorsitzender der International Glaciological Society.

In seiner bedeutenden Karriere als Wissenschaftler verbrachte Dr. Swithinbank über 20-mal eine Feldforschungssaison in den Polargebieten, und seit seiner »Pensionierung« ist er an der Auswertung von Satellitenbildern der Antarktis sowie an der Kartografierung und Entwicklung von Landebahnen für Flugzeuge im Eis beteiligt. Das Porträt wurde bei ihm zu Hause in Cambridge aufgenommen.

WEDDELL-MEER, 1915

REGINALD JAMES 1891–1964

Der rothaarige Reginald »Jimmy« James, hier mit Schneeflocken im Haar, war ein typischer stiller Akademiker. In Gesellschaft eher schüchtern und unbeholfen, war er auf seinem Fachgebiet brillant. Der Sohn eines Schirmmachers studierte in Cambridge und zeichnete sich durch hervorragende Leistungen aus. Einen hervorragenden Posten am Cavendish-Laboratorium der Universität gab er auf, um zum Südpol zu reisen. In London führte Shackleton ein Bewerbungsgespräch mit dem jungen Hochschulabsolventen, da er sein wissenschaftliches Team vervollständigen wollte. James erinnerte sich später an diese erste Begegnung: »Ich kann mich nur noch daran erinnern, dass ich gefragt wurde, ob ich gute Zähne hätte, an Krampfadern litte und singen könnte.«

Da James zurückhaltend war und sich immer ernsthaft seiner Arbeit widmete, diente er an Bord der *Endurance* oft als Zielscheibe für gutmütige Hänseleien. »James war Physiker; er befasste sich mit magnetischen Beobachtungen und der Verfinsterung von Sternen«, berichtete einer seiner Schiffskameraden. »Er hatte ein paar tolle elektrische Apparate, die keiner von uns verstand, und ein Witz von uns, der ihn sehr ärgerte, war, dass er sie auch nicht verstand.«

Nach der Expedition leiste James bei den Royal Engineers in Ypern Kriegsdienst. Er berechnete die Positionen der feindlichen Waffen mittels einer Mikrofonüberwachung der Geräusche und wurde dafür rühmend erwähnt. Nach dem Krieg wurde er Experte für Kristallstrukturanalyse. Zur Überraschung seiner Freunde heiratete er eine Schulleiterin aus Manchester und zog nach Südafrika, wo er an der Universität Kapstadt zuerst Physikprofessor und später Universitätsrektor wurde.

WWF

PATRIOT HILLS, 2003

GARY MIDDLETON *1975

Gary Middleton ist Mechaniker. Seit einigen Jahren verdient er seinen Lebensunterhalt in der Rothera-Station, der Versorgungsbasis des British Antarctic Survey auf Adelaide Island, 1860 Kilometer südlich der Falklandinseln. In diesem Sommer arbeitet Middleton für Antarctic Logistics and Expeditions in Patriot Hills, um die Landebahn zu präparieren und für die Einsatzbereitschaft der schweren Geräte im Basislager zu sorgen. Dazu gehören Bulldozer, Schneemobile, Ölheizungen, Herde, Heizkessel, Kraftstoffpumpen und sogar Kettensägen (um Eishöhlen für unterirdische Vorratslager freizulegen).

Die ersten Tage der Saison sind die härtesten, da das kleine Team das Lager errichten und die Landebahn freimachen muss, damit die erste Iljuschin-Maschine aus Chile einfliegen kann. Der Flug von Punta Arenas nach Patriot Hills mit einer Twin Otter dauert zwei Tage; bei der Zwischenlandung zum Auftanken sind auch mehrere Stunden Arbeit für den Austausch der Räder gegen Kufen erforderlich. Nach der Landung in Patriot Hills ist Middletons erste Aufgabe, alle Maschinen zu starten, die über den langen antarktischen Winter bei Temperaturen weit unter minus 40 Grad auf der Landebahn standen. »Er sorgt dafür, dass der Betrieb läuft«, erzählt ein Freund. »Denk einfach an Gary, wenn du das nächste Mal über die Kälte stöhnst, weil dein Auto an einem kühlen Novembermorgen nicht anspringt!«

Er steht hier neben einer vielseitig verwendbaren Pistenraupe Tucker Sno-Cat, mit der er gerade unterwegs war, um einen Polarführer zu verarzten, der sich bei dem Versuch, gefrorenen Käse zu schneiden, in den Daumen geschnitten hatte. Hinter Middleton ist der Hubschrauber vom Typ Bell B407 zu sehen, mit dem die mutige Jennifer Murray gerade zum Südpol startete. Kurz nach der Aufnahme dieses Fotos flog Middleton in einer Twin Otter los, um Murray zu retten, die mit ihrem Hubschrauber im Whiteout abgestürzt war.

TORONTO, 1882

JOHN CHEYNE 1826–1902

Dieses Studioporträt des Kommandanten, Redners und Abenteurers John Powles Cheyne entstand 1882 in Nordamerika, wo er Gelder für eine Ballonexpedition zum Nordpol auftreiben wollte. Bei seiner Ankunft in New York beschrieben die Journalisten sein Aussehen wie folgt: »Obwohl er über fünfzig ist und weißes Haar hat, wirkt und ist der Kommandant stark und robust und besitzt mehr Vitalität als viele Männer, die zehn oder fünfzehn Jahre jünger sind. Er ist etwas kleiner als der Durchschnitt, jedoch kräftig gebaut, hat eine gesunde Gesichtsfarbe, durchdringende graue Augen und einen schmalen weißen Backenbart.«

Der Teilnehmer dreier Arktisexpeditionen auf der Suche nach der vermissten Franklin-Mannschaft war außerdem ein begeisterter Amateurfotograf und begann in den 1850er Jahren, mit der Fotografie zu experimentieren. Nach der Rückkehr seines früheren Kameraden Francis McClintock im Jahr 1859 fotografierte ihn Cheyne umgeben von den Relikten der Franklin-Expedition. In seinem Londoner Haus verkaufte er außerdem die neu aufgekommenen Stereobilder.

Sein Leben nach der Pensionierung von der Royal Navy verlief ungewöhnlich. Nach einigen gescheiterten unternehmerischen Versuchen betätigte sich Cheyne als Vortragsreisender und war wahrscheinlich der erste Polarforscher, der zum professionellen Redner wurde. Ab 1876 war er überzeugt, er könne in einem Ballon zum Nordpol fliegen, und hielt in Großbritannien und Nordamerika unzählige Vorträge, um Mittel für sein Vorhaben aufzutreiben. Er schaffte es aber nicht, die zu Recht skeptische Öffentlichkeit für sich zu gewinnen, und konnte somit seinen Traum, zum Pol zu fliegen, nicht verwirklichen. Er starb 1902 – nur einige Tage, nachdem Scott während der *Discovery*-Expedition in einem Ballon über dem Ross-Schelfeis aufgestiegen und als erster Mensch über die Antarktis geflogen war.

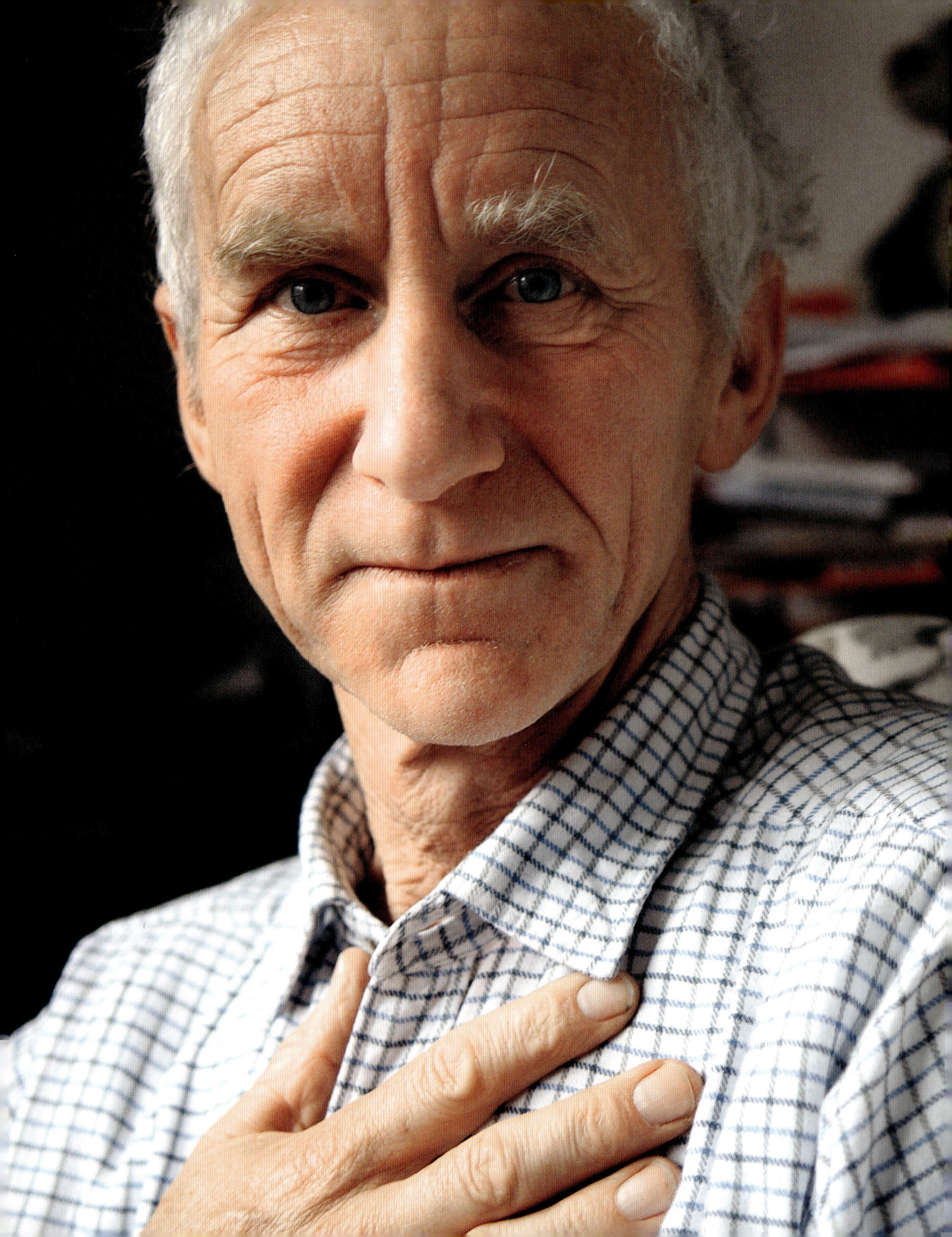

KESWICK, 2008

GEOFF SOMERS * 1956

Geoff Somers ist einer der versiertesten britischen Polarreisenden. Er war mehrmals »der Erste«: So hat er als Erster den gesamten antarktischen Kontinent entlang seiner längsten Achse durchquert – eine fast 6200 Kilometer lange Reise, auf der die Schlitten von Huskys gezogen wurden. Als Training für diese Expedition überquerte sein Team etwa 2000 Kilometer der grönländischen Eiskappe von Süden nach Norden. Auf beiden Abenteuertouren war Somers für die Logistik, Navigation und das Leithundgespann verantwortlich.

Zu Fuß, auf Skiern und mit Snowkites hat er bisher etwa 22 500 Kilometer in der Arktis und Antarktis zurückgelegt. Er war sechsmal am Südpol und – als Leiter von Expeditionsgruppen – auch sechsmal am Nordpol. Somers arbeitete außerdem weltweit in Outward-Bound-Schulen. Als stellvertretender Direktor half er beim Aufbau der Outward-Bound-Schule in Südmalaysia und durchquerte Borneo auf einer seiner Regenwaldtouren im unberührten Dschungel. In Australien reiste er mit drei wilden Kamelen von Perth durch die Wüste zum Ayers Rock, dem »Roten Zentrum« des Kontinents. Das Foto entstand in seinem Haus im Lake District. »Hier sind drei Fassungen meines Lebenslaufs«, sagte er auf die Frage, ob wir ihn in dem Buch vorstellen dürften. »Im Vergleich zu den anderen renommierten Persönlichkeiten in Ihrem Buch fühle ich mich wie ein kleiner Fisch. Suchen Sie sich das Passende heraus!«

Heute verbringt Somers seine Zeit hauptsächlich damit, in Motivationsseminaren für Unternehmen, in überfüllten Gemeindezentren und auf Kreuzfahrtschiffen auf ihrem Weg durch das Eis Vorträge über seine Erlebnisse zu halten. Hartley lernte Somers bei einem Vortrag kennen, den er in London hielt. Der junge Fotograf fragte ihn, wie er es angestellt habe, dass seine Kameras in der Kälte der Polargebiete funktionierten. Das Geheimnis war laut Somers, sie in ein Handtuch zu wickeln und anschließend in eine Plastiktüte zu stecken, wenn man sie ins Zelt mitnahm. Das half, die Bildung von Kondenswasser zu verhindern, das die Kameras ruiniert. Dieser einfache Tipp hat Hartley seitdem auf vielen Reisen gute Dienste geleistet.

GRÖNLAND, 1906

ALF TROLLE 1879–1949

Kapitän Trolle übernahm nach dem tragischen Tod von Ludvig Mylius-Erichsen die Leitung der *Danmark*-Expedition von 1906 bis 1908 und brachte den Robbenfänger zurück ins heimische Kopenhagen. Auf dieser Expedition wurden in mehreren langen Schlittentouren, die sich über 6400 Kilometer erstreckten, große Teile der bis dahin unerforschten Nordostküste Grönlands kartografiert und riesige neue Fjords entdeckt.

Von vorhandenen Karten in die Irre geführt, entfernten sich Mylius-Erichsen und seine Begleiter Peter Høeg-Hagen und Jørgen Brønlund so weit von ihrem Schiff, dass eine Rückkehr unmöglich war. Bei dem Versuch, sich in Sicherheit zu bringen, starben sie an Hunger, schweren Erfrierungen und Erschöpfung. Brønlunds Tagebuch wurde später gefunden: »Ich gehe an den Strapazen auf dem Rückweg über das Inlandeis im November zugrunde. Ich bin bei abnehmendem Mond hier angelangt und kann wegen meiner erfrorenen Füße und der Dunkelheit nicht weitergehen. Die Leichen der anderen liegen irgendwo in der Mitte des Fjords.« Die sterblichen Überreste seiner Kameraden wurden nie gefunden.

Trolle reiste später nach London, um die Royal Geographical Society persönlich über das erschütternde Ereignis zu informieren. Man brachte ihm aufrichtige Anteilnahme entgegen, und er wurde vom dänischen Botschafter unter großem Beifall als einer der »tapferen Söhne« des Landes gepriesen. 1933 gründete Trolle am 25. Jahrestag des tragischen Ausgangs der Expedition einen Fonds, um die Expeditionsmitglieder und ihre Angehörigen zu unterstützen sowie die Erforschung Ostgrönlands zu fördern, indem er finanzielle Mittel für Expeditionen und die Veröffentlichung wissenschaftlicher Ergebnisse zur Verfügung stellte.

KINGUSSIE, 2008

ALLAN GILL *1930

Am 6. April 1969 waren Wally Herbert und seine Begleiter Allan Gill, Roy Koerner und Ken Hedges von der britischen Transarktis-Expedition die allerersten Menschen, die den Nordpol zu Fuß erreichten. Sie hatten am Vortag versucht, einen Anhaltspunkt auf dem sich ständig verschiebenden Meereis zu finden – eine Erfahrung, die Herbert als »Versuch, auf den Schatten eines Vogels zu treten, der über uns kreiste«, beschrieb. Anschließend gelang dem Team die erste vollständige Überquerung des Nordpolarmeers entlang seiner längsten Achse – von Barrow in Alaska bis nach Spitzbergen –, eine Leistung, die nie wiederholt wurde.

Gill wurde in Schottland fotografiert, wo er heute lebt. Trotz seines schlechten Gesundheitszustands brachte der Abenteurer ein Lächeln zustande und erzählte ein paar schöne Geschichten von seinen Reisen. Vor fast 40 Jahren hatte er am Nordpol seine Kamera ausgepackt und 36 Fotos von seinem Team gemacht. »Wir versuchten, nicht so erschöpft auszusehen«, erzählte Herbert, »nicht so, als würden wir frieren. Wir drängten uns zusammen – vier pelzbekleidete Gestalten in einer halbwegs vertrauten Pose –, denn welchen anderen Beweis hätten wir erbringen können, dass wir den Nordpol erreicht hatten?« Heute hat Gill ein Foto von seinem Siegeszug zum Nordpol neben seinem Bett. Erinnerungen können sehr tröstlich sein.

Gills Karriere als Polarforscher begann in britischen Basislagern in der Antarktis. Er ging zur selben Zeit in die Antarktis wie Koerner. Darüber hinaus unternahmen die beiden zahlreiche Expeditionen in die kanadische Arktis. Auf Koerners Empfehlung reiste Herbert zum Arctic Institute of North America, wo er 1965 Gill kennenlernte, der sich gerade auf eine Expedition nach Devon Island vorbereitete. »Ich erinnere mich noch sehr gut an meinen ersten Eindruck von Gill«, sagte er, »ein drahtiger Mann mit tiefen Falten im pergamentartigen Gesicht – der vergammeltste Mann im Institut.« Als »Meister der Provisorien und raffinierter Gerätschaften« hatte Gill bereits drei Winter in der Antarktis, einen in der kanadischen Arktis und zwei im Nordpolarmeer in der auf dem Eis treibenden amerikanischen Forschungsstation T-3 verbracht. Herbert und Gill wurden enge Freunde. »Hier war ein Mann, der ideal für die Art von Expedition geeignet war, die ich plante«, schrieb Herbert, »ein harter Bursche mit sanftem Gemüt, der die Polargebiete liebte und als geübter geophysischer Beobachter einen wertvollen Beitrag leisten konnte.«

1978–1979 unternahmen Herbert und Gill den ersten Versuch, Grönland mit Hundeschlitten und Umiak zu durchqueren. Herbert schilderte die orkanartigen Stürme: »Der Schneesturm wütete 36 Stunden, und als er endlich nachließ, waren Allan und ich völlig fertig. 36 Stunden lang konnten wir nicht miteinander sprechen, weil das Zelt so laut flatterte, was auch zu Kopfschmerzen führte und es unmöglich machte, den Kocher anzuwerfen und etwas zu essen oder zu trinken. Wir hatten keine andere Wahl, als zitternd herumzusitzen und uns unsere Angst anzusehen, dass wir nur noch wenige Minuten zu leben hatten. Kein Wunder, dass unsere ersten Worte, nachdem sich der Wind gelegt hatte, »Nie mehr!«, »Nie mehr im Leben!« waren.

GRYTVIKEN, 1914

FRANK WORSLEY 1872–1943

Wahrscheinlich ist die sichere Rückkehr der Mannschaften von Shackletons *Endurance*-Expedition niemandem mehr zu verdanken als ihrem neuseeländischen Kapitän Frank Arthur Worsley, der über ebenso viel Charisma wie Exzentrizität verfügte. »Der Skipper« war bei seinen Männern sehr beliebt: Er schockierte seine Schiffskameraden gerne, indem er Schneebäder nahm. »Er sprüht vor Energie«, schrieb ein Schiffskamerad, »seine Aktivität und Lebenslust sind außergewöhnlich.« Er war vor allem ein hervorragender Seemann und Navigator.

Hurley nahm das Foto 1914 auf, als die *Endurance* kurz vor ihrer Fahrt ins Packeis des Weddell-Meeres an der Walfangbasis von Grytviken vor Anker lag. Am 24. Januar 1915 schrieb Worsley in sein Tagebuch, wie sehr ihn der junge Fotograf beeindruckte: »Hurley, der Unerschütterliche, ... macht ein Farbfoto vom Schiff und vom Eis ... Er ist mir ein Rätsel – in seiner fröhlichen australischen Art wandert er fluchend allein über Deck, überallhin – zu den gefährlichsten und rutschigsten Stellen, die er finden kann, immer glücklich und zufrieden, aber auch immer mit einem Kraftausdruck auf den Lippen, wenn er ein gutes oder originelles Bild machen kann. Steht ohne Kopfbedeckung mit wehenden Haaren im Wind, während wir Handschuhe und Helme tragen, und macht Schnappschüsse oder dreht an der Kurbel und flucht vor Freude, während er Bilder vom Leben auf See macht.«

Worsleys Fähigkeiten wurden auf der *Endurance*-Expedition oft auf die Probe gestellt, jedoch nirgendwo mehr als während der 1300 Kilometer langen Fahrt im offenen Boot nach Südgeorgien, da selbst der kleinste Navigationsfehler über Leben und Tod entschieden hätte. Worsley diente später im Ersten Weltkrieg und befehligte U-Boote. Darüber hinaus war er von 1921 bis 1922 Kapitän auf Shackletons letztem Expeditionsschiff, der *Quest*. 1925 war er einer der Leiter einer Arktisexpedition nach Franz-Joseph-Land und nahm 1935 an einer Expedition zu den Kokosinseln teil, um nach einem Schatz zu suchen. Bis zu seinem Tod 1943 unterrichtete er am Royal Naval College in Greenwich. Seine Asche wurde an der Themsemündung im Meer verstreut.

KHATANGA, 2004

RUSSIAN MAN *1953

Es war ein kalter Tag, aber das war nicht ungewöhnlich. Seit zwei Wochen war das Thermometer in Khatanga nicht über minus 42 Grad geklettert. Hartley bummelte auf der Suche nach Leuten, die er fotografieren könnte, über den Marktplatz. Er sah diesen Mann, der durch die bittere Kälte auf ihn zustapfte. Sie lächelten sich an. Er steckte die Hände wieder in die Taschen und ging weiter die Straße entlang.

Khatanga ist ein kleines Fischerdorf auf der Taimyrhalbinsel am Rand des Nordpolarmeers. Es ist eine der nördlichsten Siedlungen Russlands. Die Siedlung wird oft von westlichen Touristen besucht, da sie das Tor zur sibirischen Wildnis bildet. Darüber hinaus wird sie von ehrgeizigen Abenteurern auf dem Weg zum Nordpol als Basis benutzt. Khatanga verfügt über ein Hotel, einen Flughafen, ein kleines naturhistorisches Museum und mehrere Wetterstationen. Wodka ist hier unentbehrlich.

ROSS-SCHELFEIS, 1929

RICHARD BYRD 1888–1957

Nach seinem Ausscheiden aus der US-Navy wegen einer Beinverletzung wandte sich Byrd der Fliegerei zu: »Meine einzige Chance, einem untätigen Leben zu entfliehen«, erklärte er später, »war, fliegen zu lernen.« Am 9. Mai 1926 unternahm er einen Versuch, den Nordpol mit einem Flugzeug zu erreichen, und behauptete, Erfolg gehabt zu haben. Spätere Hinweise ergaben jedoch, dass er sein Ziel verfehlt hatte. Seine erbittertsten Kritiker unterstellten, er sei lediglich Kreise geflogen, sobald er außer Sichtweite war. Im November 1929 erreichte er jedoch als Erster den Südpol mit dem Flugzeug und leitete fünf Jahre später eine weitere Antarktis-Expedition. Dieses ungewöhnliche Porträt zeigt Byrd beim Rasieren unmittelbar nach seiner Rückkehr.

Seine zweite Expedition war ebenfalls ein Erfolg, vor allem wegen seiner umfassenden Vermessung großer Teile der bis dahin unerforschten Eiskappe und weil er darauf beharrte, allein auf dem Polarplateau zu überwintern. »Da draußen auf dem Schelfeis«, sagte er, »habe ich Zeit, Dinge aufzuarbeiten, zu analysieren und zu überdenken ... genau so zu leben, wie ich will – ich bin keinen Zwängen ausgesetzt, außer denen, die mir Wind, Nacht und Kälte auferlegen, und muss mich nach niemandem richten, außer nach mir selbst.« Nach wenigen Monaten hatte er wegen eines schlecht belüfteten Generators eine Kohlenmonoxidvergiftung und musste über Funk um Hilfe bitten – gefährlich genug für die Retter, die mehrere Versuche abbrechen mussten, bevor sie endlich zu ihm vordrangen.

Byrds Hang zur Publicity brachte ihm den Ruf ein, sensationsheischend zu sein. Gegen Ende seines Lebens wurde er jedoch als Polarexperte anerkannt. Seine nachhaltigste Leistung war sein Engagement für eine internationale Zusammenarbeit in der Antarktis.

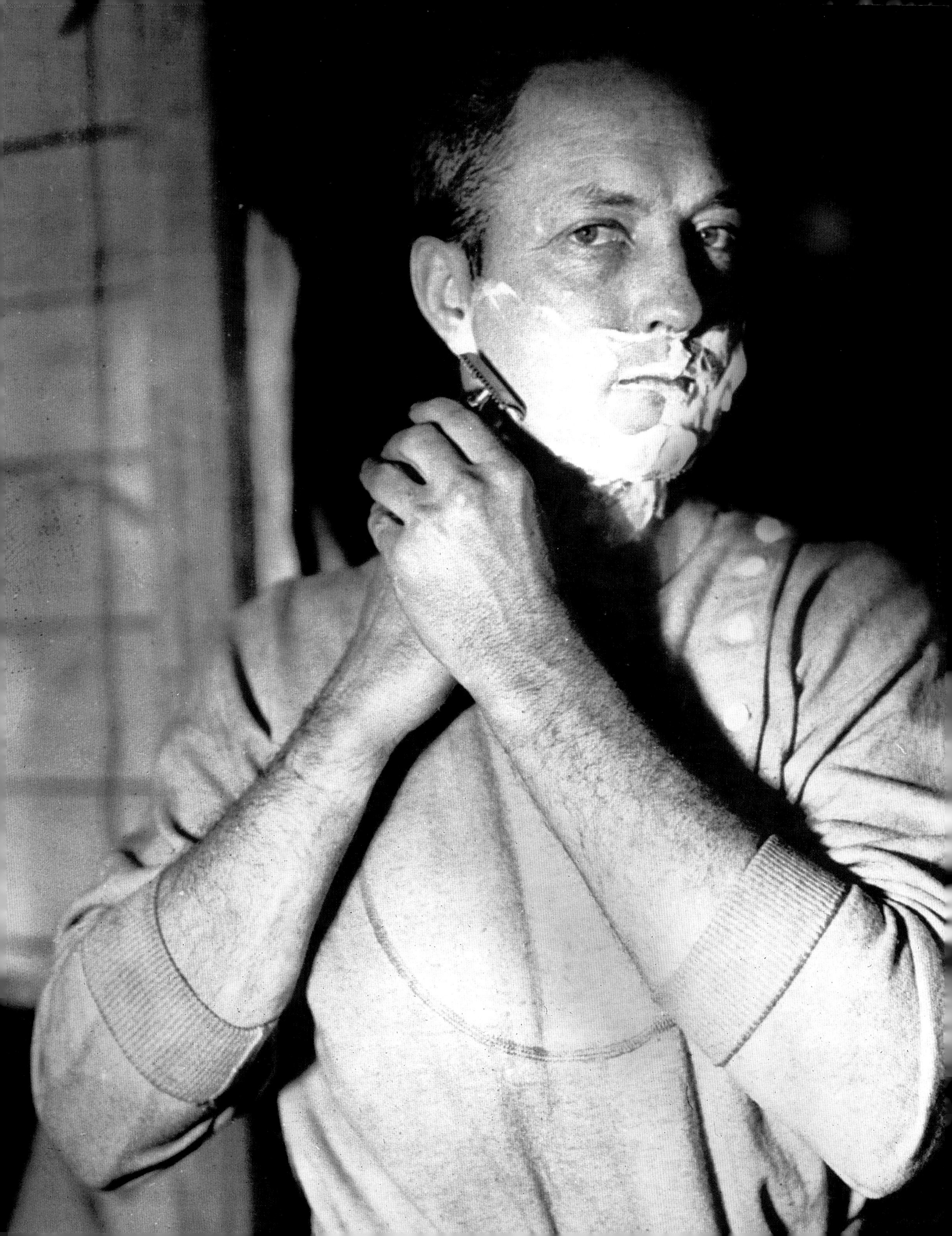

CAMBRIDGE, 2008

PHIL COATES *1966

Coates ist ein extrem vielseitiger und erfahrener Fotograf, Bergsteiger und Filmemacher, dessen Karriere im Eis als Mitarbeiter des British Antarctic Survey auf Signey Island begann. »Wenn man bei minus 38 Grad oder in 7900 Metern Höhe unter dem Druck eines Budgets von einer Million Pfund dreht, während man mit der Kamera und Tonausrüstung jongliert, sollte man besser keinen Einsatz verpassen«, scherzt er zu Hause in Cambridge bei einer Tasse Tee.

Man findet ihn hier nur sehr selten, da ihn seine Arbeit weit weg von den Fens führt. Er war 1998 Kameramann, Produzent und Regisseur der anglo-australischen Expedition zum magnetischen Nordpol und begleitete mit seiner Kamera Expeditionen auf der ganzen Welt: zu den Tempeln in Bhutan, auf zahlreichen Grönlanddurchquerungen, im Tienshan-Gebirge an der Grenze zu Kasachstan bis nach Tibet auf den Spuren von George Mallory.

DISKO-BUCHT, 1948

PAUL-ÉMILE VICTOR 1907–1995

Paul-Émile Victor, von seinen Freunden »PEV« genannt, war ein französischer Forscher und Ethnologe, der die polare Wildnis mehr als 50 Jahre lang in unzähligen Büchern, Gemälden und wissenschaftlichen Arbeiten dokumentierte. Von seinem ersten Grönlandbesuch als junger Mann mit Jean Charcot im Jahr 1934 bis zu seiner letzten Antarktisexpedition 1987 legte er schätzungsweise über 500 000 Kilometer in den Polarregionen zurück. Und das, obwohl er lautstark verkündete, dass er Kälte und Wind, Schnee und Eis absolut hasse.

1947 gründete er die Expéditions Polaires Françaises; bis zu seinem Ruhestand brachte er über 3000 Menschen an beide Pole. Er engagierte sich unermüdlich für den Naturschutz und die Autonomie der Einheimischen, vor allem der Inuit. Mit dem französischen Meeresforscher und Abenteurer Jacques-Yves Cousteau gründete er 1974 eine Organisation zum Schutz des Menschen und seiner Umwelt, die als Groupe PEV bekannt ist.

Victor wirkte in der Öffentlichkeit immer etwas geheimnisvoll. Er war dynamisch, gut aussehend, ungeduldig mit Menschen, denen es an Fantasie mangelte, und fesselnd, wenn er vor einem Publikum Vorträge hielt oder den Kommentar zu seinen unzähligen Fernsehdokumentationen sprach. 1961 schenkte Victor dieses Porträt – eines seiner Lieblingsfotos – dem Scott Polar Research Institute. Da er einen ruhigen Ort zum Schreiben und Malen suchte, zog er 1977 mit seiner zweiten Frau Colette und der gemeinsamen Tochter in die Wärme des Pazifiks. Er starb 1995 auf einer Pazifikinsel in Französisch-Polynesien. Sein Leichnam wurde auf einer Fregatte der französischen Marine aufs Meer gefahren und in den warmen Gewässern der Bora-Bora-Lagune, die er gut kannte und sehr liebte, bestattet.

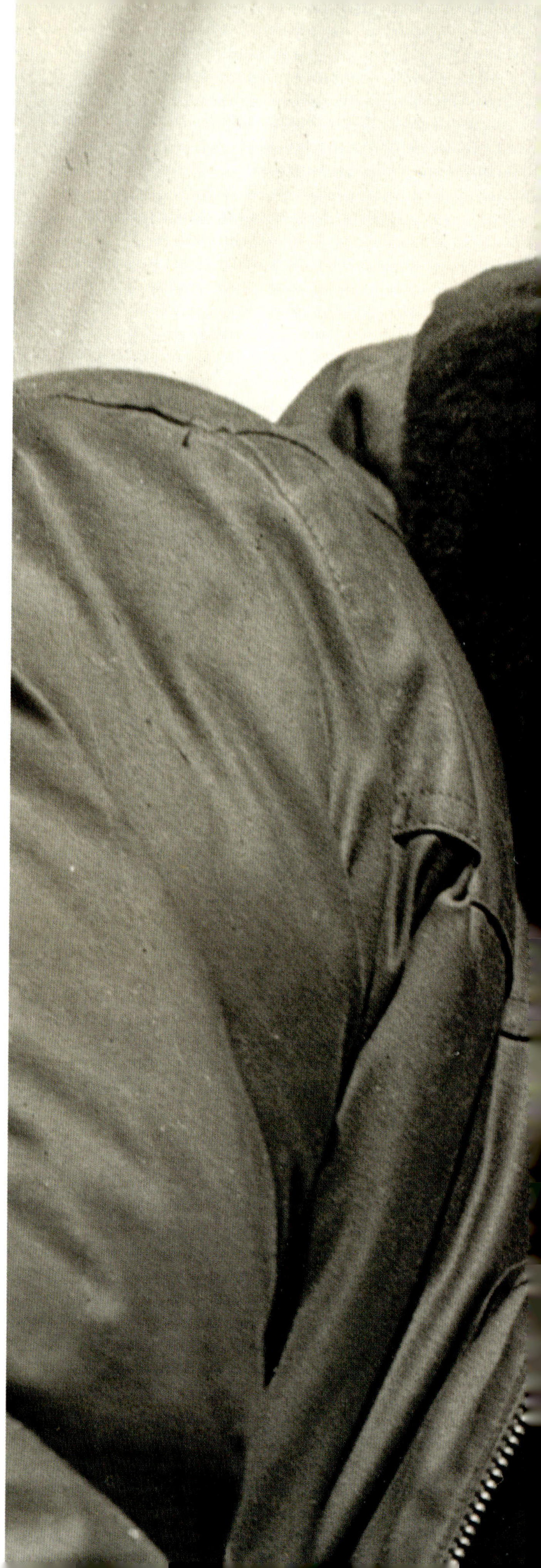

SEWERNAJA SEMLJA, 2008

ANATOLY OMELCHENKO *1961

Sewernaja Semlja ist eine Inselgruppe in der russischen Hocharktis und den eisigen Gewässern vor der sibirischen Taimyrhalbinsel. Sie wurde erst 1933 kartografisch erfasst und ist die letzte Inselgruppe der Erde, die entdeckt wurde. Sewernaja Semlja ist sehr abgelegen, und etwa 18 300 Quadratkilometer sind ständig von Eis bedeckt. Die Temperaturen liegen im Jahresdurchschnitt bei minus 16 Grad Celsius, wobei sie regelmäßig auf unter minus 40 Grad fallen. Die Insel der Oktoberrevolution ist die größte Insel des Archipels. Sie ist zur Hälfte von Gletschern bedeckt, die bis zum Meer reichen. Im Kalten Krieg wurde auf der nahe gelegenen Sredni-Insel für den Kriegsfall eine Station mit einer Landebahn für Langstreckenbomber errichtet.

Die Wetterstation Golomjanny befindet sich an der Nordspitze von Sredni, und so ist dieser kleine Außenposten mit 79° 33‘ nördlicher Breite eine der nördlichsten Siedlungen der Erde. Hier werden seit 1954 kontinuierlich Aufzeichnungen vorgenommen. Die Station wird von zwei Paaren geleitet, die zwei Jahre lang sieben Tage pro Woche, 365 Tage im Jahr arbeiten. Anschließend bekommt erst das eine und dann das andere Paar sechs Monate Urlaub. Der Wissenschaftler und Mechaniker Anatoly Omelchenko lebt mit seiner Frau Swetlana in der Station. Das Porträt wurde nach dem Abendessen in der Wetterstation aufgenommen. Hartley beschreibt die Situation: »Anatoli nahm mich mit in seine Werkstatt, um mir einen Trick mit einem Schweißbrenner zu zeigen, obwohl er gerade rauchte. Zum Glück war das Gas alle, bevor er mir etwas vorführen konnte!«

SCHOTTISCHE SEE, 1950

GUTTORM JAKOBSEN 1910–k. A.

Dieses Porträt zeigt Kapitän Guttorm Jakobsen auf der Brücke der *Norsel*, des Schiffes, das die norwegisch-britisch-schwedische Antarktisexpedition von 1949 bis 1952 beförderte. Die Expedition war überaus erfolgreich – die erste Antarktisexpedition mit einem internationalen Team von Wissenschaftlern – und dient auch heute noch als Vorbild für die internationale Zusammenarbeit. Norwegen war hauptsächlich für Meteorologie und topografische Untersuchungen, Großbritannien für Geologie und Schweden für Glaziologie verantwortlich.

Die *Norsel* war ein 700-Tonnen-Hochseeschlepper, ein nicht fertiggestelltes Kriegsüberbleibsel, das in Deutschland für den Dienst in der Antarktis tauglich gemacht wurde. Jakobsen war ein alter Schulkamerad des Expeditionsleiters John Giæver, und er ging als Kapitän an Bord, als das Schiff in Oslo ankerte. »Die *Norsel* brach zu ihrer Jungfernfahrt auf wie ein lebhaftes, junges Fohlen, beschwingt und vergnügt in ihrem neuen, strahlend weißen Gewand«, schilderte Giæver später eine von Jakobsens Morgenbetrachtungen am Ruder. »Aber jetzt ist sie grausamer überladen als ein arabischer Esel, und sie rumpelt mit den schweren Bewegungen einer Sau über die See. Sie ist auch genauso schmutzig und stinkt sogar noch schlimmer. Mögen die Wettergötter der Antarktis Mitleid mit uns haben!«

Jakobsen ging mit 15 Jahren zur See und lernte sein Handwerk als Skipper auf einem Robbenfangschiff. Im Zweiten Weltkrieg wurde er zu einem der besten Seeleute Norwegens und erhielt sowohl einen britischen Verdienstorden (OBE) sowie die Lloyd's Tapferkeitsmedaille. »Meistens runzelte er mit kühlem Seemannsblick die Stirn, aber das lag daran, dass er keine Sonnenbrille trug.« Er verließ die Brücke nur zu den Mahlzeiten, die er im Speiseraum der Crew einnahm, und rauchte fast immer, während er mit dem Fernglas nach Jagdgebieten oder frischen Spuren im Eis suchte. In seiner langen Karriere hat er angeblich über 50-mal eine Saison im Nordpolarmeer verbracht – in den polaren Gewässern ein unschlagbarer Rekord.

BARNEO-BASIS, 2006

ALAIN HUBERT *1953

Der gebürtige Belgier Alain Hubert ist ein Polarforscher mit beeindruckenden und vielseitigen Talenten. Das Foto entstand in der Barneo-Basis, die jedes Jahr im arktischen Meereis etwa 100 Kilometer vom Nordpol entfernt errichtet wird. Die Karriere des ehemaligen Bauingenieurs und jetzigen Autors, Umweltschützers, Unternehmers, Bergführers und UNICEF-Sonderbotschafters ist beeindruckend. In einem Interview für die Zeitschrift *National Geographic Adventure* beschrieb Hubert seine Interessen: »Da ich als Junge die entsprechenden Bücher gelesen hatte, war es einer meiner Träume, in die Polargebiete zu reisen. Als ich ungefähr 38 war, sagte ich mir, warum versuchst du nicht endlich, deine Träume zu verwirklichen? Und so entschloss ich mich, zum Nordpol und anschließend zum Südpol zu reisen.«

Hubert ist in einigen der schwierigsten Bergregionen der Welt geklettert, so am Everest, Kangchendzönga und Cho Oyu sowie im Pamir und in Queen Maud Land in der Antarktis. Von 1997 bis 1998 legte er in nur 99 Tagen mit neu entwickelten Zugdrachen 3924 Kilometer in der Antarktis zurück und stellte damit nicht nur seine Fähigkeiten, sondern auch seine hervorragende Vorbereitung unter Beweis. 2002 gründete Hubert mit Dr. André Berger, Klimaforscher an der Katholischen Universität Löwen, und Dr. Hugo Decleir, Gletscherforscher an der Freien Universität Brüssel, die International Polar Foundation (IPF). Die Ziele der gemeinnützigen Organisation sind es, die Polarforschung zu fördern und die Öffentlichkeit über die Auswirkungen des Klimawandels in den Polargebieten zu informieren.

Für sein Engagement als Umweltschützer wurde Hubert 2008 mit dem »Climate Change Prize« der Fondation Prince Albert II de Monaco ausgezeichnet. Die IPF ist am Bau einer Reihe von Polaris-Klimawandel-Observatorien beteiligt. Das erste soll in Brüssel entstehen, der Öffentlichkeit den Klimawandel begreiflich machen und sich auf die polarwissenschaftliche Erforschung seiner Ursachen und Auswirkungen zu konzentrieren. Hubert war außerdem an der Errichtung der Prinzessin-Elisabeth-Station beteiligt – die erste emissionsfreie Polarforschungsstation.

LONDON, 1914

GEORGE MARSTON 1882–1940

Marston war der offizielle Maler sowohl der *Nimrod*- als auch der *Endurance*-Expedition Shackletons und außerdem ein begabter Schriftsteller, Sänger und Laienschauspieler. Bei der *Endurance*-Expedition war er »verantwortlich für die Kleidung und allgemeine Ausrüstung«, also auch für die Schlitten und Hütten. Seit seiner Studienzeit am Regent Street Polytechnic war er gut mit Shackletons Schwester Kathleen befreundet. »*Pass bloß auf*, dass du deinen *eigenen* Arbeitsstil behältst«, schrieb sie vor seiner Abreise nach Süden. »Kümmere dich nicht um Ernest. Er versteht nichts von Kunst.«

Von der Crew wurde er wegen seiner lebhaften Mimik »Putty« (Knete) genannt, während ihn seine Familie »Muffin« rief. Der Beschreibung von Raymond Priestley, einem Schiffskameraden auf der *Nimrod*, zufolge hatte Marston »die Statur und das Gesicht eines Preisboxers und das Gemüt eines gefallenen Engels!« Er war hartgesotten, jedoch auch sensibel, was ihn bei den anderen sehr beliebt machte. Shackleton wollte Marston unbedingt wieder dabei haben, und der Maler war einer der Ersten, die er engagierte – zu einem Jahresgehalt von 350 Pfund. Das beeindruckende Pelzgewand auf dem Bild wurde ausschließlich für dieses Werbefoto verwendet, das 1914 vor Beginn der Expedition entstand. Marston ist vielleicht am ehesten dafür bekannt, dass er seine geliebten Ölfarben opferte, um die Fugen der *James Caird* wasserdicht zu versiegeln, bevor das Boot auf der Suche nach Rettung zu seiner 1500 Kilometer langen Fahrt über das offene Meer aufbrach.

Auch im höheren Alter arbeitete Marston noch sehr hart in Handwerks- und Landwirtschaftsbetrieben in Hampshire. Er verlor die meisten seiner Bilder, als die *Endurance* im Eis versank, brachte aber viele Skizzen von Elephant Island mit, die er später bearbeitete. Obwohl ein Großteil seiner Arbeiten durch einen Brand in seinem Haus zerstört wurde, sind etliche seiner Bilder erhalten und befinden sich in der Sammlung des Scott Polar Research Institute.

IGLULIK, 2005

GRAHAM DICKSON *1975

Graham Dickson ist Gründer und Chief Expedition Officer von Arctic Kingdom Marine Expeditions in Toronto, dem weltweit führenden Unternehmen für die komplizierte Logistik im hohen Norden. Die Firma veranstaltete anfänglich nur Tauchexpeditionen für Abenteurer und Filmteams und expandierte, um diverse Vorhaben in den Bereichen Forschung, Ingenieurwesen und Bergbau zu unterstützen. Dickson taucht seit fast 20 Jahren, ist heute Master Instructor und einer der erfahrensten Taucher, die derzeit in den Polarregionen arbeiten.

1999 leitete er seine erste Tauchexpedition nach Nunavut, um mit Walrossen zu tauchen, und danach zahlreiche Expeditionen zu Grönland- und Narwalen, Belugas, Eisbären und Grönlandhaien. Er führte Expeditionen von Alaska bis zur Nordwestpassage, von der Hudson Bay zum Foxe-Becken und von Grönland nach Spitzbergen und probierte verschiedene Fortbewegungsmittel aus: Hundegespanne, Kajaks und Schneemobile, große Zodiaks, die von Twin-Otter-Maschinen aus eingesetzt wurden, gecharterte Boeings 727, Hercules- und Basler-DC3-Maschinen sowie Hubschrauber. Er verwendete als Erster Sumpfboote, um über das dünne Packeis der Hocharktis zu gelangen.

Dickson ist ständig auf der Suche, neue Gebiete in der Arktis zu finden und gefahrlos zu erschließen – zu früher undenkbaren Jahreszeiten und mit einer Kombination aus traditionellem Wissen der Inuit und neuester Technik. Er entwickelt Trainingsprogramme für Expeditionen des weltweiten Netzwerks der Arctic-Kingdom-Experten, die ihr vielseitiges Know-how in den entlegensten Gebieten der Arktis zusammenführen. Von schweren Amphibienfahrzeugen über Infrarot-Luftaufnahmen bis zur Unterwasser-Fernerkundung nutzt die Arktisforschung die allerneuesten Transportmittel und wissenschaftlichen Geräte, um in neue Höhen und Tiefen zu gelangen.

2007 wurde Dickson als Vertreter für Ökotourismus und Abenteuerreisen in den Vorstand des Tourismusverbandes in Nunavut gewählt. Er ist ausgebildeter Höhlentaucher der National Speleological Society (NSS-CDS) und wurde von der Nautical Archaeological Society (NAS) zum Unterwasserarchäologen ausgebildet. Darüber hinaus ist er Erste-Hilfe- und CPR-Ausbilder und versierter Eiskletterführer. Dickson ist Autor mehrerer Einträge in der *Encyclopedia of the Arctic* und schreibt regelmäßig für den *Diving Almanac*. Trotz seines beeindruckenden Lebenslaufs ist er ein bescheidener Mensch, der zwar gerne auch mal ein Bier im Pub trinkt, aber nur im Eis richtig glücklich ist – ein echter Polarprofi.

LONDON, 1898

FRIDTJOF NANSEN 1861–1930

1888 gab der junge Norweger Nansen eine vielversprechende Karriere als Neurowissenschaftler auf, um Polarforscher zu werden. Vier Tage vor seinem Aufbruch nach Grönland erhielt er seinen Doktortitel. Im Herbst 1889 heiratete er die Sängerin Eva Sars.

Nansen war der Erste, der Grönland auf Skiern durchquerte. Zwischen 1893 und 1896 unternahm er auf seinem revolutionären kleinen Schiff *Fram* eine Rekordreise durch die Strömungen des arktischen Packeises. Nach einem gewagten Versuch, den Nordpol auf Skiern zu erreichen, trat Nansen bei 86° 10' nördlicher Breite den Rückweg nach Franz-Joseph-Land an, wo er den langen Winter in einer Steinhütte verbrachte. Er hatte vor, im Kajak nach Norwegen zurückzupaddeln, wurde aber durch Zufall von dem britischen Forscher Frederick Jackson gerettet. Nansen schenkte ihm nach seiner Rückkehr dieses Porträt.

Die bahnbrechende Expedition, die sorgfältig geplant und hervorragend durchgeführt wurde, ohne Todesfälle (außer bei den Hunden) verlief und von großem wissenschaftlichen Nutzen war, veränderte die Polarforschung grundlegend. Nansen legte eine glänzende Karriere hin und war ebenso vielseitig wie auch beliebt, vielleicht mehr als jeder Forscher vor und nach ihm. 1897 erhielt er eine Forschungsprofessur an der Universität von Oslo und veröffentlichte seine wissenschaftlichen Beobachtungen auf der Reise in sechs Bänden. Er beschritt auch weiter neue Wege in der Forschung und wurde 1908 zum Professor für Ozeanografie ernannt. 1919 leitete er die norwegische Delegation des Völkerbundes und setzte sich auf der Pariser Friedenskonferenz für die Rechte kleiner Völker ein. Im Frühjahr 1920 wurde er vom Völkerbund ersucht, die Rückkehr von Kriegsgefangenen (meist aus Russland) in ihre Heimat zu organisieren. Mit seiner üblichen Souveränität und Kompetenz gelang es ihm, in knapp zwei Jahren über 450 000 Kriegsgefangene in ihre Heimat zu bringen. Später leitete er die Hungerhilfe des Internationalen Roten Kreuzes.

Nansen erhielt 1922 den Friedensnobelpreis. »Das, was uns alle vielleicht am meisten beeindruckte«, erklärte der Vorsitzende des Nobelpreiskomitees, »ist seine Fähigkeit, sich in seinem Leben immer wieder für eine einzige Idee, einen einzigen Gedanken einzusetzen und andere zu inspirieren, seinem Beispiel zu folgen.« Nansen genoss als Wissenschaftler, kompetenter Diplomat und heldenhafter Polarforscher internationales Ansehen und bleibt wegen seiner humanitären Verdienste in Erinnerung. Mitten in den Vorbereitungen für einen Zeppelinflug über die Arktis starb er 1930 kurz vor seinem 70. Geburtstag an einem Herzinfarkt. Am 17. Mai, dem Nationalfeiertag Norwegens, erhielt er ein Staatsbegräbnis.

LONDON, 2008

HUGH BRODY *1943

Professor Hugh Brody ist ein anerkannter Schriftsteller, Anthropologe und Filmemacher. Seine preisgekrönte Betrachtung über den Menschen, das Buch *The Other Side of Eden*, entstand aus der langen Zeit heraus, in der er bei den Völkern der Arktis lebte und mit ihnen arbeitete. »Niemand – *niemand* – schreibt besser über die nördlichen Gefilde unseres Planeten«, war in einer Rezension seines Buches zu lesen. »Brody verfügt über ein absolut furchtloses Denken, einen kühnen Schreibstil, ein umfassendes Wissen und Liebe zum Leben an sich.«

»Wenn man mit den Inuit zusammen ist«, sagt Brody bei einer Tasse Tee zu Hause in London, wo das Foto aufgenommen wurde, »hat man das Gefühl, bei den freundlichsten, großzügigsten, kultiviertesten Menschen zu sein. Sie sind bei Weitem nicht einfach strukturiert, sondern sehr, sehr vielfältig und komplex.« Da sich Brody schon als Kind für Sprachen interessierte, lernte er Französisch, Deutsch und Hebräisch. In der Arktis erlernte Brody zwei Inuit-Dialekte. Für ihn ist Sprache der Schlüssel zum Verständnis anderer Kulturen. »Die Sprache«, so Brody, »enthüllt verschiedene Möglichkeiten, die Welt wahrzunehmen. Jäger und Sammler auf der ganzen Welt reden intensiv über den Verlust der Sprache. Eine Sprache zu beherrschen heißt, über einheimische Geschichten und detaillierte Kenntnisse zu verfügen ..., sie zu verlieren heißt, den eigenen Anspruch auf das Land zu verlieren ..., die Verbindung zur Vergangenheit und die Verbindung zur Zukunft zu verlieren.«

Brody hat einen großen Teil seiner langen Karriere damit zugebracht, die Geschichten der einheimischen Völker zu erzählen und sich für ihre Rechte einzusetzen. Seit 1997 arbeitet er mit dem südafrikanischen San Institute auf den Gebieten der mündlich überlieferten Geschichte und der Landrechte der südlichen Kalahari. Er ist am Scott Polar Research Institute beteiligt und wurde kürzlich zum Canada Research Chair in Aboriginal Studies der University of the Fraser Valley ernannt.

FOTOGRAFIE HEUTE

Halten wir zunächst fest, was Fotografie nicht ist: Ein Foto ist kein Gemälde, kein Gedicht, keine Sinfonie und kein Tanz. Auch kein hübsches Bildchen und keine technische Spielerei im Hochglanzdruck. Ein Foto sollte aussagekräftig sein und eine eindringliche Botschaft vermitteln, kurz gesagt, es soll sensibilisieren.

BERENICE ABBOTT, 1951

DISKUSSION

FOTOGRAFIE HEUTE

HUW LEWIS-JONES MIT MARTIN HARTLEY

Martin Hartley: Mein allererstes Porträt habe ich mit einer Plattenkamera aufgenommen. Ich war damals noch Kunststudent an der Akademie. Als Modell hatte ich mir den Dorfklempner ausgesucht, einen Freund meines Vaters. Wir trafen uns in seinem Häuschen in einem Weiler in Ashworth Valley. Es war ein altes Cottage mit in Stein gefassten Fenstern, die nur wenig Licht hereinließen. Zwar hatte ich auch eine Kunstlichtquelle dabei, aber da ich eine möglichst natürliche Stimmung erreichen wollte und nicht sicher genug damit umgehen konnte, verzichtete ich lieber darauf. Also setzte ich den Mann an eines der Fensterchen, und wir unterhielten uns, während ich den Fotoapparat aufnahmebereit machte. Plattenkameras erfassen die Welt ganz anders als moderne. Zwischen Scharfeinstellen des Objektivs und Auslösen vergehen etliche Sekunden statt wie heute Sekundenbruchteile. Ich bat ihn, sich nicht zu bewegen, während ich die Kamera einstellte.

Das Objektiv wird erst geschlossen und der Verschluss gespannt, bevor man die Blende einstellt. Der »Film«, eine beschichtete Glasplatte, wird in einer Kassette behutsam hinten in die Kamera eingesetzt, dann zieht man den Schieber der Kassette von der Schichtseite der Platte, bevor der Auslöser für diese Einzelaufnahme betätigt wird. Danach schließt man den Schieber der Kassette wieder, damit kein weiteres Licht auf die bereits belichtete Platte fällt. Diese alten Plattenkameras habe ich schon immer bestaunt, und den frühen Polarfotografen Hurley und Ponting zolle ich größten Respekt dafür, dass sie für jede einzelne all ihrer Aufnahmen diese Prozedur durchgeführt haben.

Huw Lewis-Jones: Ich weiß, dass Sie die Arbeit dieser Pioniere der Fotografie besonders bewundern und die Bücher der beiden lesen. Wir alle mögen ihre eindrucksvollen Bilder. Glücklicherweise besitzt das Scott Polar Research Institute eine Sammlung von über 1700 Original-Glasplattennegativen Herbert Pontings, ebenso wie Teile früher Fotoausrüstungen, so etwa Pontings Soho Reflex, Cherry-Garrards alte Plattenkamera und die Staley, die Scott zum Pol mitgenommen hatte. Diese Männer haben viele Reise- und Expeditionsfotografen inspiriert. Und was hat Sie dazu bewogen, in die Wildnis zu ziehen?

MH: Ich habe schon mit fünf Jahren meinen ersten Fotoapparat bekommen, und zwar als Teil einer Abenteuerausrüstung mit Feldflasche, Plastikfeldstecher und Kompass. Das dazugehörige Taschenmesser hatte meine Mutter vorsichtshalber entfernt, damit ich mich bei meinen stundenlangen »Expeditionen durch das Tigergras« in den Feldern hinter unserem Haus nicht verletzen konnte. Doch die ersten Fotos nahm ich nicht im Freien auf. Es waren Schwarz-Weiß-Schnappschüsse meiner Schwester und ihrer Freundin beim Seilspringen. Mit 15 unternahm ich meine erste »Expedition« – einen 900-Kilometer-Marsch rund um England herum – mit zwei Schulfreunden während der Sommerferien. Damals entschied ich mich für eine kleine, leichte Kamera, eine Pentax 110 mit Wechseloptik. Naiv wie ich war, hatte ich die Kamera aus ästhetischen Gründen gewählt – ich fand sie einfach schön –, aber die vielen Hundert Bilder, die ich zurückbrachte, waren enttäuschend, denn die Kleinbildnegative gaben viel zu wenig her.

1993 nahm ich auf eine Himalaja-Expedition eine hölzerne Großformat-Plattenkamera mit. Diese Erfahrung hat mir die Augen dafür geöffnet, wie mühsam es ist, bei nicht gerade idealen Wetterbedingungen Aufnahmen damit zustande zu bringen. Der kleinste Windhauch, und die fotografischen Möglichkeiten reduzieren sich dramatisch. Von dieser Reise habe ich eine einzige Aufnahme zurückgebracht, auf die ich stolz war. Einfach zur rechten Zeit am rechten Ort zu sein, egal ob mit Plattenkamera oder moderner digitalen Ausrüstung, reicht eben nicht, um ein gutes Foto zu »schießen«, wenn man in einer unwirtlichen Wildnis unter schwierigen Wetterbedingungen arbeiten muss.

VORHERGEHENDE SEITE: Mit den Hunden unterwegs vor der Oktoberrevolutionsinsel der Zewernaja-Zemlja-Gruppe, Februar 2006.

LINKS: Martin Hartley auf dem zugefrorenen Meer am 86. Breitengrad, *Adventure-Ecology*-Expedition durch die Arktis 2006.

palm
Treo

Nikon
D2Xs

Mamiya 645

HLJ: Bei den vielen Widrigkeiten, mit denen der Fotograf in Polargegenden zu kämpfen hat, spielt die Logistik doch sicher eine wichtige Rolle?

MH: Ja, sicher. Es ist aber wichtig, hier zwischen einer längeren Polarexpedition und einem kürzeren »Abenteuerurlaub« zu unterscheiden. Die Fotoausrüstung in Schuss zu halten, erfordert bei einer Expedition einiges an Planung. Man kann ja nicht einfach am Ende eines Arbeitstages den Fotoapparat zum Auftauen auf die Heizung stellen, sondern muss ständig die eigene Körperwärme nutzen, damit die Kamera funktionsfähig bleibt. Der normale, sorgfältige Umgang mit der Ausrüstung – Gehäuse, Objektive, Batterien, Ladegeräte – steigert und erschwert sich auf einer Expedition um ein Vielfaches, wenn ein Geräteausfall die ganze Fotoarbeit zunichte machen kann.

Einmal fiel mir im Nordpolarmeer beim Batteriewechsel eine voll geladene Ersatzbatterie in den Schnee. Schon im nächsten Augenblick waren die Kontakte grün angelaufen und zischten. In der Eiseskälte reagiert man viel langsamer und unbeholfener, und es können dumme Fehler passieren. Die Kälte legt bei Mensch und Ausrüstung unerbittlich jede Schwachstelle bloß. Gerade die moderne Kameratechnik birgt ihre besonderen Probleme wegen der größeren Abhängigkeit von Batterien und empfindlicher Elektronik, die in der feucht-salzigen Umgebung des Nordmeeres sehr anfällig sind. Bei den alten Plattenkameras von Hurley und Ponting gab es diese Art von Tücken nicht. Sie hatten eher mit dem Schmiermittel der Blende zu kämpfen, das in der Kälte zäh wurde und so die Schließbewegung verzögerte und unberechenbar machte (was sich dann erst beim Entwickeln zeigen sollte). Wenn ich bei minus 30 Grad einen 220er Film verwende, verhärtet sich der Klebstoff zwischen Film und Trägerpapier, und es löst sich hinten in der Kamera oft komplett ab.

2009 begleitete ich eine Nordpolexpedition, bei der die Dicke des Polareises gemessen wurde. Für den Fall, dass der Nachschub aus der Luft nicht klappte, sah meine Liste allein für die Fotoausrüstung folgendermaßen aus:

- Zwei Digitalkameras Nikon D3 (eine als Ersatz)
- 25 8-GB-Flash-Cards (Speicherkarten für 75 Bilder täglich, vier Monate lang)
- Ein Nikon Speedlight 800
- Ein 14–24 Millimeter Zoom-Objektiv F2.8
- Ein 24–85 Millimeter Zoom-Objektiv F2.8
- Ein 85 Millimeter F1.4 Prime-Objektiv
- Ein 180 Millimeter F2.8 Prime-Objektiv
- Ladegeräte – was für welche, muss ich noch entscheiden
- Eine Rollfilmkamera Linhof Technorama 617-S III mit 90-Millimeter-Objektiv F5.6 mit Sucher und Center-Filter
- 40 Filmrollen Fuji Provis F 100 ASA (reicht für 320 Aufnahmen)

Als Fotograf in Polargebieten muss man die üblichen Unbequemlichkeiten leicht wegstecken können, damit der Kopf für kreatives Denken frei ist, das über die notwendigen und instinktiven Entscheidungen hinausgeht. Die Kälte und die damit verbundene zeitliche Einschränkung schafft einen enormen Arbeitsdruck, dem man sonst nirgendwo ausgesetzt ist.

Wenn man nicht souverän mit diesen Schwierigkeiten umgehen kann, führt die extreme Kälte schnell zu ernsthaften Konsequenzen für den körperlichen und geistigen Zustand des Fotografen ebenso wie für seine Ausrüstung. Ponting und Hurley hatten offensichtlich das Zeug dazu. Es ist wirklich erstaunlich, dass Hurley überhaupt die Kraft fand, Aufnahmen im Eis zu machen – und noch dazu so wunderschöne.

HLJ: Diese frühen Expeditionsfotografen mussten ja nicht nur ihre Fotoapparate und Stative mit sich herumschleppen, sondern auch noch große Metall- und Holzkisten mit Glasflaschen voller Chemikalien, Entwicklungsbädern, Petroleumöfen – sogar ein eigenes Spülbecken –, und sie hatten auf den Schiffen oder den Basiscamps ihre Dunkelkammern eingerichtet. Wenn man all dies bedenkt, ist es unglaublich, was Männer wie Ponting erreichten. Heute dagegen haben die Fotografen ganz andere Möglichkeiten, als sie die damaligen Ausrüstungen zuließen.

MH: Das stimmt. Die modernen superleichten und handlichen Kameras und der hochempfindliche Film ermöglichen dem Fotografen blitzschnelle Momentaufnahmen mitten im Geschehen, ohne dass sie vorher ein Stativ aufbauen und den »Film« einlegen müssten. So ist es relativ leicht, sich in Position zu bringen und ungeachtet der Geschwindigkeit und Richtung einer Expeditionsgruppe eine gute Aufnahme in den Kasten zu bekommen. Die moderne Kameratechnik erlaubt es uns, den unbeobachteten Gesichtsausdruck, den flüchtigen Moment einzufangen.

Doch das hat seinen Preis. Batterien, die jedes Teil einer Fotoausrüstung mit Energie versorgen, müssen ständig wieder aufgeladen und gewartet werden. Man kriegt schnell klamme Finger, wenn man Kameras mit Metall-

LINKS: Einige Kameras aus der SPRI-Sammlung neben solchen, die Martin Hartley verwendet. Von links oben: Die patentierte Kershaw Plattenkamera, die Apsley Cherry-Garrard gehörte und auf der *Terra-Nova*-Expedition 1910–13 in der Antarktis benutzt worden war; Seiten- und Frontalansicht der Kershaw 7 x 5 Reflexkamera von Herbert Ponting, ebenfalls von der *Terra-Nova*-Expedition 1910–13; die Stanley-Kamera von Captain Scott am Südpol 1912; Sir Raymond Priestleys Kamera von der *Terra-Nova*-Expedition. Die Kodak Retina von Leslie Quar, die bei der norwegisch-britisch-schwedischen Antarktisexpedition 1949–52 eingesetzt wurde; Martin Hartleys (kaum benutztes) Mobiltelefon; Nikon Digitalkamera und Mamiya 645 Pro TL mit Seckor C 35-Millimeter-Objektiv von Martin Hartley, der jetzt schon 17 Polexpeditionen begleitet hat.

gehäusen bei Minusgraden länger in der Hand hält. Der Klebstoff, der bei Mittelformaten den Film mit dem Trägerpapier verbindet, hält nicht mehr, und mit dicken Handschuhen ist es oft schwierig, die Knöpfchen der Digitalkameras zu drücken. All das und viel mehr strapaziert das Expeditionsbudget. Und selbst wenn Kameras heute leichter sind, so ist die Gesamtausrüstung immer noch recht unhandlich.

HLJ: Auch wenn das Fotografieren heutzutage vergleichsweise einfach erscheint – die Fotografen müssen keine Dunkelkammern mehr einrichten oder Filme selbst entwickeln –, so ist doch der Erwartungsdruck größer geworden. Expeditionsfotografen sollen heute mit Digitalkameras Fotos und Videos aufnehmen und noch am selben Tag per Satellit versenden. 2004 hat ein junger britischer Athlet, Ben Saunders, über neueste Telefontechnik und Iridium-Satelliten seine Videosequenzen und Fotos vom Nordpol übertragen.

MH: Ja, und dabei waren sowohl die Video- als auch die Fotoaufnahmen dank erstaunlich hoher Qualität gut auf der Webseite zu verwenden. Aber ihre Übertragung war sehr aufwendig, und die Bilder eigneten sich wegen der niedrigen Auflösung nicht für den Druck. Bei der Expedition, die ich 2009 von Alaska aus zum Nordpol begleitete, kam zum Glück die allerneueste Kommunikationstechnologie zum Einsatz. Diese wurde im Hinblick auf zwei Vorgaben entwickelt: Zum einen sollen aussagekräftige Daten über das arktische Eis übermittelt werden und zum andern auch erstmalig Foto- und Videoaufnahmen mit druckreifer Auflösung, sodass sich die visuelle Erfahrung zwischen dem Forscher vor Ort und dem Zuschauer zu Hause annähert – eine Art Laterna magica für die heutige Zeit.

HLJ: Das klingt aufregend. Und trotzdem haben Sie noch die Zeit gefunden, mit mir auf der Suche nach Porträts in Großbritannien herumzureisen.

MH: Dabei haben uns viele berühmte Forscher in ihre vier Wände eingeladen. Ich hatte zwar schon mit etlichen von ihnen zusammengearbeitet, doch durch diesen Auftrag, die fehlenden Porträts für dieses Buch aufzunehmen, habe ich nun auch die anderen kennengelernt. Porträtaufnahmen sind eine recht intime Sache. Die Atmosphäre zwischen Fotograf und Modell, die in der kurzen Begegnung entsteht, bestimmt das Gelingen des Bildes. Die Technik ist eher nebensächlich, während die Dynamik der zwischenmenschlichen Beziehungen das Porträt gestaltet.

Auch heute noch ist es absolut heroisch und mit Risiken und Gefahren verbunden, sich auf eine große Polarexpedition zu begeben und den härtesten Umweltbedingungen unseres Planeten standzuhalten. Nachschublieferungen und Bergungsmaßnahmen durch Flugzeuge sind trotz all der verlässlichen Kommunikationsmittel wie dem Transmitter Argos Beacon oder Satellitentelefon immer noch abhängig von komplexer Logistik und unberechenbaren Wetter- und Eisbedingun-

OBEN: Herbert Ponting mit seiner Teleobjektivkamera, Januar 1912.

Herbert Ponting bei der Arbeit in seiner Dunkelkammer, Juli 1911.

gen. Dadurch, dass sowohl die Arktis als auch die Antarktis mit Schiff und Flugzeug erreichbar sind, können heute auch Menschen ohne große Polarerfahrung beide Pole relativ sicher und bequem erreichen. Die Polregionen wurden somit zwar einem breiteren Publikum zugänglich gemacht, doch der entsprechende Presserummel macht es insbesondere potenziellen Sponsoren schwer, zu unterscheiden, was touristische Veranstaltungen und was klassische Forschungsreisen sind. Auf Websites und in Zeitschriften grüßen uns Bilder mit diesen selbsternannten, oft professionell geführten »Forschern«, die adrett und ausgeschlafen am Nord- oder Südpol stehen und sich kaum die Mühe machen klarzustellen, wie wenig weit sie in Wirklichkeit getrekkt sind.

HLJ: Eigentlich wollten wir ja nicht vergleichen und künstliche Leistungs-Hierarchien aufbauen, aber Vergleiche drängen sich trotzdem auf. Eine Fotografie verleiht einem Menschen oder einer Sache eine gewisse Bedeutung. Es hat mich ziemlich überrascht, dass die Vorbereitung einer solchen Ausstellung und dieses Buchprojekts auch so politische Untertöne annehmen würde. Erstaunlich, wie viele moderne Entdecker / Abenteurer / Extremsportler / Extremreisende im Vorbereitungsjahr mit mir Kontakt aufnahmen und im Buch erscheinen wollten. Einige waren sogar bereit, dafür zu zahlen.

MH: In der Polarszene von heute herrscht ein großes Konkurrenzdenken. Viele Leute kämpfen um Sponsoren und Unterstützung für ihre Expeditionen. Jeder versucht, seiner Reise das besondere Extra an Bedeutung oder Gefährlichkeit zu verleihen, um sich von den anderen abzuheben. Leider ist es so, dass Menschen, die etwas an sich schon Großartiges unternehmen, meinen, sie müssten ihre Leistungen noch über Gebühr herausstreichen. Zum Nordpol zu reisen ist ohnehin eine großartige Leistung, selbst unter professioneller Führung bleibt es immer noch ein Riesenaufwand, auf den man am Ende stolz sein kann. Dazu bedarf es keiner für die PR frisierten Über- oder Untertreibung.

HLJ: Bestimmt nicht. Aber das ist kein Phänomen unserer Zeit. Auch viele frühe Entdecker, Männer wie etwa James Cook, versuchten, sich und ihre Leistungen gut darzustellen, um finanzielle oder gesellschaftliche Unterstützung zu gewinnen, ganz zu schweigen von der ihrer Familien und Freunde. Der Arktisforscher Captain John Ross stellte Panoramabilder auf und hielt in den 1830er Jahren Vorträge, einmal gab er sogar ein riesiges Freiluftspektakel in London, um öffentliche Unterstützung zu erhalten. Forscher wie Shackleton und Peary hielten Hunderte von Vorträgen, in denen sie sich und ihre Leistungen öffentlich präsentierten. Gute Fotos waren dabei absolut notwendig, um die Leute zu beeindrucken.

MH: Für viele scheint es wichtiger zu sein, ein gutes Foto zu schießen, als die Leistung für sich sprechen zu lassen. Das hat wohl etwas mit »Imagepflege« zu tun. Trotzdem ist es erstaunlich, wie sich die Unannehmlichkeiten, Nöte und Gefahren unterwegs während der Expedition in den

OBEN: Der »Extremfotograf« Frank Hurley schreckte für eine gute Aufnahme vor nichts zurück. Hier hat er sich in die backbord Rahnock hoch über dem Deck der *Endurance* geklemmt, um Bilder aus der Vogelperspektive zu bekommen.

Herbert Ponting mit seiner »Fotoausrüstung auf einem Hundekarren«, mit Master Johnson und Lassie, Weihnachtsabend 1911.

"Tabloid"
Photographic Chemicals

»Die Dunkelkammer« von Herbert Ponting, 24. März 1911. Viele der hier gezeigten Gegenstände, einschließlich seiner Kamera und der Glasplatten-Negative, sind heute im SPRI beheimatet. Scott beschreibt die Szene in seinem Tagebuch: »Daneben liegt die Dunkelkammer, in der Ponting den größten Teil seiner Zeit verbringt. Ein solcher Palast allein für die Entwicklung von Negativen und Fotos lässt sich nur rechtfertigen durch die exzellente Qualität von Pontings Werk bzw. damit, dass ein Künstler von Pontings Rang so viel Platz verdient. Mein Blick fiel auf ordentliche Regale mit seiner Sammlung von Kameras, ein verbleites Becken mit einem Hahn für fließend Wasser, zwei Acetylengasbrenner mit ihren Schutzschirmen und insgesamt überhaupt alle Annehmlichkeiten, die die Kunst der Fotografie erfordert.«

OBEN: Bevor die Hütte am Kap Evans fertiggestellt war, verbrachte man viel Zeit in einem großen grünen Zelt. Auf diesem Bild sieht man einige von Scotts Männern bei der Mittagspause, 7. Januar 1911.

Eine »Mountain Hardwear Space Station«, ein 15-Mann-Zelt für Allwetter-Expeditionen, Patriot Hills, November 2004.

Vordergrund drängen. Ein Fotostopp wird ausnahmslos als störend empfunden. Draußen in der Wildnis scheinen die Fotografen in der Hierarchie ganz unten zu stehen, insbesondere bei den wirklich dynamischen und interessanten Aufnahmen, die ja immer in Risikosituationen gemacht werden, etwa wenn das übrige Team verzweifelt versucht, bei eisigen Windböen ein Zelt zu errichten oder eine Strecke mit dünnem Eis zu überqueren.

Ich muss stets meinen Teamgeist unterdrücken. Zweimal schon sind mir unglaubliche Aufnahmen entgangen, weil ich die Kamera weggelegt habe, um jemandem in einer schwierigen Situation zu helfen. Deshalb mache ich jetzt immer zu Beginn einer Expedition klar, dass meine Prioritäten in bestimmten Gefahrensituationen und selbst, wenn es ums Überleben geht, in der Dokumentation dieser Ausnahmesituation liegen. Es sind eben diese seltenen Momente, die die Faszination des Expeditionslebens ausmachen. Fotografieren in potenziell lebensbedrohlichen Situationen kann bestenfalls als herzlos, wenn nicht gar als unverantwortlich interpretiert werden. Der Fotograf muss selbst bestimmen, wie weit er hier gehen will.

HLJ: Genau. Aber Sie sollten die Beziehung zwischen Forscher und Öffentlichkeit nicht allzu kritisch sehen. Im Endeffekt zählt doch die Leistung einer Expedition, der Wert der wissenschaftlichen Erkenntnisse, und nicht, wer irgendwie »Erster« wird.

MH: Als ich jung war, hatte ich die romantische Vorstellung, dass Forschungsreisende Menschen waren, die ihre Heimat verließen und ins Unbekannte vordrangen, um Neues zu entdecken und das Wissen darüber zum Nutzen aller zurückzubringen. Ich glaube, das Wort »Erforscher« wurde inzwischen so verwässert, dass es in den Medien praktisch auf jeden angewendet wird, der nicht gerade eine Pauschalreise unternimmt. Ein Grund mag sein, dass wir glaubwürdige Vorbilder brauchen, die uns inspirieren, und dass wir den großen Entdeckern der Vergangenheit so viel Bedeutung zumessen. Als Scott auf der Rückreise vom Pol starb, schleppte er 16 Kilogramm geologische Proben mit sich, deren Analyse die Theorie der Plattentektonik begründete. Amundsen, der Scott am Pol zuvorgekommen war, war einfach hin- und zurückgerast, ohne wissenschaftliche Fakten zu dokumentieren. Beide sind »Erforscher« im romantischen Sinn, aber ich persönlich verwende das Wort lieber für integre wissenschaftliche Leistungen. Ich durfte einige moderne »Erforscher« kennenlernen und auch mit ihnen zusammenarbeiten. Diejenigen, die in meinen Augen wirklich etwas geleistet haben, waren nicht gerade begeistert von dieser Bezeichnung. Doch dann mussten sie dem Druck nachgeben, um sich gegen jene durchzusetzen, die trotz geringerer Leistung keinerlei Hemmungen hatten, sich mit dem Begriff zu schmücken.

HLJ: Das zeigt uns vielleicht mehr über die heutige Forschung, als uns lieb ist. Zählen heute wirklich nur markante Sprüche, spektakuläre Aufnahmen und der Kampf um den besten Medienauftritt? So wie historische Leistungen ständig hinterfragt werden, so gibt es auch hier einen Meinungsstreit, was man tatsächlich als »Erstleistung« werten kann. Die Puristen sind sich darin einig, dass Touristen und wohlhabende Abenteurer das »Spiel« verderben. Manche Kritiker mäkeln, dass heute, mit GPS und Satellitentelefon, selbst Solo-Expeditionen nicht mehr vollkommen auf sich gestellt seien. Viele halten das Ganze sogar für eine nutzlose Geldverschwendung. Diese kritischen Stimmen sind nichts Neues, aber die meisten Kommentatoren sind sich dennoch darin einig, dass Expeditionen ein Ziel haben sollten, um als wertvoll eingestuft zu werden. Sie müssen einen Sinn haben. Heute genügt es eben nicht mehr, nur die persönliche Herausforderung zu suchen.

Neuerdings reisen viele mit den Worten »Bildung« oder »Bewusstmachung« auf den Lippen Richtung Nord- oder Südpol. Plötzlich werden Polreisen als aufklärerische oder philantropische Unterfangen dargestellt, die vielleicht gerade mal eine neue Technologie unter Beweis stellen. Manche behaupten arroganterweise, »Geschichte machen« zu können, und einer wollte mir das sogar »beweisen«. Aber andere sind bescheiden genug in ihrer Hoffnung, dass sich zumindest einige wenige durch ihre Anstrengungen inspirieren lassen. Doch die meisten Forscher sind schnell dabei, sich selbst zu Botschaftern gegen globale Erwärmung zu stilisieren. Wie kann bei alledem die Polarforschung sachbezogen bleiben? Wissenschaftliche Erforschung, die unsere bisherigen Kenntnisse erweitert, passt auf jeden Fall ins Bild, Rekordsucht sicher nicht. Dan Bennett, der Präsident des *Explorers Club*, formulierte es vorsichtig: »Ohne hier ein Urteil abgeben zu wollen, glaube ich doch, dass es eher Sport ist als Erforschung, wenn man die Leistung eines anderen nachmacht und dabei lediglich schneller ist oder … den Springstock dazu benutzt.«

MH: Interessant, dass Sie hier den Sport ansprechen. Ich bin nämlich der Meinung, dass Athleten heutzutage die Heldenrolle übernommen haben, die früher den Erforschern vorbehalten war. Das Ausreizen unserer körperlichen Grenzen fasziniert uns, deshalb sind wir ja auch so enttäuscht, wenn diese Leistungen durch Doping erschlichen werden. Anders als beim Sport gibt es jedoch bei der Polarforschung keine Instanz, die das Erreichte bewertet. Eines meiner großen Vorbilder, der 2007 verstorbene Sir Wally Herbert, hat zusammen mit Richard Weber, Mikhail Malakhov und Sir Ranulph Fiennes einen hervorragenden Artikel mit dem Titel »Den Applaus verdienen« verfasst, in dem diese echten Polarhelden die schamlose und oft peinliche Art beschreiben, auf welche moderne Abenteurer Großtaten vorgeben, die sie niemals leisten konnten und könnten.

Der legendäre Polarforscher Wally Herbert hat sich nicht nur als Autor und Künstler hervorgetan, sondern er reiste auch 40 000 Kilometer mit dem Hundeschlitten durch die Polarwildnis. Viele unerforschte Gebiete der Antarktis hat er kartografiert. Bei einer Arktisexpedition verbrachte er sage und schreibe 477 Tage auf dem Eismeer. Manche der heutigen »Forschungsreisenden« auf Vortragstournee unternehmen dagegen eine einzige Expedition

und kommen auf höchstens 30 Tage im Eis, oft in Begleitung eines erfahrenen Führers – und der wird oft nicht einmal erwähnt. Diese Tatsachen sprechen für sich. Das Einzige, was diese modernen Expeditionen beweisen, ist doch, wie schwierig es in der Vergangenheit, ohne die modernen Annehmlichkeiten und ohne Satellitenkommunikation, gewesen sein musste.

HLJ: Bei der Erforschung ging es immer schon auch um die öffentliche Inszenierung. Fotografien spielen bei der Publikation der Expeditionsergebnisse eine ebenso wichtige Rolle wie fantastische Zeichnungen, übersichtlich aufbereitete wissenschaftliche Ergebnisse oder ein gut geschriebener Zeitungsartikel. Auf die Polaforschung, insbesondere in ihren Anfängen, trifft dies in besonderem Maße zu, da beim Erreichen des Ziels nichts Spektakuläres zu sehen ist. Wenn man den Gipfel eines Berges erreicht hat, lässt sich dies leicht dokumentieren, aber am Nordpol sieht man eben nur weiß, eine »unendlich weite Geografie des Nichts«. Es sei denn, es wäre an diesem Tag ein riesiger russischer Eisbrecher voller Touristen in der Nähe! Es ist eben eine große Herausforderung, eine für einen Sponsoren interessante Fotografie aufzunehmen. Wie kann man darstellen, dass sich der ganze Aufwand für diesen polaren Hauptgewinn auch gelohnt hat?

MH: Oberflächlich betrachtet sieht es zwar so aus, als ob es hier nur das »große Nichts« zu fotografieren gäbe. Aber gerade deshalb zieht es ja Menschen dorthin. Einmal nicht von tausend Dingen stimuliert zu werden, ist an sich schon eine Herausforderung für die ständig mit Bildern bombardierten Menschen von heute. Fotografisch gesehen ist es sogar relativ leicht, Bildern dieser fremdartigen Welt visuelle Intensität zu verleihen.

OBEN: Ponting überredete F. J. Hopper zu einigen Publicity-Aufnahmen für die Sponsoren der Expedition. Diese Aufnahme wurde für Messrs. Heinz & Co gemacht, 9. Januar 1912.

Eine Gruppe »Polarabenteurer« posiert während einer Arktisexpedition, die von American Express gesponsert wurde, 2003.

HLJ: Doch rein geografisch ist kein offensichtliches Landschaftsmerkmal auszumachen, und deshalb bestimmen oft Werbung und Vermarktung den Ruf einer Expedition, weniger die nüchternen Tatsachen. Leider verdienen die »erfolgreichsten« Expeditionen nicht immer die Aufmerksamkeit der Öffentlichkeit, die ihnen zuteil wird. Meist ist es doch so, dass die »Verpackung« darüber bestimmt, welche Expedition Schlagzeilen macht, welcher Expeditionsleiter einen Buchvertrag bekommt und seine Vorträge halten kann.

MH: Da kann ich nur zustimmen, leider ist das so. Schwierige Errungenschaften in der Forschung, bahnbrechende Reisen und harte Arbeit sind im öffentlichen Gedächtnis weniger verankert als Wettrennen zum Pol, große Rettungsaktionen und auch dramatisches Scheitern. Die Fotografie spielt hier durchaus eine Rolle. Bilder schildern genau die Geschichte, die der Betrachter darin sehen will. Doch manch ein Foto dringt mit der reinen Wahrheit durch und erzählt dann eben nicht die Version eines Abenteuers, wie sie der Forscher, ganz zu schweigen vom Betrachter, eigentlich will.

HLJ: Welche Art von Bildern wollen Ihrer Erfahrung nach die meisten Ihrer Auftraggeber sehen?

MH: Das ist leicht zu sagen. Sie wollen ihr eigenes Heldenporträt. Sie wollen, dass sich auf ihrem Gesicht die Strapazen abzeichnen. Das sieht man auch ganz klar an den historischen Porträts, die ich immer wieder nachahmen soll: Der Stress, die emotionale und physische Trennung von daheim und das absolute Eintauchen in die Polarwelt, monatelang, lässt sich aus den Gesichtern der frühen Polarforscher ablesen; ihr eiserner Wille, ikonenhaft gegossen in Silberhalogenid; der originale »Tausend-Meilen-Blick«. Genau diese Art von Ernst wollen die meisten Forscher heute in ihren eigenen Porträts wiederfinden.

Diese Ikonografie drückt mehr als alle anderen Expeditionsbilder das Durchhaltevermögen der Menschen aus und ist zu ihrem Markenzeichen geworden: das Bild des »polaren Gladiators«, dessen unzulängliche, zerfledderte Rüstung der eisigsten Kälte, den wildesten Stürmen ausgesetzt war; das nach Monaten harter Einsamkeit ausgemergelte Gesicht. Diese Bilder kamen zurück nach Hause und wurden zur besten Werbung für die Forschungsreisenden. Die Sponsoren wurden damit gelockt und bezahlt, denn die Bilder inspirierten, faszinierten und machten Geld für weitere Expeditionen locker. Selbst die Originalnegative bewahren die tränenreichen Spuren und Geschichten der Polarreise und des großen Abenteuers.

HLJ: Der stoische Blick, das wettergegerbte Gesicht, der gefrorene Bart? All das wurde zur Massenware, wenn nicht zum Klischee. 1909, wenige Tage, bevor er angeblich den Nordpol erreichte, kritzelte der Forscher Robert Peary in sein Notizbuch, wie er bei seiner Rückkehr gerne von seinem Publikum gesehen werden wollte: »... ein Porträt von mir in einem Mantel aus Schaf- oder Wildleder ... Gesicht unrasiert ... die grauen Augen und die sonnengerötete Haut fototechnisch hervorgehoben, frostüberzogene Augenbrauen, Wimpern und Bart.« Sind das auch heute noch die wichtigsten Bestandteile für ein gut zu vermarktendes Polarporträt?

MH: Absolut. Die extreme Kälte verändert ja unser Aussehen, und das »gefrorene Antlitz« ist immer noch der Spitzenreiter aller Polaraufnahmen. Fotografien werden ja oft für bestimmte Zielgruppen aufgenommen, und ich muss sagen, dass einem sofort das Frostklischee in den Sinn kommt. Ein solches Bild führt uns direkt in die Situation und spricht so gut wie jeden an.

Ich muss aber auch zugeben, dass es mir bei vielen der Menschen, die wir für dieses Buch aufgenommen haben, schwerfiel, kein solches Heroenporträt zu schießen, da mein Respekt für ihre außergewöhnliche Leistung die Art und Weise beeinflusst, wie ich sie wahrnehme. Gott sei Dank war es mir vergönnt, so viele von ihnen draußen im Eis zu erleben, wo ich sie »in Aktion« in großartigen Port-

OBEN: Der kosmetische Zahnarzt Geoff Knight aus Australien schaffte gerade mal 1,5 Kilometer seiner auf epische Länge angelegten Reise von Patriot Hills zum Südpol 2003. »Ich versteh das nicht«, sagte er, »am Strand von Melbourne hat es einwandfrei geklappt.«

räts fotografieren konnte. Dazu muss ich noch sagen, dass ich diese Porträts oft nicht für mich selbst, sondern im Auftrag und nach Vorgaben eines Sponsors mache, dessen gesamte Werbekampagne auf die Darstellung dieser Abenteurer abzielt, die sich als Vorbilder mit außerordentlichen Leistungen unter schwierigen Umständen beweisen sollen.

Das »Heldenporträt« reflektiert also nicht nur, wie ich sie sehe, sondern auch, wie sie selbst gesehen werden wollen – und wie die Werbekampagne sie braucht. Die Rolle des modernen Polarfotografen besteht neben der Dokumentation auch darin, inspirierende Bilder einzufangen. Die meisten heutigen Forscher passen ihr Image an das der frühen Pioniere an. Heute wie damals verdienen viele ihr Geld damit, motivierende Vorträge zu halten, wobei sie die Bilder zur Veranschaulichung heranziehen.

HLJ: Ich bin ein großer Fan der Forscher, und liebe auch die Essays, die Susan Sontag († 2004) verfasst hat. Als Aktivistin, Spezialistin für Fotografiegeschichte und Kulturtheoretikerin schrieb sie wunderbare Essays und hat mehr als jeder andere dazu angeregt, in Fotografien hineinzusehen und sie nicht nur oberflächlich zu betrachten. Besonders interessierte sie sich für die vielen Verwendungsmöglichkeiten von Aufnahmen. Bilder haben ihre eigenen Geschichten und werden für bestimmte Zwecke eingesetzt. Wie ein Expeditionsporträt aufgenommen wird, ist oft bestimmt durch die Vorgabe, ein öffentliches Profil und eine profitable Erscheinung zu gestalten.

Der Kulturhistoriker James Ryan schreibt: »Fotografien sollten nicht einfach als visuelle Aufbewahrungsorte von Geschichte gesehen werden, sondern als komplexe Momentaufnahmen in der geschichtlichen Entwicklung der Darstellungsmöglichkeit.« Fotografien werden ständig aufs Neue verwendet und der jeweiligen Situation oder der Zielgruppe angepasst.

Die Fotografie ist auch eine elegische Kunst, »eine Kunst im Zwielicht«, wie Susan Sontag es sieht, denn Fotografien fördern aktiv die Nostalgie. Fotografie schafft auch die sofortige Verklärung der Gegenwart. Wir definieren ständig die Art und Weise, wie wir unsere Gegenwart und auch unsere Vergangenheit sehen wollen. Fotografie schwelgt in Sentimentalität. Wenn Nostalgie beeinflussen kann, wie ich ein Bild ansehe, beeinflusst sie dann auch die Art, wie Sie ein Bild aufnehmen?

MH: In gewisser Weise schon. Wenn wir diese alten Schwarz-Weiß-Fotografien ansehen, beschleicht uns sofort die Nostalgie bei der Vorstellung, wie man sich wohl fühlte, wenn man so ins Unbekannte hinausfuhr, ohne Hoffnung auf Rettung oder Kommunikation mit dem Rest der Welt. Wir lesen den Gesichtern ihre Geschichte ab und versuchen, ihre Gedanken und Erfahrungen nachzuvollziehen. Polarforscher von heute wissen zumindest, was sie erwartet, und wenn auch die Umgebung noch genauso rau und unwirtlich ist und dieselben Gefahren nach wie vor bestehen, dann bietet die Satellitenkommunikation doch immerhin die Chance, gerettet zu werden.

HLJ: Die Einführung der Farbfotografie war *die* große Innovation des 20. Jahrhunderts. Angestrebt wurde sie ja von Anfang an, doch der erste praxistaugliche Kodachrome-Farbfilm kam 1936 erst auf den Markt. Wie das Fernsehen wurde sie erst nach dem Zweiten Weltkrieg richtig populär. Als Sir Vivian Fuchs den Bericht über seine Antarktisüberquerung von 1958 publizierte, wurde den Lesern noch versichert, dass die Farben in der Fotografie echt und keine Kolorierung waren. Einige Betrachter fanden die Farben zu »romantisch«. George Lowes wunderbare Aufnahmen zeigten einen Kontinent in leuchtenden Farben. Die Leser waren es gewohnt, ihre Polarhelden in Schwarz-Weiß kämpfen zu sehen. Werden Sie von Kunden manchmal gebeten, Monochromaufnahmen zu machen, um den Bildern einen historischen Touch zu verleihen?

MH: Die meisten Kunden überlassen mir die Wahl. Heutzutage ist es übrigens recht schwierig, Schwarz-Weiß-Aufnahmen in Zeitschriften unterzubringen, weshalb die Kunden auch lieber Farbfotos wählen. Seit Einführung

OBEN: Auf Shackletons Nimrod-Expedition wurde erstmalig ein Auto in die Antarktis mitgenommen. Auf diesem Bild sehen wir Bernard Day, den Expeditionselektriker und -mechaniker, am Steuer eines luftgekühlten Vierzylinders mit 15 PS der Firma Arrol-Johnston. Shackleton wurde kurz vor seiner Abreise 1907 von der Zeitschrift Autocar interviewt. »Er hat sich ein richtiges Auto zugelegt, um ans Ziel zu kommen und dort die englische Flagge zu hissen. Wenn alles gut geht, so Leutnant Shackleton, dann fährt der Wagen 240 Kilometer in 24 Stunden und … er hält es für durchaus möglich, damit zum Pol zu sprinten.«

der Farbfotografie werden Schwarz-Weiß-Aufnahmen eher als Kunst und realitätsfern angesehen, und man tendiert dazu, Schwarz-Weiß-Fotos für nostalgisch zu halten. Mit der modernen Digitaltechnologie ist es aber auch ganz leicht, aus Farbaufnahmen gute Monochromabzüge zu machen. Sie kommen natürlich nicht ideal heraus, aber man hat schon eine gewisse Flexibilität, etwa wenn nicht verschiedenes Filmmaterial oder Apparate mit austauschbaren Filmkassetten mitgeführt wurden. Idealerweise sollte man natürlich ein Schwarz-Weiß-Bild auch gleich mit Schwarz-Weiß-Film aufnehmen, da es sonst etwas von seiner Authentizität einbüßt.

Rein gefühlsmäßig tendiere ich dazu, Porträts im Querformat aufzunehmen und die Dargestellten in den Kontext ihrer Umgebung einzubinden. Das war ein interessanter Diskussionspunkt bei der Zusammenstellung dieses Buchs. Wie die Polarforschung hat sich auch die Technik der Porträtfotografie seit den frühen Jahren verändert. Einige meiner Lieblingsporträts konnten in diesem Band nicht aufgenommen werden – sich auf 50 Aufnahmen zu beschränken war ja schon schwierig.

HLJ: Aber genau deshalb ist die Fotografie ja nicht nur eine Momentaufnahme, sondern eine Kunstform. Bei einer Kunstform besteht die Freiheit, sich seine eigenen Gedanken über das Bild zu machen. Es ist nur so, dass man sich selten einig ist. Dieses Buch könnte auch als Zitatensammlung bezeichnet werden. Die Art der Auswahl spielt eine Rolle, doch einige Ihrer großartigen Fotografien, wie zum Beispiel Ihre Porträts von Ran Fiennes und Wally Herbert, sind einfach brillante Aufnahmen, ganz gleich, auf welche Art sie präsentiert werden.

MH: Oft kann man selbst gar nicht beurteilen, was an einer bestimmten Aufnahme gut und was schlecht ist, weil einem der nötige Abstand fehlt. Manchmal muss man sich auch damit abfinden, dass ein Bild, das einem selbst nicht gefällt, genau das ist, was der Auftraggeber will – und umgekehrt. Es gibt auch noch eine ganze Reihe von Forscher-Bildern, die wir beide liebend gerne aufgenommen hätten. Forscher bleiben aber selten länger an einem Ort, und es wäre einfach nicht realistisch und realisierbar gewesen, diese Aufnahmen zu organisieren.

HLJ: Natürlich gibt es viele berühmte Forscher, Wissenschaftler und Polarreisende, die in diesem Buch nicht in Erscheinung treten, sicherlich Hunderte, deren Leistungen hier ihren Platz verdient hätten.

MH: Zu den Menschen, die ich hier gerne noch aufgenommen hätte, gehören Erling Kagge, Rune Kelder und Park Young, ebenso wie Dr. Roy »Fritz« Koerner († 2008), dessen

OBEN: Sir Wally Herbert († 2007), einer der kühnsten Polarforscher Großbritanniens, bei sich zu Hause im Schottischen Hochland, 2006.

Tod wir wohl beide bedauern und dessen Leistungen als Polar- und Gletscherforscher in der heutigen Zeit sicher unübertroffen sind. Ich hatte noch das Glück, den großen Sir Wally Herbert kurz vor seinem Tode kennenzulernen. Er war ja ein langjähriger Freund von Koerner und hat dessen Überquerung des Nordpolarmeers geleitet, und die beiden hatten hochinteressante Geschichten zu erzählen.

HLJ: Diese beiden Männer waren wirklich herausragend, und Ihr Porträt von Sir Wally ist ganz besonders gut gelungen. Seine Augen blitzen geradezu. Diese Aufnahme vermittelt die ganze Energie und Tatkraft des Mannes, der dazu noch warmherzig und ein beachtlicher Künstler war. Es gibt nur wenige Menschen, ganz zu schweigen von Polarforschern, die so vielseitig sind. Dies muss eines Ihrer Lieblingsporträts sein. Aber an jenem Tag in Schottland haben Sie auch noch Schwarz-Weiß-Porträts aufgenommen.

MH: Ich hatte meine Plattenkamera für Großformate nach Schottland mitgenommen und so viele Schwarz-Weiß-Filmplatten, dass man ein Schiff damit hätte versenken können. Diese Materialien hatte ich ausgewählt, um Sir Wally ähnlich den großen Forschern früherer Zeiten aufzunehmen – denen, die viel gewagt, Neuland erforscht und von ihrer Reise mehr als nur eine Bestzeit zurückgebracht hatten. Zu meiner großen Enttäuschung musste ich feststellen, dass bei der Hinreise die Mattscheibe im hinteren Teil der Plattenkamera zerbrochen war. Zum Glück hatte ich meine verlässliche Mamiya-Mittelformatkamera als Ersatz dabei. Am Ende kam das heraus, was ich mir vorgenommen hatte; aber wenn ich ganz ehrlich bin, fehlt mir doch etwas, weil ich sein Porträt nicht mit der Plattenkamera aufnehmen konnte.

HLJ: Sie gehören zu den wenigen, die die größten Polarforscher unserer Zeit von Angesicht zu Angesicht getroffen haben. Wer gehört noch zu Ihren Favoriten?

MH: Ich bin der Meinung, dass Ranulph Fiennes oft nicht genügend gewürdigt wird. Dabei brachten seine frühen Expeditionen so viele Erkenntnisse, die heute als selbstverständlich gelten. Die Filmsequenz, in der er am Ende seiner Antarktisexpedition abgeholt wurde, hat mein Interesse an den Polargebieten ursprünglich geweckt. Erstaunlicherweise lässt sich Fiennes nicht gerne als »Forscher« bezeichnen, dazu ist sein Respekt gegenüber den klassischen Polarhelden viel zu groß. Er ist einfach großartig, und es macht Spaß, mit ihm zusammen zu sein.

Ich habe schon 17 Polarexpeditionen begleitet und war auch bei einer Transarktis-Expedition dabei, aber für eine Solo-Expedition hat mir bislang noch der Mut gefehlt.

OBEN: Rosie Stancer aus der Spitzengruppe der Polarathleten, am Vorabend ihrer Reise zum Nordpol, 2007.

Diese Aufnahme von Rosie Stancer habe ich gemacht, bevor sie im Februar 2007 zu ihrer Solo-Expedition zum Nordpol aufbrach. Ich konnte die letzten zehn Tage davor mit ihr verbringen. Schon früher hatte ich das Glück gehabt, einige Zeit mit Nordpol-Solisten zusammen sein zu können, und da gibt es immer diesen besonderen Moment am Vorabend der Reise, wenn sich die ganze Aufregung der Vorbereitung legt und nachdenkliche Stille eintritt. In dem Bild habe ich diesen Moment der Reflexion eingefangen. Hier geht es nicht um großartige Belichtung, sondern um einen ganz privaten Augenblick der Besinnung – die Ruhe vor dem Sturm, fotografisch festgehalten. Am nächsten Tag brach Stancer von der Insel Ward Hunt auf, mit dem Ziel, als erste Britin mit einer Eine-Frau-Expedition den Nordpol zu erreichen.

HLJ: Es stimmt, diese Fotografie drückt eine unglaubliche Kraft in der Stille aus. Man hat natürlich auch den Eindruck von gespannter Nervosität, aber doch auch von innerer Ruhe, die wohl aus ihrer Erfahrung und ihrem Können stammt. Sie wirkt zuversichtlich, weil alles unter Dach und Fach und sie bereit ist, ins Eis hinauszugehen.

MH: In historischen Fotos von Forschern wird diese Stille selten dargestellt, ebenso wenig wie das Alltagsleben mit seinen Momenten lähmender Langeweile, von Stress und chronischer Übermüdung. Dabei nehmen diese Situationen mehr Expeditionszeit in Anspruch als die gigantisch-heroischen Augenblicke, deren Aufnahmen gestellt sind und die später viel zu oft zelebriert werden. Die zähen Momente der Stille und des Wartens sind zermürbend und faszinieren mich gleichzeitig: Tage des Wartens auf Wetteränderung oder – ohne Nahrung in ein kleines Zelt eingepfercht – auf die Nachschublieferung, oder wenn die Ausrüstung aus- oder umgepackt wird ... All das ist alles andere als großartig oder sensationell.

In diesem Buch bringen wir eine Reihe von nie zuvor gezeigten historischen Bildern, die Einblicke in diese interessanten Alltagsaktivitäten gestatten. Es gibt natürlich Gründe dafür, warum früher nicht mehr solcher Aufnahmen gemacht wurden. Das teure, unhandliche Filmmaterial sollte für wichtige Momente oder gestellte Fotos aufgespart werden, und der Aufwand mit dem Aufbauen des Stativs und der Kameraeinstellung war viel zu umständlich, um einen flüchtigen Augenblick einzufangen. Schnelle, spontane Aufnahmen sind erst mit den Neuerungen in der Kameratechnik möglich geworden.

HLJ: Finden Sie nicht, dass dies gerade die besten Aufnahmen sind? Oft sehr schön, lustig, verletzlich und faszinierend, geben sie einen echten Einblick in den Alltag einer Expedition. Heutzutage besteht die Schwierigkeit wohl eher darin, das Spontane zu inszenieren, den flüchtigen Moment zu erfassen und den Abgebildeten gleichzeitig zu vermitteln, dass die Aufnahme genau so gewollt ist.

MH: Es ist schwierig, die Vorbereitungen zu einer Expedition zu dokumentieren, weil man selbst so eingespannt ist. Wenn man nicht als Ballast angesehen werden will, muss man ordentlich mit zupacken. Den Expeditionsalltag nachzustellen, ist ebenfalls harte Arbeit, dabei ist die Suche nach geeigneten Örtlichkeiten am aufwendigsten. Ohne realistisches Terrain kann man oft nicht die richtige »Action« ins Bild bringen. Als ich Ben Saunders 2004 in Khatanga fotografierte – vor seinem Versuch, das Nordpolarmeer von Russland aus zu überqueren –, gab es weit und breit keine aufgetürmten Eisschollen, weil wir an Land waren. Der beste Ort für die Aufnahme »Ben überquert aufgetürmte Eisschollen« war die schneebedeckte Mülldeponie der Stadt! Nicht gerade reizvoll, sah aber täuschend echt aus.

Ich mag dieses Foto der Frau in der Wetterstation in Sredni, der nördlichsten Niederlassung in Sibirien. Die Station ist mit zwei Ehepaaren besetzt, die jeweils zwei Jahre lang dort arbeiten und dann sechs Monate frei haben, bis zum nächsten Zweijahresabschnitt. Vor Eisbären müssen sie ständig auf der Hut sein, aber ihr größtes Alltagsproblem ist doch die Langeweile. Leute wie diese halten sich nicht für Helden, obwohl sie monatelang eisige Temperaturen ertragen und sich kaum etwas gönnen. Interessant ist aber, dass beide Ehepaare schon seit zwanzig Jahren in Golomyanny leben, und das sagt doch einiges darüber aus, wie sehr sie ihre Arbeit dort lieben.

HLJ: Der amerikanische Fotograf Lewis Hine sagte einmal: »Wenn ich die Geschichte mit Worten erzählen könnte, müsste ich keine Kamera mit mir herumschleppen.« Fotografie zeichnet sich eben dadurch aus, dass sie die Welt und die Menschen auf eine Art und Weise zeigt, die sich nicht in Worte fassen lässt, es sei denn, man ist ein so guter Reiseschriftsteller wie Wilfried Thesiger, Eric Newby oder auch Apsley Cherry-Garrard.

MH: Cherry-Garrard hat einmal gekalauert, dass Polarexpeditionen die sauberste und einsamste Art seien, eine miese Zeit zu erleben. Er war übrigens auch kein schlechter Fotograf. Bestimmte Fotos können ja mehr als tausend Worte sagen und eine ganze Geschichte erzählen. Sie lassen den Betrachter am Geschehen unmittelbar teilhaben. Die Geschichten und Bilder, die die frühen Forscher

RECHTS: Aufnahmen aus dem Alltag der modernen Polarforschung. Von links oben: im Kraftwerk Resolute Bay angestellter Inuk, März 2003; die britischen Abenteurer Simon Murray und Pen Hadow mit ihrer Ausrüstung in ihrem Hotelzimmer in Punta Arenas, November 2003; die Teetrinkerin und wissenschaftliche Beobachterin Swetlana Omelchenko in der Wetterstation Golomjannyj auf Sewernaja Zemlja, März 2006; David de Rothschild in seinem Zelt am 85. Breitengrad auf dem Rückweg vom Nordpol Richtung Ward Hunt, nach 90 Tagen im Nördlichen Eismeer, Juni 2006; Dr. Viktor Bojarski am 86. Breitengrad im russischen Abschnitt des Nördlichen Eismeers, in einem Hubschrauber M16, März 2006.

Nesquik

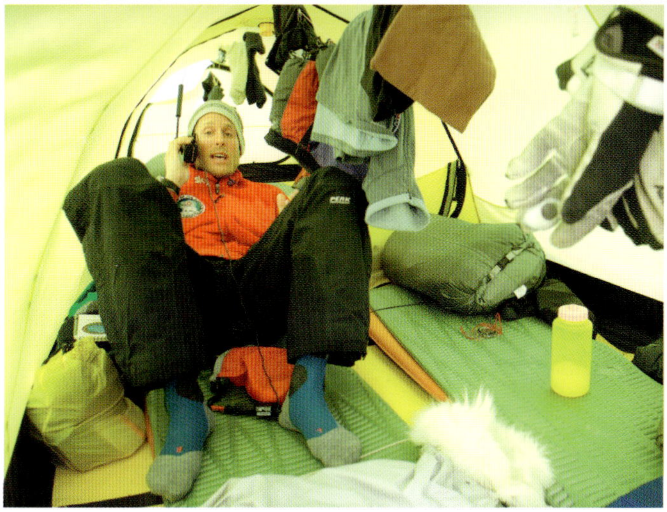

OBEN: Das typische Polarportrait von heute, im Magazin *Geographical*, 2005.

zurückbrachten, inspirieren heute noch Menschen, ihnen nachzueifern und das Abenteuer zu suchen. Die beiden Polregionen stellen immer noch den Härtetest für menschliches Durchhaltevermögen dar, und in meinen Bildern versuche ich, diese Herausforderungen aufzuzeigen.

HLJ: Viele Ihrer Fotos werden im Auftrag von Kunden oder für Werbezwecke aufgenommen oder zur notwendigen Selbstvermarktung des Karriere-Abenteurers. Wie steht es mit Aufnahmen, die Sie nur zum Vergnügen und für sich machen?

MH: Fotografisch bin ich an allem interessiert – an Menschen, Landschaften, Sport, Schönheit. Im Moment arbeite ich an einem persönlichen Projekt über Erschöpfung, wie sie sich physisch im Körper und noch mehr im Gesicht abzeichnet. Ob es ein Chirurg ist, der gerade 14 Stunden lang operiert hat, um die Hand eines Patienten wieder zusammenzuflicken, oder ein Olympiaruderer nach einer Trainingseinheit – es gibt da diesen kurzen Moment, wenn sich die geistige Erschöpfung fast wie Verzweiflung auf ihren Gesichtern spiegelt. Das sind die Augenblicke, die ich festzuhalten versuche, denn sie können selbst vom besten Schauspieler nicht gemimt werden.

Das Interesse daran entstammt vielleicht den Geschichten, die ich über die Leiden der Polarforscher gelesen habe. Was ich zeigen will, sehen Sie vielleicht am besten in den Gesichtern der Männer, die am 18. Januar 1912 am Südpol standen. Vor Kurzem kam ich von einem Fototermin im vietnamesischen Dschungel zurück, wo einer unserer Leute an Überhitzung litt. Dieser Zustand zeigte sich in Stresssignalen am ganzen Körper und insbesondere in seinem Gesicht.

Zu den Polargebieten fühle ich mich nach wie vor hingezogen, ganz besonders zum Nordpolarmeer. Anders als beim Ausblick von einem Berg gibt es am Nordpol überhaupt nichts zu sehen. Ohne GPS kann man ja noch nicht einmal sagen, ob man ihn wirklich schon erreicht hat. Fotografien dokumentieren solche Momente und sind deshalb wichtig. Die Verantwortung des Fotografen ist bedeutend höher als die eines Expeditionszeichners früher. Die Fotografie erbringt den Nachweis des Erforschten, sie ist handfester Beweis dafür, dass Orte besucht und Menschen entdeckt worden sind. Die Polarfotografie erlangte eine besondere Bedeutung als Nebenprodukt modernster Forschungstechnik. Die Kamera wurde zum wichtigsten Werkzeug der Expedition, da mit ihr neben dem Entdeckten auch die heldenhaftesten Taten menschlichen Durchhaltevermögens – außer in Kriegsgebieten – dokumentiert wurden.

Hurley verließ das Schiff, als Shackleton alle Rechte an seinen Fotos für sich beanspruchte; und es war Hurley, der beim Untergang der *Endurance* die Platten rettete und uns so die ersten Aufnahmen dieser isolierten Region bescherte. Mehr als Shackleton hatte Hurley ein Gespür dafür, dass die Fotografien die Geschichte der Expedition erzählen würden, selbst wenn keiner von ihnen überlebte. Wir wissen aber auch, dass Hurley seine Platten bearbeitet hat, lange bevor Computerprogramme die moderne Bildbearbeitung möglich machten. Wie viel Wahrheitsgehalt in Bildern steckt, wird also immer fraglich bleiben.

HLJ: Dass die Fotografie hervorragend dazu geeignet war, Fakten zu dokumentieren, fasste Emile Zola mit den berühmten Worten zusammen: »Wir können nicht behaupten, etwas wirklich gesehen zu haben, ehe wir es fotografiert haben.« Doch das Konzept von Wahrhaftigkeit in der Fotografie ist umstritten. Einerseits zeigen Fotos etwas, andererseits geben sie nur wenig preis. Roland Barthes' einflussreicher Essay über die Fotografie, »Camera Lucida«, trat für die Anerkennung der Objektivität der Fotografie ein – ihrer Fähigkeit, einen Moment festzuhalten und dem Betrachter eine gewisse Sicherheit zu geben. Doch das Ambivalente an der Fotografie ist eben, dass sie über diese Funktion hinausreichen kann. Eine weitere Schwierigkeit liegt darin, dass Fotografien von jedem Menschen unterschiedlich gesehen werden. Je nach Erfahrung und Erinnerung interpretiert der Betrachter ein Bild auf eigene Weise.

MH: Ich versuche immer, ehrliche Bilder zu machen, und damit meine ich, dass jedes Bild die Szene darstellt, so wie ich sie gesehen und aufgenommen habe. Meine Bilder sollen keine unnötigen Illusionen schaffen. Für jeden Fotografen ist es verdammt verlockend, die Dinge intensiver darzustellen, als sie wirklich sind. Aber glücklicherweise ist die Realität, in der ich arbeite, aufregend genug, um Bilder interessant zu machen. Ich versuche ganz einfach, Orte und Menschen zu zeigen, und das Gute daran ist, dass ich den Betrachter in Regionen versetzen kann, die unsere Vorstellung übersteigen.

HLJ: In den ersten Jahrzehnten der Fotografie erwartete man von ihr ein schönes Abbild, und auch heute noch ist dies das Ziel der meisten Amateurfotografen. Für sie ist eine Aufnahme perfekt, wenn sie etwas Schönes zeigt, ein lächelndes Gesicht, eine attraktive Frau oder einen Sonnenuntergang. Diese Fotografien wählen aus und idealisieren.

Schon früheste Porträtfotografie, insbesondere die Daguerreotypie, beharrte auf Realismus. Fotos sollten Spiegelbilder der Fotografierten produzieren. Sie wurden zum Werkzeug der konkreten Darstellung, der Wahrheit. Auch heute noch behauptet die Porträtaufnahme, den Menschen genau abzubilden. Die Fotografie bezeugt die Identität – ob im Führerschein, im Reisepass oder auf sonstigen offiziellen Dokumenten. Sie ist gleichwertig mit der Unterschrift einer Person. Wir wissen aber auch, dass die Fotografie Schlüsse auf den Fotografen zulässt, ebenso wie auf die Ambitionen des Fotografierten. Die Authentizität der Aufnahme wird oft nicht in Frage gestellt, doch wir wissen, dass sie keineswegs objektiv oder neutral ist, denn Fotos sind äußerst selektiv. Bei der Betrachtung eines Porträts kommen allerlei Spekulationen auf, wer die Person ist oder war, wie sie wohl gedacht oder gehandelt haben mag. Porträts fordern uns geradezu heraus, Fragen zu stellen. Ansel Adams († 1984) sagte einmal: »In jedem Bild stecken zwei Personen, der Fotograf und der Betrachter.« Was meinen Sie, wie reagieren die Menschen auf Ihre Fotos?

MH: Ich sehe mich nicht als Porträtfotografen, aber ich mache sehr gerne Aufnahmen von Menschen. Mein Ziel ist immer, die Porträtierten von ihrer besten Seite zu zeigen, meist auch, weil das Zusammentreffen mit ihnen eine schöne Erfahrung für mich war. Mir ist klar, dass das in der Welt der Porträtfotografie als oberflächlich angesehen werden kann, aber ich möchte das Gefühl haben, dass meine Aufnahmen die Integrität der Personen wiedergeben. Ein Freund hat mir einmal gesagt: »Wenn man nichts Gutes über jemanden sagen kann, dann sollte man lieber gar nichts sagen.« Vielleicht habe ich diese Weisheit auf meine Porträtaufnahmen übertragen. Warum sollte ich jemanden fotografieren, den ich nicht mag, wenn ich doch von Leuten Aufnahmen machen könnte, die mir sympathisch sind?

Ich versuche immer, ehrliche Bilder zu machen … Für jeden Fotografen ist es verdammt verlockend, die Dinge intensiver darzustellen, als sie wirklich sind.

Klar ist, dass sich Menschen ein Foto nicht unbelastet ansehen können, frei von ihrer Vorstellung von der Geschichte oder dem Ruf einer Person. Deshalb nehmen sie auch unterschiedliche Eindrücke mit, wenn sie ein Foto betrachten, die oft weit tiefer gehen, als ich mir dies erhofft oder gedacht hätte. Fotografie ist daher auch Kunst. Die Menschen können sie frei interpretieren und sich ihre Vorstellungen davon machen, welche Aussage ein bestimmtes Porträt für sie hat und ob sie die porträtierte Figur interessiert oder nicht.

Scott und Shackleton nahmen nicht nur deshalb professionelle Fotografen mit auf die Reise, weil sie den Wert hervorragender Fotografien erkannten oder den Verlauf ihrer Expeditionen fotografisch dokumentiert sehen wollten, sondern auch, um später ihre Geschichte vermarkten zu können. Herbert Ponting war wohl der Erste, der wissenschaftliche Fotografien im Polargebiet mit einem künstlerischen Blick aufgenommen hat. In Scott hatte er einen Expeditionsleiter gefunden, der ihm die Freiheit

einräumte, seine Kunst im technisch schwierigsten und künstlerisch inspirierendsten Teil der Erde auszuüben, den er je bereisen sollte. Ponting wurde gefolgt von Hurley, der Shackletons *Imperial Trans-Antarctic Expedition* 1914–1917 ausführlich dokumentierte, aus der schließlich die großartigste Rettungsaktion aller Zeiten werden sollte. Während der Expedition wird der Fotograf oft als überflüssig angesehen. Der Wert eines professionellen Fotografen zeigt sich erst, wenn die Bilder der Expedition veröffentlicht werden.

Dank der modernen Fototechnik und der Tatsache, dass die meisten Leute Kameras besitzen und selbst Erfahrungen mit dem Fotografieren haben, machen viele Expeditionen heutzutage ihre Fotos selbst und belasten sich nicht mit einem professionellen Fotografen. Die digitale Revolution zwingt uns, die Ansprüche an professionelle Fotografie zu erhöhen, wenn jedermann sich zum »Fotografen« aufschwingen kann.

HLJ: Ja, die Fototechnik markiert wichtige kulturelle Abschnitte. Die Erfindung der Trockenplattenkamera in den 1870er Jahren stellte eine ebenso große Umwälzung dar wie der heutige Wechsel vom Fotofilm zur Digitalaufnahme – die Trockenplatte brachte den Schritt von der handwerklichen Ausübung zum mechanisierten Industrieprozess. Sie kennzeichnet den Beginn der Massenproduktion, und durch sie wurde es möglich, dass jedermann das Fotografieren aktiv ausüben und nicht nur passiv erleben konnte. Der Erfolg der Fotografie hing von technischer Innovation ebenso sehr ab wie von ihrer Verbreitung – über Bücher, Zeitschriften, Postkarten und Werbung.

John Eastman brachte den Stein ins Rollen. Zwischen 1879 und 1900 revolutionierte eine Reihe von Erfindungen seiner Firma Kodak in Rochester, New York, das Fotografieren, entzog es so den Berufsfotografen und übertrug es dem Mann und der Frau auf der Straße, und zwar in Form einer handlichen Boxkamera mit Filmrollen für Dutzende von Aufnahmen. War der Film voll, konnte man die Box einschicken, und wenig später kamen kleine Fotos zurück, zusammen mit dem neu geladenen Fotoapparat. »*You press the button – we do the rest*« – »Sie drücken auf den Auslöser – wir machen den Rest« –, lautete der berühmte Slogan der Firma. Das läutete die Schnappschusskultur ein, den Beginn der Zeit, in der »man« fotografierte.

MH: Und der Trend im 20. Jahrhundert war es, Fotografie schneller, leichter und für jeden erschwinglicher zu machen. Das populärste Filmformat wurde der 35-Millimeter-Kleinbildfilm, wenn es auch Ansätze gab, andere Formate auf den Markt zu bringen, die sich jedoch nicht durchsetzen konnten – ähnlich wie viele Erfindun-

OBEN: Der britische Abenteurer Pen Hadow samt Ausrüstung auf der zugefrorenen Resolute Bay, 2003.

gen Mitte des 19. Jahrhunderts, in der Frühzeit der Fotografie.

Seither hat sich die Technik rasend schnell entwickelt. Heute verbringe ich den größten Teil meiner Zeit damit, meine Bilder auf dem Computer zu verarbeiten. Die Kameras werden immer kleiner, und ihre Technologie ist unglaublich ausgefeilt. Einen Film braucht man nun überhaupt nicht mehr, denn die Kameras verwenden Sensoren, um ein Bild als digitale Information zu speichern, die man dann auf den Computer übertragen und dort bearbeiten kann. Von da kann das Bild ausgedruckt werden oder über Mausklick um die ganze Welt gehen. Es ist der größte technische Fortschritt seit der Trockenplatte.

HLJ: Heute werden wir auf all unseren Wegen fotografisch festgehalten, beim Autofahren wie beim Einkaufen. Die digitale Revolution hat die Kunst der Fotografie verändert. Bedeutet dies nun das Ende für den Film? Wird somit die Kontrolle an jeden Beliebigen übertragen, der sich mit der Software zur Bildbearbeitung auskennt? Was verlieren wir dadurch, und was haben wir schon verloren?

MH: Eine interessante Problematik, die oft besprochen wird, wenn Fotografen zusammenkommen. Lassen Sie mich vorausschicken, dass ich sowohl den Film als auch die digitale Technologie liebe. Beide haben ihren Platz im Arbeitsfeld eines Fotografen. Fotografie auf Film wird es so lange geben, wie noch Kameras im Umlauf sind, die mit Film arbeiten. Die digitale Aufnahmetechnik hat dem Fotografierenden die Arbeit unglaublich erleichtert. Was die fortschrittliche Technik jedoch nicht verbessert hat, ist das künstlerische Auge des Fotografen. Das ist eine undefinierbare, natürliche Qualität, die auf keiner Diskette, keiner CD und keiner DVD – nicht einmal auf einer Blue-ray Disc (BD) – angeboten werden kann. Künstliche Intelligenz hat hier noch einen immensen Nachholbedarf.

Heutzutage bereitet es keine Schwierigkeiten mehr, in den Polargebieten Aufnahmen zu machen. Ob sie gut sind, ist eine andere Frage. Polarfotos nach Hause zu schicken, ist ebenso leicht. BAS-/British Antarctic Survey-Stationen bieten fast rund um die Uhr Internetzugang an. Ein Tourist kann von seiner Kreuzschiffkabine aus E-Mails verschicken und dabei einen Capuccino aus seiner Tasse schlürfen. Wir leben in einer Welt, die von Bildern überflutet wird, und die Presse ist nicht immer wählerisch. Sie publiziert alles, was Schlagzeilen macht, selbst Bilder von schlechter Qualität oder Aufnahmen von Mobiltelefonen. Ein Bild ist besser als kein Bild. Bilder von Expeditionen werden heute über Satellitentelefon an Blogs, Websites und Zeitschriften übermittelt. Der besondere Reiz besteht darin, dass Bilder, die gestern oder gar heute von jeman-

OBEN: Martin Hartley schießt das Foto von einer Leiter aus auf der zugefrorenen Resolute Bay, 2003.

OBEN: Gestelltes Bild von Captain Lawrence Oates letztem Kampf, nach dem berühmten Gemälde »Ein wahrer Gentleman« von J. C. Dollman. Als er am 17. März 1912 beim Aufwachen feststellte, dass seine Kameraden nur dann eine Überlebenschance hätten, wenn er sich selbst opferte, sagte er Scotts Aufzeichnungen zufolge: «Ich gehe mal nach draußen, es kann etwas länger dauern.« Dann verließ Oates mitten im Schneesturm das Zelt und ging einem eisigen Tod entgegen. Seine Leiche wurde nie gefunden.

RECHTS: Polarabenteurer auf der Rast bei ihrer von American Express gesponserten Arktis-Expedition 2003. Sie folgten der Route, die Überlebende der Franklin-Expedition vielleicht gewählt hatten, von Victoria Island nach Starvation Cove, nördlich der Halbinsel Boothia. Rechts im Bild Ralph Baker Cresswell, ein Nachfahre eines der Mitglieder der damaligen Expedition, links der BBC Kameramann, der ihre Heldentaten auf Zelluloid bannen sollte.

dem aufgenommen wurden, der ganz weit weg ist, mithilfe der modernen Technik in Windeseile jedem zugänglich gemacht werden können. Dieses Unmittelbare fasziniert und bringt uns dem Abenteuer näher.

HLJ: Timing ist dabei das Wichtigste – wir wollen die Aktion zeitnah miterleben. Die Qualität gerät dadurch ins Hintertreffen. Trotzdem liegt die wahre Leistung der Expeditionsfotografie – ob am Pol oder in anderen fernen Gebieten mit schwierigen Umweltbedingungen – immer noch darin, tatsächlich den ganzen Weg dorthin und wieder zurück bewältigt zu haben. Die Fotografie erlaubt es uns, unsere Ideen zu verbreiten. Die Menschen schicken sich mehr denn je Bilder zu – und so ist Fotografie auch ein Teil der Kommunikation. Wir zeigen den anderen, wie wir im Bus stehen, im Café sitzen oder stolz vom Berggipfel herablächeln. Den Möglichkeiten sind keine Grenzen gesetzt. Online kann jeder seine Fotografien der ganzen Welt zeigen.

MH: Es ist fantastisch, dass dank der Digitaltechnik Bilder heutzutage innerhalb von Minuten aus den Polargebieten nach Hause gesendet werden können. Sich am Bildschirm oder Fernseher Aufnahmesequenzen anzusehen, die nur wenige Stunden alt sind und »Entdecker« dabei zeigen, wie sie sich über eine wegen globaler Erwärmung schmelzende Eisfläche kämpfen, das macht schon Eindruck. Ich denke, dass dies eine sehr positive Anwendung digitaler Fotografie ist und dass Hurley, Ponting, Scott und Shackleton darüber durchaus glücklich gewesen wären.

HLJ: Die heutige Welt hat sehr viel gemeinsam mit der Welt von damals, als der mutige Fotograf noch in einer Wolke von Chemikalien in der Dunkelkammer kämpfte oder sich ins enge Entwicklerzelt duckte. Zwar braucht man heute nur Computer, Kamera und Drucker, doch ein großes Maß an Fertigkeit ist immer noch gefragt, und das verbindet uns meiner Meinung nach mit der Gründerzeit. Die Fotografie ist zurückgekehrt zu ihren Do-it-yourself-Anfängen. Aufnahme, Entwicklung, Bearbeitung und Verteilung sind wieder in Händen des Fotografen. Die Kameratechnik hat sich enorm fortentwickelt, doch die Fotografie ist sich relativ treu geblieben. In alten wie in neuen Porträts wird der Mensch gezeigt. Was wir sehen, hat sich verändert, doch unsere Motivation ist dieselbe geblieben: die Welt da draußen zu sehen und unseren Platz darin zu dokumentieren.

London, 2008

Rab

DIE GRENZEN DES LICHTS

Wer einen Mitmenschen fotografiert, hat Anteil an dessen Vergänglichkeit, Verletzlichkeit und Veränderlichkeit. Gerade durch das Herauslösen und Festhalten eines Augenblicks bezeugen alle Fotografen, dass die Zeit unbarmherzig verrinnt.

SUSAN SONTAG, *ON PHOTOGRAPHY*, 1977

NACHWORT

DIE GRENZEN DES LICHTS

HUGH BRODY

Polarreisende unternehmen die wohl extremsten und gefährlichsten Fahrten. Man hat das Gefühl, dass sie sich vom Zentrum der menschlichen Existenz, dem heimischen Herd und den Annehmlichkeiten und Sicherheiten des Alltagslebens, hinauswagen in eine Welt, die jenseits alles Menschlichen liegt, mit Kälte, Sturm und absoluter Heimatlosigkeit in einer scheinbar unbewohnbaren Landschaft. An der Grenze zwischen dem Möglichen und dem Unmöglichen, der warmen Welt des Heims und der kalten der Heimatlosigkeit, vollzieht sich der Wechsel von der Sicherheit zur Unsicherheit, vom Gezähmten zum Wilden, von der Kultur zur Natur. Die Lockungen und Herausforderungen dieser Grenze reizen auf mannigfaltige Weise unser Vorstellungsvermögen, unsere Abenteuerlust und sogar einige Formen menschlichen Zusammenlebens. So ist es nicht verwunderlich, dass die Bilder der weißen Wildnis eine starke Wirkung auf uns ausüben können.

An dieser Schwelle, wenn wir vom Bekannten ins Unbekannte vorstoßen, von der Sicherheit in die Unsicherheit, macht sich oft ein mächtiger Impuls bemerkbar, diesen Moment festzuhalten, denn von hier aus blickt man in zwei Richtungen, hält zwei Eindrücke fest: Da ist der letzte Blick zurück in die Gesichter jener, die uns verabschieden, und auf die Landschaften, die uns Sicherheit gaben. Von dort kommen Bilder, die wir mit uns nehmen wollen: Schnappschüsse unserer Lieben in der Brieftasche oder Fotos, die wir später gerne unseren Reisekameraden oder den Einheimischen zeigen wollen. Diese Aufnahmen und Erinnerungen trösten uns und ersetzen das Gespräch. Auf ihnen sehen wir, wie wir gerne sein wollen, und können anderen vor Augen führen, dass unser Leben nicht nur auf das beschränkt ist, was wir gerade tun. Es sind Bilder, die uns beweisen wollen, dass wir nicht ganz alleine, in der Fremde unterwegs und irgendwie verloren sind: unsere Liebste mit dem Kind auf dem Arm, das Mutterschiff, von dem aus wir mit Kajak oder Hundeschlitten loszogen – Bilder, die uns und den anderen Zuversicht schenken.

Dann wenden wir uns der anderen Seite zu, den Rücken zur Heimat, das Gesicht dem Wind und der Kälte zugewandt, und machen uns auf den Weg in die Einsamkeit, in die Verlorenheit und Gefahr, die wir gewählt haben. Verletzlich sind wir und wagemutig zugleich. Wenn wir die Grenze überschritten haben und ins Unbekannte vorgestoßen sind, dann nehmen wir andere Bilder von uns auf. Nun sehen wir uns als Entdecker, innerlich wie äußerlich sind wir zu einer Art Kampf gerüstet. Die Fotos zeigen unsere äußere Rüstung, unsere Ausrüstung, und bringen das innere Streben zum Ausdruck. Mit ihnen eröffnen wir die Reise: Die Landschaften werden wilder und gefährlicher, Missgeschicke steigern das Abenteuer, Dinge werden verloren, wieder gefunden, das Land wird überquert, erklommen, in seiner oft so extremen Natur entdeckt. Gegeben sind Kälte, Leere, Strapazen und mancherlei heroische Taten, um dieser Natur zu trotzen, die so wild und unberührt ist, wie sie es heute überhaupt noch sein kann.

Wenn Entdecker für Fotografien posieren, präsentiert diese Darstellung des Abenteuers ihre eigenen Komplexitäten und Befangenheiten: Einerseits besteht der Wunsch, Stärke und Entschlossenheit zu demonstrieren und das Abenteuer durchscheinen zu lassen, andererseits auch der gegenteilige Wunsch, eine gewisse Häuslichkeit und Normalität abzubilden, die im Gegensatz zur ungebändigten Natur mit ihren unausgesprochenen Realitäten steht. Wir blicken in die Kamera hinein und durch sie hindurch auf unsere Lieben und Bekannten, sind glücklich, diesen Ort, diese Wildnis mit ihnen teilen zu können. Ein Lichtstrahl aus weiter Ferne, aus dem Unbekannten, der andere erreichen wird, die Zukunft, die Heimat.

Das Foto, das Scott und seine Männer am Südpol von sich aufnahmen, ist ein an einem extremen Ort entstandenes Symbol: Ziel einer Reise, die die Männer Mühsal

VORHERGEHENDE SEITE: Grönländische Inuit bei Angmagssalik, ein ungewöhnliches, noch nie veröffentlichtes Gruppenporträt, von F. S. Chapman während der *British-Arctic-Air-Route*-Expedition 1930–31 aufgenommen.

LINKS: Ben Saunders testet seine Ausrüstung auf einer Müllhalde in Khatanga, 2004.

OBEN: Einige der faszinierenden und bislang unveröffentlichten Aufnahmen der SPRI-Sammlung: 1930–31 in Angmagssalik und an den Ufern des Sermilik-Fjords während der *British-Arctic-Air-Route*-Expedition aufgenommen.

RECHTS: Kinder aus Gjøa Haven beim jährlichen Dorffest 2003.

und abgrundtiefe Enttäuschung erleiden ließ und noch mehr davon für sie bereithält. Das bekannteste Foto von Knut Rasmussen, das in einem frühen Abschnitt seiner fünften Thule-Expedition aufgenommen wurde, spiegelt ein ganz anderes, weit gemächlicheres und besonneneres Unterfangen wider. Dann sind da noch die wunderbaren Aufnahmen, die in den 1950er Jahren von Richard Harrington in der kanadischen Arktis aufgenommen wurden und die schwierigen Lebensumstände der Inuit mit so sensiblem Scharfblick zeigen. In jedem dieser Beispiele nimmt die Kamera eine andere Realität auf, und so sollte man sehr vorsichtig sein mit Allgemeinplätzen darüber, was Polarfotografie ausmacht und was nicht.

In den frühen Tagen der Fotografie waren die beiden gegensätzlichen Bildarten an der Grenze zwischen Kultur und Natur, Heimat und Entdeckung, noch viel ausgeprägter, da sie von einer unhandlichen Technik und Ausrüstung abhingen, die Vorbereitungen erforderten. Die Fotografierten mussten aufgestellt werden und vor der Kamera stillstehen. Sie mussten in einer Landschaft posieren, die selbst zur Fotokulisse wurde. Als die Kameras kleiner, einfacher, verlässlicher und billiger wurden, als es kürzere Belichtungszeiten, größere Blendenöffnungen und schließlich eine Bedienungsautomatik gab, mussten die Aufnahmen weniger gestellt werden. Seither lässt sich das Leben in Bewegung fotografieren, dutzendmal und aus jedem Blickwinkel, und es entstand eine solche Bilderflut, dass die Auswahl daraus mehr Kreativität in Anspruch nimmt als das eigentliche Fotografieren.

Das gilt auch für dieses Projekt. Huw Lewis-Jones hat die allerschwierigste Aufgabe übernommen: die Bilder für diese Sammlung aufzufinden, auszuwählen und in Auftrag zu geben. Er hat erfolgreich Archive durchkämmt und aus der Überzahl das Wesentliche herausgelöst – eine sowohl intellektuelle wie auch kreative Aufgabe. Durch dieses Buch sollen uns die Augen geöffnet, das Denken angeregt werden. Der Blick, den wir auf die Bilder werfen, soll unsere Aufmerksamkeit neu ausrichten. Es ist eine Reise in die Geschichte der Fotografie, in die Bedeutung der ausgewählten Bilder ebenso wie in das Leben und bis zu einem gewissen Grad auch in die Gedankenwelt der Dargestellten. Das großartig ausgeführte Projekt schenkt uns diese anregenden Bilder und das Wissen, dass sie existieren und fachmännisch verwaltet werden.

Im Zeitalter des Lichts und der intelligenten Kameras gibt es reichlich Fotos von den Polargebieten. Durch die Leichtigkeit, mit der heute Bilder gemacht werden können, findet hier ein Wandel vom Mangel zum Alltäglicheren statt und erlaubt so auch die Einsicht, dass die Forschung im Eis weit mehr Facetten hat als nur die dramatischen, harten oder von Triumph über Widrigkeiten erfüllten Momente. Traditionsgemäß liegt die Polarfotografie meist in den Händen von Fotografen statt der Forscher selbst – sodass einige Fotografen, nicht zuletzt der bedeutende Martin Hartley, mit den Forschern mitreisen, um zu ihren Bildern zu kommen. Fotografen verbringen oft viel Zeit damit, sich mit dem Umfeld von Forschern und den Menschen, denen sie begegnen, vertraut zu machen.

Viele, wenn nicht gar die meisten Fotografen im hohen Norden haben angefangen, die dort lebenden Menschen abzulichten. Das kann zu einem interessanten Balanceakt führen und reflektiert das oben genannte Paradox: Was die Menschen zu Hause an den Polargegenden fasziniert, ist eben die extreme Kälte, sind Schnee und Eis, der Raureif im Bart des Forschers und die endlosen Weiten der baumlosen Wildnis. Wie Ranulph Fiennes im Vorwort zu diesem Buch schreibt, können Reisen in diese Breiten zum Kampf ums nackte Überleben werden. Jene, die sich diese Bilder zu Hause ansehen (und die Bücher kaufen, mit denen die nächste Expedition finanziert wird), wollen die Kälte, das Extremgefühl, den Kampf gegen die Natur, die sie mit Polarreisen verbinden. Doch dieses Image, das die extreme Kälte und Entbehrung aufzeigt und zelebriert, verträgt sich nicht so recht mit den Realitäten der Menschen, die im Norden zu Hause sind.

Viele frühen Ablichtungen dieser Menschen zeigen Führer oder Gastgeber, Männer und Frauen, auf deren Hilfe die Forscher bei ihren Reisen angewiesen waren. Die Geschichte der großen Abenteuerreisen ist von dem Paradox durchdrungen, dass die europäischen Heldentaten in diesen Extremlandschaften meist (wenn auch nicht immer) von den Menschen abgesichert wurden, die dort zu Hause waren. In den Fotografien von Robert Flaherty, die viel weniger bekannt sind als sein berühmter Film *Nanuk, der Eskimo*, werden die Menschen in der Polarregion fröhlich, unverdorben und siegreich dargestellt. Flaherty sah in den Inuit das Idealbild des Menschen, der sich im Überlebenskampf gegen eine wilde und grausame Natur reich und glücklich fühlt. In dieser Hinsicht stimmt Flahertys Werk überein mit dem, was man als »Forscherheldentum« bezeichnen könnte. Für ihn ist der Inuit in *Nanuk* (wie auch die irischen Bauern in seinem anderen filmischen Meisterwerk *Man of Aran*) ein heldenhafter Mensch, der immensen Schwierigkeiten zum Trotz siegreich bleibt, und dieses Image ähnelt in vielem dem vom Polarforscher. Bei beiden liegt die Leistung in der Überwindung der Natur.

OBEN: »Captain Scott auf seiner Bude«, 7. Oktober 1911. Scott verbrachte am Cape Evans viel Zeit damit, Tagebucheinträge und Briefe zu verfassen. Auf dem Bett liegt sein geliebter Militärmantel, »dem weder Regen, noch Wind, noch Salzwasser, tropische Hitze oder arktische Kälte erspart worden waren«. An den Wänden hängen Bilder seiner Lieben. »Das Fotografieren ist in vollem Gange«, hatte er am Vorabend geschrieben. »Pontings Meisterhaftigkeit wird immer eindrucksvoller, und seine Schüler werden tagtäglich besser. Fast jeder von uns hat schon gute Negative zustande gebracht.«

Seither hat sich das Bild allerdings verändert. Durch die Anthropologie entstand ein genaueres und respektvolleres Bild der Menschen in ihren jeweiligen Kulturlandschaften, und so fingen die Fotografen an, die Inuit ebenso vertraut mit ihrer Umwelt darzustellen, wie es Menschen andernorts mit der ihren sind. Dadurch scheint das Bild des Reisenden ans nördliche Ende der Welt an Bedeutung zu verlieren – die Schönheit und das Licht der Arktis sind jedoch so verwoben mit der geografischen Lage und dem Wetter, dass wohl kaum ein Fotograf sein Objektiv davon abwenden würde. Aber die sehr persönlichen Schwarz-Weiß-Fotografien von Ulli Steltzer in den 1970er Jahren oder die Polaraufnahmen der letzten 30 Jahre von Bryan und Cherry Alexander ebenso wie die Bilder der Fotografen Robert Semeniuk und Paul Nicklen, die mit den Inuit gelebt haben, bezeugen alle ihr Engagement, Bilder des Nordens zu produzieren, in denen klar zum Ausdruck kommt, dass man dort sehr wohl leben kann. Sie zeigen uns eher Kultur als Natur.

Das gilt natürlich nicht für die Antarktis, die nie von Menschen besiedelt war. Dort schlagen sich die Forscher ohne Hilfe von Menschen durch, die in der Wildnis zu Hause sind. Das macht sie umso heldenhafter und ihre Leistungen umso größer, da sie ganz auf sich alleine gestellt sind. Deshalb sind die Posen der Polarfotografie in der Antarktis noch heroischer und extremer als die in der Arktis. Selbst die neueren Porträts der Kaiserpinguine zeigen mit Vorliebe die scheinbar unerträglichen Bedingungen, unter denen die Männchen die Eier ausbrüten und dicht aneinanderrücken, um sich gegen die eisigen Gewalten des Wetters zu schützen. Diese Bilder lassen uns schaudern vor Mitgefühl und Bewunderung für jene, die sich an solche Orte wagen.

Schlaglichtartig zeigt sich hier eine seltsame Mischung aus Wahrheit und Fiktion. Wie auf allen Fotografien scheint im konkret Abgebildeten die Wahrheit auf. Die Fiktion liegt in der bewussten oder unbewussten Aussage über die Gegebenheiten. Forscher verbringen nicht ihre ganze Zeit damit, erbittert ums Überleben zu kämpfen. Man könnte sogar meinen, dass die beste Forschungsreise die ist, in der dieser Kampf nie stattfinden muss. Trotzdem kommt es immer wieder vor, und manche Reisen misslingen oder gestalten sich einfach schwierig. Doch das Konstrukt des stoisch-heroischen Kampfes bei der Erforschung ist eben populär und wird von den Menschen zu Hause erwartet. Polarreisen haben hart erkämpft oder glorreich verloren zu sein.

Wenn wir uns die Porträts der berühmten Polarforscher ansehen, könnten wir uns fragen, welche Aussage wir aus diesen Bildern ableiten, vom Blick, der uns begegnet, von der eingenommenen Positur, der Kleidung oder dem präzisen Augenblick, der festgehalten wurde, warum gerade diese oder jene Aufnahme für einen Buchumschlag geeignet wäre. Was immer wir wählen, es ist eine Version, vielleicht sogar eine Subversion der Wahrheit.

Auf meinen Reisen in den hohen Norden habe ich sehr selten fotografiert, aber nicht, weil ich mir über Versionen oder Subversionen Gedanken gemacht hätte. Bei meinen allzu harmlosen Reisen hätte ich wahrscheinlich nichts dagegen gehabt, sie ein wenig heroischer aussehen zu lassen. Doch der eigentliche Grund war, dass ich mit einem Fotoapparat nach Motiven Ausschau gehalten hätte, statt mir die Wirklichkeit anzusehen. Ich hätte mir die Welt in Bildern zurechtgestutzt, um bestimmte Aussagen zu machen, um Fragmente des Ganzen festzuhalten, anstatt einfach nur da zu sein und den Ort auf mich wirken zu lassen. Nach Bildmotiven Ausschau zu halten, schien mir wie nichts zu sehen oder nicht zu sein, ohne dass ich damit auf andere rückschließen wollte. Die Versuchung wäre wohl zu groß gewesen, das Exotische aufzuzeigen, den Schein der Wirklichkeit, der die anderen überraschen und entzücken sollte – und damit all das auszugrenzen, was die Überraschung verhindern, das Exotische oder die Leistung meines Dortseins mindern könnte. Also nahm ich keinen Fotoapparat mit und machte erst Aufnahmen im Norden, als ich einen Film drehte, und das ist ja eine ganz andere Form der Fotografie.

Als ich 1973 einige Zeit in Sanikiluaq, einer Inuit-Gemeinde auf den Belcher-Inseln in der Hudson Bay vor der Küste von Quebec, verbrachte, schenkten mir meine Freunde dort einen Fotoapparat zum Geburtstag. Es war eine ganz einfache Kamera, wie man sie im Laden der Hudson Bay Company auf den Inseln kaufen konnte. Einer sagte zu mir, sie hätten bemerkt, dass ich kein Fotogerät dabei hatte und dass sie der Meinung seien, ich sollte doch Bilder aufnehmen, die ich mir später zu Hause ansehen könnte. Ich war gerührt und entzückt, wusste aber nicht recht, wie ich mich nun verhalten sollte. Da kam mir plötzlich die Idee: »Warum macht ihr nicht die Bilder für mich?«, sagte ich. »Ihr wählt aus, was ich eurer Meinung nach als Erinnerung mitnehmen sollte.« Also nahmen meine Inuit-Freunde den Apparat zurück und sandten mir nach einer Woche einige Filmrollen mit Bildern, die sie für mich aufgenommen hatten.

Diese Aufnahmen sind bemerkenswert, weil durchwegs persönlich und auf den häuslichen Bereich beschränkt. Alle Bilder zeigen Menschen, mit denen ich dort viel Zeit verbracht habe, entweder in meiner Hütte oder bei ihnen zu Hause. Eine Bildersequenz zeigt einen Dorftanz. Keine Aufnahmen der Landschaft oder von Jagdausflügen, nichts, was auf das Klima oder die Umwelt deuten ließe, außer hin und wieder mal im Hintergrund. Keine Spur von Heroismus, kein Anzeichen dafür, dass jemand etwas anderes tut, als seinem alltäglichen Leben nachzugehen. Eine wunderschöne Aufnahme zeigt einen älteren Mann beim Fadenspiel. Er hatte bei meinem Aufenthalt dort viel Zeit damit verbracht, mir dieses Spiel beizubringen, und der Fotograf wollte, dass ich ein Erinnerungsfoto davon bekam. Ein anderes Foto zeigt einen jungen Mann mit elegantem Schwung beim Squaredance, wiederum eine Erinnerung, wie wir über seinen Enthusiasmus für diesen Tanz gescherzt hatten. Kein Treibeis, keine Stürme und schon gar keine Aufnahmen von den Schwierigkeiten, die uns auf unseren Jagdausflügen hin und wieder begegnet sind. Während sie auftraten, hatte niemand die Zeit zum Fotografieren, alle waren mit der Lösung des Problems beschäftigt, nicht mit seiner Dokumentation.

Die Aufnahmen von Peter Pitseolak stellen den größten Anteil arktischer Bilder, die von den Menschen im Norden selbst aufgenommen wurden. Pitseolak, der im Gebiet von Cape Dorset geboren wurde und sein ganzes Leben dort verbrachte, traf 1912 auf Flaherty, als dieser die ersten Aufnahmen für *Nanuk, der Eskimo* machte. Durch diese Begegnung bekam Pitseolak ein Gefühl dafür, was mit Fotografie alles zu machen war und dass sich das alles im Norden bewerkstelligen ließ – Flaherty entwickelte seine Filme vor Ort, sodass er sie seinen Inuit-Mitarbeitern und Freunden zeigen konnte. Von 1940 an, als er seine erste Kamera erhielt, bis zu seinem Tode im Jahr 1973 machte Pitseolak Hunderte von Aufnahmen (ebenso wie Zeichnungen und Gemälde). Die Bilder, die er in einem eigens dafür gebauten Iglu entwickelte, dokumentieren das Leben in einem Inuit-Camp und umfassen Porträts seiner Familie, von Besuchern, von Hunden, einigen ande-

OBEN: Fotografien aus Hugh Brodys Privatsammlung, die von seinen Inuit-Freunden 1973 während eines Aufenthalts in Sanikiluaq in Arctic Quebec gemacht wurden.

ren Tieren und sehr viele Bilder von den Neuerungen, die seine Welt veränderten: den Schiffen, die von Süden kamen, um die Tuberkulosekranken mitzunehmen, den ersten Flugzeugen, einem Hubschrauber. Es wird oft darauf hingewiesen, dass Pitseolaks Arbeit inspiriert war durch sein Gefühl, dass die »traditionelle« Inuit-Gesellschaft, in die er hineingeboren wurde, dem Untergang geweiht war und dass er versuchte habe, mit Hilfe der Fotografie diese verschwindende Welt festzuhalten, Erinnerungen zu speichern. Ich frage mich, ob das wirklich zutrifft. Mir erscheint dies eher wie eine Art riesiges Fotoalbum voller Bilder, die jemand gerne und von Herzen aufgenommen hat.

Da kam mir plötzlich die Idee: »Warum macht ihr nicht die Bilder für mich? Ihr wählt aus, was ich eurer Meinung nach als Erinnerung mitnehmen sollte.«

Pitseolak war nicht der Einzige im Norden, der Fotos dieser Art aufnahm. Als ich in den 1970er Jahren alte und halb verlassene Lager in der Arktis aufsuchte und die Häuser von Leuten betrat, die mit ihren Kindern in Siedlungen gezogen waren, in die man sie zum Zweck des Schulbesuchs beordert hatte, sah ich oft Schnappschüsse von Familienmitgliedern an den Wänden oder ordentlich in eine Schachtel gestapelt im Regal. Einfache, billige Fotogeräte waren seit Kurzem im Norden erhältlich und hatten schnell dazu geführt, dass man Leute aus reiner Freude daran fotografierte. Familienschnappschüsse – das genaue Gegenteil zu den Bildern von Forschern und Forschungsreisen.

Der Gegensatz zwischen den Bildern, die die Inuit gerne aufnahmen, und denen der Forscher ist leicht erklärt. Es steckt kein Geheimnis dahinter, und es geht nicht um eine richtige oder falsche Auswahl der Bildmotive, für die sich die Fotografierenden entschieden: Die einen zeigen die Fremde, die anderen die Heimat – darin liegt der große Unterschied. Die einen reisen in die Wildnis, die anderen zu Freunden, die dort leben. Natürlich werden in den Fotos Posen eingenommen, und die Wirklichkeit wird verzerrt dargestellt. Das gehört zur Faszination dieser Bilder, zu dem Vergnügen, das wir dabei empfinden, die Reisenden zu sehen, ebenso wie die Reise an sich. Im Polargebiet wird es immer dieses besondere Licht, diese Schönheit, diese weiten Horizonte geben, die extreme geografische Lage. Per definitionem ist man an den Polen am äußersten Ende der Welt. Zur Antarktis und Arktis gehören Helden und Heldentum ebenso, wie sich auch an vielen Stellen im Norden Jäger und Sammler ihren unheroischen Alltag und ihre Häuslichkeit eingerichtet haben. Eine jede Sammlung wird ihren Stolz darein setzen, sowohl in die eine wie auch in die andere Richtung umfassend zu dokumentieren.

London, 2008

RECHTS: Shackleton an Deck, eine der letzten Aufnahmen von ihm, bei der *Quest*-Expedition 1921.

WEITERFÜHRENDE LITERATUR:

Es gibt viele nützliche Bücher über die Kunst der Fotografie. Diese Liste soll Ihnen einen groben Überblick verschaffen. Von dem Moment an, in dem Fotos gemacht werden, werden diese über viele verschiedene Wege verbreitet. Dies spiegelt sich auch darin, wie Menschen über sie schreiben. Die Anwendung der Fotografie als Mittel zur Erkundung verdient jedoch weiterer Erforschung.

- Amundsen, Roald, ***Die Eroberung des Südpols 1910–1912***, Wiesbaden, 1989.
- Badger, Gerry, ***The Genius of Photography: How Photography Has Changed Our Lives***, London, 2007.
- Bell, Michael, ***Thomas Mitchell, Photographer and Artist in the High Arctic, 1875–76***, Image, 15 (1972), 12–21.
- Bradford, William, ***The Arctic regions, Illustrated with Photographs Taken on an Art Expedition to Greenland, with Descriptive Narrative by the Artist***, London, 1873.
- Clarke, Graham (Hrsg.), ***The Portrait in Photography***, London, 1992.
- Condon, Richard G., ***The History and Development of Arctic Photography***, Arctic Anthropology, 26 (1989), 46–87.
- Crary, Jonathan, ***Techniken des Betrachters: Sehen und Moderne im 19. Jahrhundert,*** aus dem Amerikanischen von Anne Vonderstein, Dresden u.a., 1996.
- Etienne, Jean-Louis, ***Transantarctica. Expedition durchs Eis***, aus dem Französischen von Ilse Rothfuss, München, 2000.
- Geller, Peter, ***Northern Exposures: Photographing and Filming the Canadian North, 1920–45,*** Vancouver, 2004.
- Gernsheim, Helmut, ***Geschichte der Photographie: die ersten 100 Jahre***, aus dem Englischen von Matthias Fienbork, Frankfurt a. M. u.a., 1983.
- Gernsheim, Helmut, ***The Rise of Photography, 1850–1880: The Age of Collodion***, London, 1988.
- Goldberg, Vicki, ***The Power of Photography: How Photographs Changed Our Lives***, London, 1991.
- Green-Lewis, Jennifer, ***Framing the Victorians: Photography and the Culture of Realism***, Ithaca, 1996.
- Greenhalgh, Adam, The Not So Truthful Lens: William Bradford's The Arctic Regions, in: Richard C. Kugler (Hrsg.), ***William Bradford: Sailing Ships and Arctic Seas***, Seattle, 2003.
- Hannavy, James, ***Victorian Photographers at Work***, Buckinghamshire, 1997.
- Haworth-Booth, Mark (Hrsg.), ***The Golden Age of British Photography, 1839–1900***, New York, 1984.
- Henisch, Heinz und Bridget, ***The Photographic Experience 1839–1914: Images and Attitudes***, University Park, 1994.
- Hopkinson, Tom, ***Treasures of the Royal Photographic Society, 1839–1919***, London, 1980.
- Jaeger, Anne-Celine, ***Image Makers, Image Takers: The Essential Guide to Photography By Those in The Know***, London, 2007.
- Jeffrey, Ian, ***Photography: A Concise History***, London, 1981.
- Jones, Max, ***The Last Great Quest: Captain Scott's Antarctic Sacrifice***, Oxford, 2003.
- King, J. C. H. und Henrietta Lidche (Hrsg.), ***Imaging the Arctic***, London, 1998.
- Lalvani, Suren, ***Photography, Vision, and the Production of Modern Bodies***, Albany, 1996.
- Lemagny, Jean-Claude und André Rouillé (Hrsg.), ***A History of Photography: Social and Cultural Perspectives***, Cambridge, 1987.
- Lowe, George, ***Thirty-Below-Zero: Photography at the Bottom of the World,*** Kodak View, 2 (1958), 1–6.
- Macdonald, Gus, ***Camera: A Victorian Eye Witness***, London, 1979.
- Marshall, Howard Percival, ***Todesfahrt zum Südpol***, München, 1958.
- Mörzer Bruyns, Willem, ***Photography in the Arctic, 1876–84: The Work of W.J.A. Grant***, Polar Record, 39: 209 (2003), 123–30.
- Murphy, Shane, Gael Newton und Michael Gray, ***Mit der Endurance in die Antarktis: Shackletons Südpol-Expedition 1914–1917. Die Legendären Fotos von Frank Hurley***, Ostfildern, 2001.
- Newhall, Beaumont, ***Geschichte der Photographie***, aus dem Amerikanischen von Reinhard Kaiser, München, 1998.
- Ousland, Borge, ***Solo durchs ewige Eis. Erstdurchquerung der Pole im Alleingang***, München, 2007.
- Peary, Robert E. und Detlef Brennecke, ***Die Entdeckung des Nordpols: Zwei Jahre im ewigen Eis***, Wiesbaden, 2009.
- Piggott, Jan (Hrsg.), ***Shackleton: the Antarctic and Endurance***, London, 2000.
- Ponting, Herbert, ***Cinematographing in the Antarctic***, Pearson's Magazine, 38:225 (1914), 235–49.
- Ponting, Herbert, ***The Great White South: Travelling with Robert F. Scott's doomed South Pole Expedition***, New York, 2001.
- Ponting, Herbert, ***With Scott to the Pole: The Terra Nova Expedition, 1910–1913***, London, 2004.
- Rainer, Fabian und Hans-Christian Adam, ***Frühe Reisen mit der Kamera***, Hamburg, 1981.
- Riffenburgh, Beau und Liz Cruwys, ***The Photographs of H.G. Ponting***, London, 1998.
- Royal Geographical Society, ***To the Ends of the Earth, Visions of a Changing World: 175 Years of Exploration and Photography***, London, 2005.
- Rühle, Erhard (Hrsg.), ***In Nacht und Eis. Die Norwegische Polarexpedition 1893–1896***, Wiesbaden, 1985.
- Ryan, James R., Images and Impressions: Printing, Reproduction and Photography, in: John M. Mackenzie (Hrsg.), ***The Victorian Vision: Inventing New Britain***, London, 2001.
- Ryan, James R., ***Picturing Empire: Photography and the Visualization of the British Empire***, London, 1997.
- Savours, Ann (Hrsg.), ***Scott's Last Voyage: Through the Antarctic Camera of Herbert Ponting***, London, 1974.
- Schwartz, Joan M., ***Picturing place: Photography and Imaginative Geographies***, London, 2003.
- Scott, Robert F., ***Letzte Fahrt. Kapitän Scotts Tagebuch. Tragödie am Südpol 1910–1912***, Wiesbaden, 1997.
- ***Shackleton – die Reisen: eine Dokumentation in Bildern***, aus dem Englischen von Marcus Würmli, Bielefeld, 2003.
- Shackleton, Ernest H., ***Mit der Endurance ins ewige Eis: Meine Antarktisexpedition 1914–1917,*** aus dem Englischen von Sieglinde Denzel und Susanne Naumann, München, 2009.
- Somerset, W. A., ***A Slave of the Ruby Lamp: How Frank Hurley Became a World-Famous Photographer***, Life Magazine, 1919, 161–67.
- Sontag, Susan, ***Über Fotografie***, aus dem Amerikanischen von Mark W. Rien und Gertrud Baruch, München u.a., 2002.
- Taylor, John, ***A Dream of England: Landscape, Photography and the Tourist's Imagination,*** Manchester, 1994.
- Wamsley, Douglas und William Barr, ***Early Photographers of the Arctic***, Polar Record, 32:183 (1996), 295–316.
- Waver, Mike (Hrsg.), ***The Art of Photography, 1839–1989***, New Haven, 1989.

OBEN: Unveröffentlichte Aufnahmen von Wally Herberts und Allan Gills Versuch, Grönland zu umrunden, Juli 1979.

RECHTS: Die Mannschaft der *Terra Nova* nutzt ein windgeschütztes, sonniges Eck für ein Nickerchen oder zum Lesen, Dezember 1910.

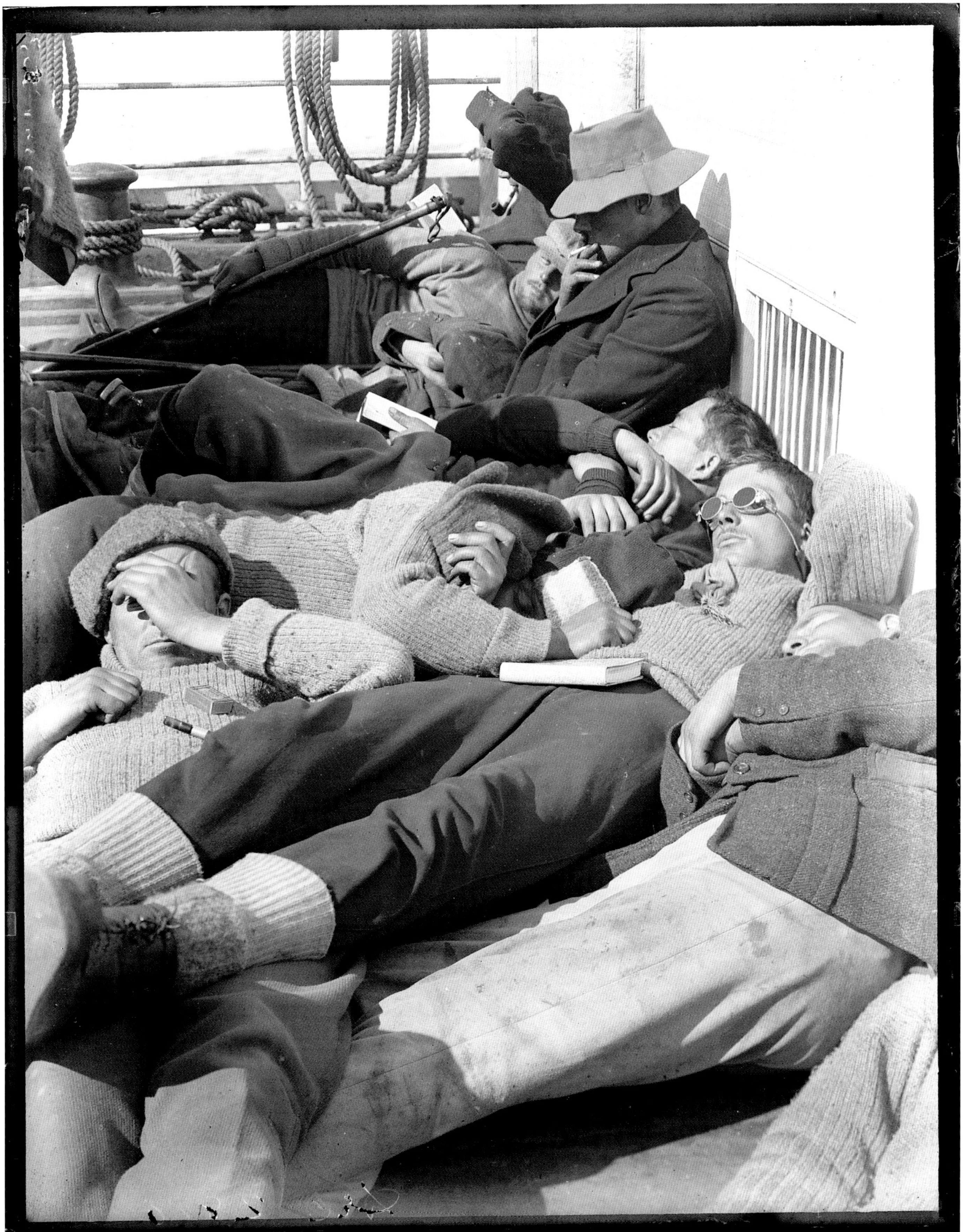

REGISTER

A
Albert I, Fürst von Monaco **104–05**
Albert II, Fürst von Monaco **106–07**
Doug Allan **174–75**
Bettina Aller **178–79**
Roald Amundsen **56–57**
Dominick Arduin **138–39**
B
Georges Baumann **110–11**
Valeria Borrajo **82–83**
Viktor Bojarski **142–43**
Hugh Brody **246–47**
Richard Byrd **228–29**
C
Apsley Cherry-Garrard **152–53**
John Cheyne **216–17**
Phil Coates **230–31**
Frederick Cook **168–69**
Tom Crean **100–01**
D
Keith Dedman **116–17**
Paul Deegan **130–31**
Graham Dickson **242–43**
Julian Dowdeswell **162–63**
E
Urio Etwango **52–53**
F
Sir Ranulph Fiennes **50–51**
Lady Virginia »Ginny« Fiennes **198–99**
Sir John Franklin **64–65**
Sir Vivian Fuchs **88–89**
G
John Giæver **68–69**
Allan Gill **222–23**
Sir Daniel Gooch **132–33**
Graham Gore **156–57**
Michael Gorman **150–51**
Lionel Greenstreet **148–49**
Gary Guy **202–03**
H
Pen Hadow **190–91**
Stig Hallgren **136–37**
Matthew Henson **124–25**
Sir Wally Herbert **90–91**
Alain Hubert **238–39**
Huberht Hudson **176–77**
I
Ikatek **192–93**
Paul Ikuallaq **58–59**
Inuitjunge **144–45**
Inuitjunge **146–47**
Inuitmädchen **54–55**
Inuitfrau **84–85**
Inuitfrau **126–27**
J
Guttorm Jakobsen **236–37**
Reginald James **212–13**
Stephen Jones **122–23**
K
Patrick Keohane **184–85**
Cha-Joon Koo **166–67**
Monica Kristensen Solås **94–95**
L
Jean-Gabriel Leynaud **154–55**
Bjarne Lorentzen **76–77**
M
Ken Mantel **158–59**
George Marston **240–41**
Matty McNair **62–63**
Cecil Meares **196–97**
Reinhold Messner **182–83**
Gary Middleton **214–15**
Simon Murray **74–75**
N
Fridtjof Nansen **244–45**
Jane Nedzhipova **186–87**
O
Anatoly Omelchenko **234–35**
Børge Ousland **170–71**
P
Josephine Peary **200–01**
Robert Peary **140–41**
Carl Petersen **172–73**
Herbert Ponting **48–49**
Potardina und Kind **60–61**
Trevor Potts **114–15**
Q
Mary Qulitalik **102–03**
R
Knud Rasmussen **180–81**
Randy Reid **78–79**
Martin Rhodes **98–99**
Brian Roberts **164–65**
João Rodrigues **86–87**
David de Rothschild **66–67**
Russischer Mann **226–27**
S
Ben Saunders **134–35**
Ludolf Schjelderup **208–09**
Kathleen Scott **188–89**
Robert Falcon Scott **72–73**
Sir Ernest Shackleton **80–81**
Peter Sinclair **92–93**
Geoff Somers **218–19**
Rosie Stancer **70–71**
Vilhjalmur Stefansson **120–21**
Will Steger **118–19**
Charles Swithinbank **210–11**
T
Jamesi Tasiusak **160–61**
Alf Trolle **220–21**
V
Paul-Émile Victor **232–33**
W
Arthur Walden **204–05**
Henry George »Gino« Watkins **108–09**
Ian Wesley **194–95**
Frank Wild **128–29**
Edward Wilson **96–97**
Jaco Wium **206–07**
Sir James Wordie **112–13**
Frank Worsley **224–25**

BILDNACHWEIS

Scott Polar Research Institute: Umschlagvorderseite, 2, 5, 6–7, 10–11, 14, 17, 18–19, 20, 26, 31, 32–33, 34–35, 36, 37, 38, 40, 43, 44–45, 46, 48, 49, 52, 57, 60–61, 64, 69, 73, 77, 80, 84, 88, 92, 96, 101, 109, 112, 120, 128, 132, 136–37, 145, 148, 149, 152, 153, 156, 157, 160–61, 164–65, 172, 176, 181, 185, 188–89, 193, 196, 197, 198, 205, 208–09, 213, 221, 225, 229, 232, 232–33, 236, 240, 244, 245, 252, 254, 255, 256–57, 257, 258, 259, 261, 272–73, 276, 278, 281, 283, 284–85, 286–87, 288, Umschlagrückseite.
Martin Hartley: 6–7, 8–9, 12–13, 46, 50–51, 54–55, 58–59, 62–63, 66–67, 70–71, 74–75, 78–79, 83, 86–87, 90, 91, 95, 98–99, 102, 103, 110–11, 114–15, 118–19, 123, 127, 131, 134–35, 139, 142, 147, 150–51, 154–55, 158–59, 163, 166, 167, 170–71, 175, 178–79, 182, 186, 190, 191, 194, 202, 203, 206–07, 210–11, 214–15, 218–19, 222, 226–27, 230, 235, 238–39, 247, 248–49, 250, 258, 259, 260, 262, 263, 265, 266, 268, 269, 270, 271, 274, 277, 286–87, Umschlagrückseite.
Huw Lewis-Jones: 23, 24, 25, 26, 27, 29, 36, 39, 41, 42, 116, 217.
Sir Wally Herbert: 124, 141, 168, 201, 282.
Königreich Arktis: 242–43.
Hugh Brody: 279.
Albert II, Prinz von Monaco: 104, 105, 106–07.

Trotz intensiver Nachforschungen konnten die Rechte für manche Bilder nicht definitiv geklärt werden; eventuelle Rechteinhaber werden gebeten, sich mit dem Verlag in Verbindung zu setzen.

DANKSAGUNG

Wir danken Arctic Kingdom für die Unterstützung dieses Projekts.

Huw Lewis-Jones: Mein Dank gilt all jenen, die dieses Projekt ermöglicht haben, insbesondere dem Team in der Bibliothek und im Museum des SPRI, meinen Freunden und meiner Familie, meiner Mutter für ihre bedingungslose Unterstützung, der wunderbaren Kari Herbert und meinem Großvater, der mir die Augen für die Polargebiete geöffnet hat.

Martin Hartley: Mein Dank geht an meinen Vater, weil er mir meine erste (und meine zweite) Kamera kaufte, an meine Mutter, weil sie so offensichtlich stolz auf mich ist, an meine Freundin Natasha für ihre atemberaubende Unterstützung während der letzten sechs Jahre meiner Polarreisen und an Mark Davey vom Mitchemp Trust für seine Freundschaft und dafür, dass er mich mit der Arktis bekannt gemacht hat.

LINKS: Robert F. Scott, George Simpson, Henry Bowers und Teddy Evans fertig für einen „erstaunlich angenehmen und lehrreichen kleinen Frühlingsausflug“ in das Gebirge der Westantarktis, 15. September 1911. Bei diesem Ausflug dürfte Scott seine Begleiter für den Vorstoß zum Pol ausgesucht haben.

LETZTE SEITE (S. 288): Krisravista und das Grammofon, *Terra-Nova*-Expedition, 1910–1913.

COLMAN'S
WHEAT MEAL

SUPPLIED BY
SPRATT'S PATENT LIMITED
BISCUIT MANUFACTURERS
LONDON

SCOTT

SCOTT'S
EXPEDITION

SCOTT'S
EXPEDITION